债券契约条款与公司债券定价

史永东　王彤彤　田渊博　著

科学出版社
北京

内 容 简 介

本书在全面介绍公司债券契约条款理论相关国内外研究的基础上，对公司债券定价及契约条款进行了深入探讨。首先，在构建公司债券契约条款数据库的基础上，分别基于理论和实证的角度，展开债券契约条款与公司债券定价关系的研究；其次，探讨债券契约条款的经济后果，研究债券契约条款对公司资本结构调整、会计稳健性等方面的影响；最后，从债券契约条款设计出发，考察公司风险、机构投资者及公司成长性对债券契约条款的影响。

本书适合经济学、金融学及相关专业的硕士、博士研究生阅读，同时也适合高等院校、科研院所的教师和科研人员阅读与参考。此外，本书也可以作为国家相关部门、上市公司了解中国债券市场的参考资料。

图书在版编目（CIP）数据

债券契约条款与公司债券定价/史永东，王彤彤，田渊博著. —北京：科学出版社，2021.11

ISBN 978-7-03-066525-6

Ⅰ. ①债⋯ Ⅱ. ①史⋯ ②王⋯ ③田⋯ Ⅲ. ①公司债券–研究 Ⅳ. ①F810.5

中国版本图书馆 CIP 数据核字（2020）第 204603 号

责任编辑：王丹妮/责任校对：陶 璞
责任印制：张 伟/封面设计：无极书装

科学出版社 出版
北京东黄城根北街 16 号
邮政编码：100717
http://www.sciencep.com

北京虎彩文化传播有限公司 印刷
科学出版社发行 各地新华书店经销

*

2021 年 11 月第 一 版　开本：720×1000　B5
2021 年 11 月第一次印刷　印张：15 1/4
字数：300000

定价：146.00 元

（如有印装质量问题，我社负责调换）

致 谢

本研究得到了如下基金的资助,在此表示感谢:
- 国家自然科学基金(项目批准号:71471031):债券契约条款对债券定价影响的理论与经验研究
- 国家自然科学基金(项目批准号:72172029):公司债券违约风险防范:基于公司债特殊条款和政府参与评级的视角
- 国家社会科学基金重大项目(项目批准号:19ZDA094):宏观经济稳增长与金融系统防风险动态平衡机制研究

目　　录

第1章　绪论 ··· 1
　1.1　研究背景及意义 ·· 1
　1.2　研究内容 ·· 5
　1.3　主要创新点 ·· 8

第2章　债券条款相关文献述评 ··· 10
　2.1　引言 ·· 10
　2.2　公司债券定价 ·· 12
　2.3　债券契约条款 ·· 16

第3章　债券契约条款数据库的构建 ··· 24
　3.1　中国公司债券发行现状 ·· 24
　3.2　公司特征与债券契约条款 ·· 28
　3.3　契约条款的描述性统计 ·· 33
　3.4　债券契约条款的量化 ·· 35

第4章　债券契约条款与债券到期收益率的实证分析 ····················· 38
　4.1　引言 ·· 38
　4.2　理论分析 ·· 39
　4.3　变量与数据 ·· 42
　4.4　研究设计 ·· 43
　4.5　实证结果 ·· 45
　4.6　本章小结 ·· 52

第5章　债券契约条款与债券流动性的实证分析 ····························· 53
　5.1　引言 ·· 53

5.2	变量与数据	56
5.3	研究设计	59
5.4	实证结果	61
5.5	本章小结	69

第 6 章 债券契约条款与债券价格波动率的实证分析 … 71
6.1	引言	71
6.2	变量与数据	74
6.3	研究设计	78
6.4	实证结果	83
6.5	稳健性检验	89
6.6	本章小结	91

第 7 章 债券契约条款与债券融资成本的实证分析 … 92
7.1	引言	92
7.2	理论分析	93
7.3	变量与数据	95
7.4	研究设计	98
7.5	实证结果	99
7.6	机制检验	105
7.7	本章小结	106

第 8 章 债券契约条款与资本结构调整速度的实证分析 … 108
8.1	引言	108
8.2	理论分析	109
8.3	变量与数据	112
8.4	研究设计	114
8.5	实证结果	116
8.6	本章小结	124

第 9 章 债券契约条款与发行利率的实证分析 … 125
9.1	引言	125
9.2	理论分析	126
9.3	变量与数据	127
9.4	研究设计	130

9.5 实证分析 ·· 131
9.6 本章小结 ·· 138

第 10 章 债券契约条款与会计稳健性的实证分析 ············ 140
10.1 引言 ·· 140
10.2 理论分析 ·· 142
10.3 变量与数据 ··· 145
10.4 实证分析 ·· 148
10.5 进一步研究 ··· 161
10.6 本章小结 ·· 165

第 11 章 公司风险与债券契约条款设计的实证分析 ·········· 166
11.1 引言 ·· 166
11.2 理论分析 ·· 168
11.3 变量与数据 ··· 170
11.4 研究设计 ·· 172
11.5 实证分析 ·· 174
11.6 本章小结 ·· 177

第 12 章 机构投资者与债券契约条款设计的实证分析 ········ 179
12.1 引言 ·· 179
12.2 理论分析 ·· 180
12.3 变量与数据 ··· 183
12.4 研究设计 ·· 185
12.5 实证结果 ·· 186
12.6 作用机制检验 ·· 191
12.7 进一步分析 ··· 194
12.8 本章小结 ·· 198

第 13 章 公司成长与债券契约条款设计的实证分析 ·········· 200
13.1 引言 ·· 200
13.2 理论分析 ·· 202
13.3 变量与数据 ··· 204
13.4 实证结果 ·· 205
13.5 本章小结 ·· 214

第 14 章	总结和展望	216
14.1	总结	216
14.2	政策建议及展望	220

参考文献 ·· 222

第1章 绪 论

1.1 研究背景及意义

契约条款是以文本形式存在于债券契约之中的，约束着发行人和债权人双方的权利与义务，同时限制发行人攫取和掏空债权人利益等行为的一系列条款。契约条款的主要作用是缓解发行人即股东与债权人之间的信息不对称，解决股东与债权人之间的代理冲突，从而保护处于信息劣势的债权人利益。由于契约条款能够在事前对潜在的各种风险因素进行合理安排和处置，那么在其他条件不变的情况下，契约条款可以改变债券的风险等级，进而影响债券的安全和质量。尽管债券契约条款在债券发行前就已经拟定完毕，但契约条款一直会存续到债券到期，除非发生技术违约。契约条款对债券风险在横截面上造成的差异因此也会持续到二级市场，进而影响公司债券的市场价格。同时，契约条款在二级市场中通过对信息不对称的缓解还会改变投资者的预期和偏好，从而影响公司债券的需求，最终导致债券价格的变化。总之，契约条款与债券定价之间相互关联，契约条款由于能够影响债券风险从而对债券定价具有一定的影响。

1.1.1 研究背景

自1981年恢复国债发行以来，中国债券市场经过40年的发展，目前市场规模已经跃居世界第三；但是相对中国的股票市场，债券市场的制度设施、功能发挥和运行质量等诸多方面均比较滞后。正是局限于整个债券市场的发展困境，作为债券市场重要分支的公司债券市场也迟迟得不到发展。随着中国经济在21世纪初期的快速增长以及金融改革的不断深化，中国债券市场在资金配置和风险分担上的功能开始凸显。尤其是公司债券市场的建立，为中国实体经济的发展及海外扩张奠定了坚固的基石。直到2007年8月14日，公司债券才开始在中国债券市场正式被允许发行。尽管公司债券市场的建立打破了中国债券市场长期以来的发展瓶颈，但是其资金配置的功能仍然没有完全发挥。公司债券的发展在中国之所以起步较晚、增速较慢，其主要原因之一是公司债券的定价体系还没有完全形成。公司债券定价几乎同国债一样，依靠市场的供需平衡锁定均衡价格，却忽视支撑债券价格的公司基本面价值，从而导致许多公司债券定价严重偏误，使收益率曲线经常出现倒挂的现象，即长期公司债券的收益率小于短期公司债券的收益率。正是这种定价偏误的长期存在，却又因为制度法规的缺失而无法通过套利交易消除，大大降低了债券市场的运行质量，阻碍了中国公司债券市场的发展[①]。

对公司债券的定价偏误不但会损害债券投资者的利益，而且会降低上市公司的融资效率。目前，国内对公司债券的定价基本沿用欧美发达国家债券市场中对公司债券的定价框架。首先从不同到期期限的国债中剥离出利率期限结构，其次将规定好的未来现金流，根据利率期限结构贴现到当前时点，即公司债券的当前价格。不同的是，发达国家的债券市场由于拥有良好的信用评级系统，公司债券的价格波动不但反映了宏观经济的变化，而且通过债券评级反映出上市公司的经营状况和营利能力。不论是在国内还是在国外，都将外生的利率作为公司债券定价最重要的必要条件，几乎不重视其他因素对公司债券定价的影响效应，尤其忽视了对嵌入在公司债券中契约条款所起作用的深入探讨和分析。债券契约条款除息票率、债券期限等标准化条款以外，还包含如回售条款、限制支付股利、限制重大投资及是否担保等其他分配债权人与发债主体之间权利和义务的条款。债券契约条款构成了债券契约的主要内容，显然会对债券的价格及其特性产生影响。本书正是着眼于债券契约中这些非标准化的条款，对债券定价进行研究。

债券契约条款在债券发行上市之前就已经形成，约束着发行人和债权人双方的权利与义务。例如，为确保债权人利益在信息不对称环境下不受股东和管理层侵害而设置的事前安全性条款（如限制主要责任人调离、限制分红等）和事后补救条款（如强制接管公司等）。此外，债券中通常还会内嵌一系列期权条款，通过改变未来现金流的支付路径，对债券风险进行重新分配，从而实现债券风险在不同主体之间的有效转移。尽管债券契约条款在债券发行前就已经拟定完毕，但在债券上市流通之后，一方面由于市场中的投资者考虑到债券契约条款中的权利分配或未来现金流的分配，从而会根据自身的风险偏好做出投资预期，影响债券的价格走势。另一方面由于债券发行主体（即上市公司的股东和高管）会重视公司的信誉和名声以及未来融资的成本，在发行具有契约条款约束的公司债券之

[①] 一方面，中国利率一直受到央行管制，以至真实利率没有体现宏观经济形势，而且公司债券采用全价交易，不利于投资者对市场利率做出及时和准确的判断；另一方面，中国债券市场不存在利率衍生产品，2013年9月16日，国债期货才正式上市，债券投资者没有足够的金融工具来对冲利率风险。这两方面的原因导致债券的套利交易相对困难。

后，会倾向采取满足契约条款的一系列经营策略，从而避免发生违约。那么公司经营行为的变化将通过公司价值的变动也会体现到公司债券的价格及其变动之中。总之，债券契约条款对市场投资者和发债主体都会产生一定的效应，并且最终影响二级市场中公司债券的价格及其属性。

债券契约条款的设计是为了平衡债权人与债务人（即股东）之间的利益。因为与股东和管理层不同，债权人不参与公司的经营与决策，处于信息劣势地位，所以债券契约条款通常以保护债权人的利益为主。例如，建立偿债基金、限制发行次级债券以及对债券进行担保等条款都是站在债权人的角度，通过契约条款约束股东或高管的行为，以降低债券的违约概率或信用风险。另外，债券契约作为合约凭证，在本质上具有法律属性，那么债券契约双方自然会重视契约条款的约束范围和违反成本。在债券上市之后，债券契约条款一直会存续在债券的整个生命周期，契约条款也会在债券的整个存续期内对债权人的权利进行保护。正是这种债券契约条款的保护机制，弥补了债券投资者的信息不对称，进而才会促使投资者购买公司发行的债券，也使公司能够顺利融资。

事实上，上市公司在发行债券之后，与债券投资者自然而然就形成了利益冲突。股东作为公司的所有者，会以自身利益最大化为目的，那么面对处于信息劣势的债权人，股东会通过如过度投资，或投资不足，或向股东支付股利等行为逐渐将债权人的财富传送到股东一方，从而侵蚀债权人的利益。债权人事前考虑到股东对自身利益的侵害，会要求更高的收益率，以补偿债权人在未来承担的风险。正是这种利益冲突的存在，导致了债券契约条款的形成。对于发债主体，上市公司为了顺利融得低成本的资金，在通过债券融资时，会根据自身的经营状况和未来的投资战略在债券契约中引入一些约束自身行为的条款，以保障债权人的利益在未来不受侵害；对于债券投资者，根据契约条款对自身利益的保护力度以及对未来风险的覆盖程度，则会适当降低收益率，从而降低了发债主体的融资成本。显然，公司债券的契约条款是股东或高管与债券投资者博弈的结果。发债主体通过引入契约条款降低了融资成本，从而获得了收益，而债券投资者通过契约条款降低了未来面临的风险，保障了自身的收益。

债券契约条款作为保护债券投资者的一种机制，主要是对公司股东和高管可能损害债权人利益的行为进行限制和约束。表面上上市公司在成功发债并获得融资之后，不会再关心市场中债券价格的涨跌，以至债券契约条款被认为似乎只影响公司的投资决策，而不会影响二级市场上债券的价格及其特性。因此，大部分学者以 Jensen 和 Meckling（1976）提出的代理冲突理论为基础，从公司金融或公司治理的角度研究债券契约条款对公司价值的影响（Smith and Warner，1979；Crabbe，1991；Bae et al.，1997），极少涉及对债券契约条款与债券定价关系的深入研究。但是，在债券发行上市之后，至少存在两个原因使得债券的市场定价还会受到债券契约条款的影响。第一，如上文所述，上市公司发债融资的行为并不是有限次数博弈，而是一个重复博弈，占优策略使双方合作，那么，任何一家公司都会非常重视自身在市场中的信誉和名声，发行债券的公司会尽可能遵守契约中的条款规定，可是，随着市场环境与公司投资机会的变化，发债公司为了不违反契约条款，将会适当调整投资战略从而影响公司价值，并最终引起债券市场价格的变化。更有甚者，某些发债公司还会通过一系列战略行为，如再谈判、冻结交易要约（freeze-out exchange offer）来摆脱债券契约条款的束缚（Myers，1977；Oldfield，2004），从而影响债券的市场价格及其特性。第二，在债券契约中，除标准化条款以外，期权类条款是债券契约中最为普遍的一类条款；期权类条款与其他类静态条款不同，由于债券发行人和投资者可以择时行权，因而债券条款能够改变债券现金流的支付期限，从而直接影响债券的市场定价。而且，不同期权类条款的同时引入，期权类条款之间的相互作用不仅使债券契约条款更加复杂，还使债券契约条款与债券价格之间的关系更加密切。除此之外，作为购买债券的投资者，为了尽可能降低风险，不可能完全忽视债券契约条款的效力和对投资者的保护程度，那么债券契约条款中对债券定价的效应自然会通过投资者的购买数量和要价反映到债券的市场价格之中。因此，不论是作为债券供给方的公司股东或高管，还是作为债券需求方的市场投资者，抑或是债券契约条款本身的属性，都可能对债券定价产生一定的效应。长期以来，由于债券契约条款难以量化的恼人特性，加上国内外学者专注于债券的结构化方程定价，契约条款对债券定价的效应一直不受重视。鉴于公司债券定价和债券条款设计研究的局限性以及中国债券市场发展的紧迫性，本书拟从理论和实证两个方面深入且系统地分析债券契约条款与债券定价之间的关系。

1.1.2 研究意义

随着中国公司债券市场的逐步完善以及利率市场化改革的全面推进，中国债券市场迎来了重大的发展契机。然而，市场制度不健全、法律法规不完善以及有效债券定价理论的缺失仍然是限制中国债券市场发展的重要障碍。在这种情况下，在明确债券契约条款与债券定价关系的基础之上，如何合理利用债券契约条款规避由信息不对称导致的低效资源配置、降低债权人的投资风险，就显得尤为重要。

在理论层面上，本书基于债券契约条款视角研究债券定价，是对传统债券定价理论的关键突破和重要推进。由于国内外学者长期忽视非数字化但又十分重要的债券契约条款在债券定价中的作用，债券定价从20世纪70年代就一直在结构方程主导的定价体系之中徘徊不前，仅仅通过改变利率的演化路径，推演出不同的债券定价方法（Vasicek，1977；Cox et al.，1985）。传统的债券定价理论大都忽视了债券作为金融契约的本质属性，而这一本质属性使得债券契约条款的设计过程实质上是股东、债权人及管理层之间博弈的结果。任何与债券契约条款有关的博弈成本和利益分配都会体现在债券的市场价格之中。因此，本书以内嵌在债券契约中的条款为出发点，将债券定价中的考察对象从外生的利率变动转换为债券内生的契约条款。这一新思路和新方法不但可以拓展债券定价原理的分析范式，而且考虑到金融产品的契约本质特性，还可以丰富和完善债券及其相关金融产品的定价方法，从而弥补传统债券定价理论忽视金融契约本质特征的局限。总之，本书的研究可以补充和完善债券定价的研究框架，推动债券定价理论的发展。

在现实层面上，本书深入考察债券契约条款与债券定价之间的关系，对促进中国债券市场尤其是中国公司债券市场的发展具有两方面的重要意义。一方面，研究债券契约条款与债券定价的关系，有利于修正目前中国债券定价存在的系统性偏差，使债券的市场价格及其动态特征更加合理，从而促进中国债券市场的资源配置功能充分发挥，提高中国债券市场的资源配置效率。同时，也对市场监管部门进行及时准确的市场运行质量的监测和管理具有一定的参考价值。另一方面，中国公司债券市场有关投资者保护的法律法规和配套制度尚不完善，信息不对称问题严重，导致投资者权益长期得不到有效保障逐渐成为阻碍中国债券市场发展的重要原因。债券契约条款作为投资者权益保护的替代机制，正是从股东与债权人利益最大化出发，能够在一定程度上缓解由市场信息不对称导致的逆向选择问题。那么，基于本书对债券契约条款和债券定价关系的深入分析，可以明确债券契约条款的特性及其对债券价格的效应，从而反向指导债券契约的设计和优化，有效应对当前中国债券市场因制度缺陷而导致的债权人利益受损等问题，改善中国债券市场的生态环境，促进中国债券市场良性且稳定的发展。

1.2 研究内容

本书围绕债券契约条款与公司债券定价共分成14章进行探讨，其研究思路和结构具体安排如下。

第1章：绪论。该章内容首先重点描述研究的基本背景，并从学术价值和实际应用价值方面阐述研究意义；其次指出主要研究内容及在研究过程中所采用的各类研究方法和技术手段；最后阐明在债券契约条款与公司债券定价相关领域中的几点创新之处。

第 2 章：债券条款相关文献述评。该章内容主要基于债券契约条款与公司债券定价的论题，对国内外已有的研究成果进行归纳和梳理。其中，公司债券定价的研究又分为债券契约条款与债券到期收益率、债券价格波动的研究与评述，债券契约条款与债券流动性的研究与评述，债券契约条款与债券融资成本的研究与评述，债券契约条款与债券发行利率的研究与评述四个维度；债券契约条款的研究又分为债券契约条款与资本结构调整速度的实证研究、会计稳健性与债券契约条款设计的研究与评述、公司风险与债券契约条款设计的研究与评述、机构持股与债券契约条款设计的研究与评述、公司成长与债券契约条款设计的研究与评述五个维度。

第 3 章：债券契约条款数据库的构建。该章对本书研究所涉及的公司债券和契约条款样本进行详细介绍，基于 2007 年 9 月 1 日至 2018 年 12 月 31 日期间中国债券市场中所有上市公司发行的公司债券构建债券契约条款数据库。针对数据样本，首先，对公司债券从发行年份、债券评级、发行主体的公司属性、发行主体的行业等多个角度进行统计描述，明确公司债券的分布情况；其次，根据契约条款的具体功能，将所有契约条款分门别类，并按照条款数量对其进行描述性统计；在此基础之上，借鉴 Billett 等（2007）的方法量化债券契约条款，从而构造契约条款指数。

第 4 章：债券契约条款与债券到期收益率的实证分析。先从理论上阐述债券契约条款影响债券到期收益率的机理，推演出债券契约条款影响债券到期收益率的可能途径。在此基础上，从市场交易价格中提取债券在不同时点的到期收益率，进而采用 Fama-Macbeth 回归分析契约条款对债券到期收益率的影响效应；并进一步结合债券的横截面特征，探寻契约条款对债券横截面收益的解释能力。

第 5 章：债券契约条款与债券流动性的实证分析。不同类型的条款会给予投资者不同程度的保护，那么会引致投资者对债券的不同偏好，这种偏好则由投资者的债券买卖体现出来，而市场中的债券交易形成了债券的流动性。通过理论分析剖析契约条款对债券流动性的影响途径，并推演出契约条款对债券市场流动性作用的可能结果；结合中国公司债券的数据信息，在控制样本选择偏差的情况下，对契约条款与债券市场流动性的关系进行实证检验。

第 6 章：债券契约条款与债券价格波动率的实证分析。债券契约条款是债券契约的本质属性，是债券横截面差异的重要决定因素，而债券的这些横截面差异又在很大程度上影响着债券的交易特征，并最终改变债券价格的总体波动率或者特质波动率，故而契约条款具有影响二级市场中债券价格波动率的较大可能。基于这一假设，从理论上分析契约条款对债券价格波动率的影响路径，探寻理论基础。更进一步，利用中国公司债券的交易数据，分别从债券价格的总波动率和特质波动率两个角度分析契约条款对债券价格波动率的影响效应。

第 7 章：债券契约条款与债券融资成本的实证分析。债券的息票率代表债务融资的成本，也决定着债券价值的未来现金流。虽然从理论上很容易预期契约条款与债券息票率存在负相关关系，但并不明确契约条款与息票率之间的负相关程度，以及不同类契约条款与具有不同属性特征公司的息票率的关系。在深入分析契约条款与债券息票率的关系之后，建立联立方程组以检验该章的理论推演。在此基础上，考察债券契约条款与债券息票率之间关系在产权性质异质性和融资约束异质性方面的差异，同时考察公司的破产风险和信息不对称程度对债券契约条款与息票率之间关系的影响。

第 8 章：债券契约条款与资本结构调整速度的实证分析。资本结构动态调整是近年来资本结构领域的一个研究热点。基于资本结构动态权衡理论，公司存在一个最优或目标资本结构可以最大化公司价值，当资本结构偏离这一最佳比率时，公司将调整回到目标资本结构值（Fischer et al.，1989）。但是，调整是需要一定成本的，有些成本或企业特征可能会影响企业向目标资本结构调整的速度，使资本结构调整本质上具有动态性。在此背景下，该章基于债券契约条款研究资本结构动态调整速度的决定因素。为了保证研究结论的可靠性，该章用不同的模型估计目标资本结构，采用系统广义矩估计法（system generalized method of moments，SYS-GMM）、替换模型中公司特征变量等方法进行稳健性检验，并得到了一致的结果。

第 9 章：债券契约条款与发行利率的实证分析。该章从债券发行人与债券持有人之间代理问题的角度出发，考虑到发行人首先要选择合适的债券契约条款，而发行人的资产规模和财务情况等诸多因素可能会影响债券条款选择，从而导致内生性，因此该章采用处理效应模型研究债券契约条款对债券发行利率的影响，以探寻各类契约条款能否真正降低公司债券发行利率，如果能降低公司债券发行利率，降低的幅度为多少。此外，为了检验结果的稳健性，考虑加入公司治理因素、地区差异因素、债券基本特征、知名度因素、分红因素等其他影响债券发行利率的因素作为控制变量进行回归分析。

第 10 章：债券契约条款与会计稳健性的实证分析。会计稳健性有利于债权人及时了解企业的财务运营状况，有利于解决债权人和股东、管理者之间的信息不对称问题。同时，会计稳健性却对企业的可分配利润、自由现金流量、经营业绩产生负面影响，因此企业在选择会计稳健性水平和设计契约条款的过程中存在一个利弊权衡过程。这一章将基于债券持有人利益保护的视角，研究债券契约条款对会计稳健性的影响，以及债券评级对二者关系的调节效应，并且进一步基于公司治理机制和代理冲突的角度，探究债券契约条款影响会计稳健性的内在机理。

第 11 章：公司风险与债券契约条款设计的实证分析。该章采用 2007~2018 年所有在沪深两市发行的公司债券为样本，去掉大部分财务数据无法获得的公司发行的公司债券，最终获得由 1 212 只公司债券构成的样本。在委托代理和信号传递理论框架下，采用实证研究的方法，对流动性风险和信用风险对债券契约条款的影响进行实证研究。在稳健性检验中，该章借鉴了 Altman 的理论，用 Zeta 值来替代信用风险的替代变量违约距离。在样本的重新构建上，由于同一个发债公司可能发行多只公司债券，故该章挑选出样本公司发行的第一只公司债券作为样本进行检验，以避免重复样本对回归结果可能产生的影响。

第 12 章：机构投资者与债券契约条款设计的实证分析。机构投资者持股可以通过有效的监督，强制管理层采取增加公司价值的行动，防止大股东通过影响管理层向自身输送利益，缓解股东与债权人之间的代理问题，无形中与债权人的利益一致。基于共同利益的假设，机构投资者的存在可以降低债权人对于债券条款的内在需求，因此机构投资者的持股对于债券契约条款设计是否具有影响需要进一步的实证研究。该章进行了以下工作：第一，机构投资者持股是否会影响公司债券限制性条款设计；第二，如果存在显著影响，两者之间是怎样的作用机制；第三，进一步考察上述关系在不同的会计稳健性水平、信息透明度水平和股权结构中是否有显著差异。

第 13 章：公司成长与债券契约条款设计的实证分析。考虑到由股东-债权人代理问题所引发的次优选择过程，公司成长能力与债务融资完全由系统内生决定，因此该章以股东与债权人的代理冲突为出发点，率先将公司成长能力和债务融资统一到一个系统内生的框架之中，并且利用公司债券契约条款信息，建立联立方程组，基于经验研究考察成长能力与债务融资之间的相互关系。主要研究以下四个问题：第一，当债务融资时，公司成长能力在负债比例选择、债务期限结构安排和契约条款设计中起到怎样的作用；第二，契约条款的引入是否能缓解股东与债权人代理冲突和提升企业的成长能力；第三，契约条款对短期负债在缓解股东与债权人之间代理冲突上是否具有替代作用，如果有，那么债券契约条款比例高的企业是否需要更少的短期负债；第四，鉴于财务杠杆与短期负债的反向关系，契约条款是否能够缓解成长能力与财务杠杆之间的反向关系。

第 14 章：总结和展望。该章内容首先针对全书各章节研究内容的主要结论及贡献进行了归纳总结，其次对公司债券定价与契约条款设计未来的研究趋势和方向进行了展望。

1.3　主要创新点

与以往有关债券契约条款及公司债券定价的研究相比，本书的创新或贡献集中体现在以下四个方面。

第一，数据独特。目前，国内还没有任何机构或公司能够提供比较完善和翔实的债券数据信息，尤其是债券契约条款的相关信息。为了完成实证分析，本书从债券发行公告书、债券募集说明书、公司年报及其他金融数据库中通过手工摘录、筛选获得契约条款的所有数据信息。根据检索，本书所建立的契约条款数据不仅提供了全面且真实的债券契约信息，而且在国内研究中也是独一无二的。因此，本书首次应用了目前国内通过手工搜集整理得到的最大公司债券条款数据库，具有最翔实的债券条款信息，涵盖了从2007年8月中国开始发行上市公司债券以来至2018年12月底所有沪深二市公司发行的上市公司债券。

第二，视角别致。对债券契约条款的绝大部分研究都局限在公司金融层面，本书通过分析债券契约条款对债券价值的影响，将债券契约条款的相关研究拓展到资产定价层面。本书从与债券定价最为紧密，同时也最能体现债券定价效率的公司债券的到期收益率、公司债券的息票率、债券价格的市场流动性及债券价格的波动率四个维度探寻债券定价与契约条款之间的关系。通过理论推演给出债券契约条款影响债券定价基本逻辑的同时，利用实证分析为债券契约条款对债券定价的影响效应提供经验证据。这一全新的研究视角不仅使资产定价理论得到延伸和完善，也使债券契约条款的设计与运用更具有现实意义。

第三，方法新颖。本书不同于传统的风险因子定价法，而是从债券契约条款着手，利用博弈论方法，对附有契约条款的债券进行定价研究。通过分析契约条款如何影响利益相关者（主要是股东与债权人）的最优行为决策，进而导致公司价值和风险收益的变化，深度挖掘债券契约条款与债券市场价格及其相关属性之间的黑箱信息，使基于债券契约条款的定价方法在理论建模和实践应用上都更加简便。此外，针对研究中可能存在的样本自选择问题，本书分别采用了Heckman两阶段回归方法和倾向值匹配（prcpensity score matching，PSM）法进行控制，并采用工具变量和两阶段最小二乘法（two-stage least squares method，2SLS）缓解可能存在的由不可观测因素引起的遗漏变量问题。最后，本书通过构建联立方程组缓解债券契约条款与融资成本等变量之间可能存在的互为因果问题。

第四，内容丰富。本书的研究丰富了债券契约条款影响后果的研究框架，考察了债券契约条款对资本结构调整速度、发行利率及会计稳健性的影响，并分别从债券评级、公司治理机制及代理冲突等角度，探索债券契约条款影响后果的具体作用机理。此外，中国鲜有学者研究债券契约条款的设计问题，本书分别从公司经营状态、股权结构及公司成长性角度，探究债券发行人的风险水平、机构投资者持股和债务融资政策选择对债券条款设计的影响。因此，本书在一定程度上丰富了学术层面对债券契约条款的研究，同时又为债券发行人在设计债券契约条款时提供了参考因素。

第 2 章 债券条款相关文献述评

2.1 引　言

　　股东和债权人的利益冲突主要来自债券发行之前的逆向选择问题和债券发行之后的道德风险问题。债券发行之前的逆向选择问题由信息不对称导致。当投资者无法区分发行公司的优劣时，会以预期的市场整体平均风险决定给出的价格。中国公司债券发行的审批制在很大程度上解决了发债前的逆向选择问题。在中国，通过对融资企业发债门槛的限制以及行政审批来解决债券发行前的逆向选择问题。

　　在债券发行后，债权人只能通过债券契约条款的约定维护自身权益防止公司管理层和股东的损害。在发债公司正常运营的情况下，债券投资者并不具有对公司的控制权，只能依赖于债券契约来约束发债公司的道德风险行为。与公司正常经营条件下相比，债券持有人的合法权益在公司财务困境时更易因信息不对称而遭受来自管理者和股东的利益侵占（Nash et al., 2003）。

　　代理成本理论最早由 Jensen 和 Meckling（1976）提出，并由 Myers（1977）加以完善，对在公司融资过程中引入债券契约条款的重要性进行了研究。该理论认为，合理的债券契约条款不仅可以降低公司的融资成本，还可以缓解股东与债权人之间的代理冲突，增加公司价值。在此基础上，Smith 和 Warner（1979）提出"最优契约理论"，通过对常见的债券契约条款进行研究，识别出了红利支付、权利稀释和资产置换三类主要的代理冲突来源。同时，证实有关红利支付及融资政策限制的债券契约条款能够解决股东与债权人的冲突，有助于公司价值最大化。后续大量研究直接从债券契约条款入手，分析其在降低公司代理成本方面的影响机制（Allen et al., 1987；Bicksler and Chen, 1991）。目前，已有实证检验大都支持代理成本假说，即债券契约条款有助于降低代理成本、增加公司价值（Malitz, 1986；Bae et al., 1994；Anderson, 1999；Bradley and Roberts,

2003；Begley and Freedman，2004；Billett et al.，2007；Chava et al.，2010；Nini et al.，2012）。

随着2007年中国公司债券市场逐渐开始发展，国内学者开始关注公司债券中的契约条款。信息不对称和委托代理问题普遍存在于债券市场，债权人处于信息弱势地位，通过与发行主体签订更多的债券特殊条款能够降低代理冲突，降低违约风险（史永东和田渊博，2016；史永东等，2017）。史永东等（2018）通过对2007~2016年的上市公司债券进行实证研究，结果发现期权类条款和限制类条款通过保护投资者权益，显著降低了债券的发行利率，再次证明债券契约条款是降低融资成本和缓解代理冲突的重要工具。

与代理成本假说相对，Stulz（1988）以及Shleifer和Vishny（1989）提出了管理层防御假说。他们认为，某些债券契约条款限制管理层从事高风险投资行为，降低了公司资产重组和被收购的可能性，使管理层能够以债券契约条款为由，逃避市场的压力和监督，最终寻致代理成本的上升和公司价值的下降。债券契约条款实质上并没有真正地保护好债权人的利益，更多是服务于管理层利益，具有利益掩饰的属性。由于信息的不对称和监管的疏漏，管理层在进行一些公司决策的时候出现自利行为，他们的这种防御行为在上市公司中普遍存在。

一方面，债券契约条款成为管理层防御行为的利益掩饰工具，使代理冲突问题加剧。Nash等（2003）发现，债券契约条款的引入与公司成长性存在负相关关系，即通过实证检验支持管理层防御假说。还有研究发现，有债券契约条款的公司更容易进行会计操纵来掩饰公司的实际财务状况或管理层自身的防御行为，进而提高公司风险，这在股票市场中将会对应更高的风险溢价。另一方面，债券保护条款可以使债券融资更加顺利（史永东等，2018），管理层可以先承诺投资风险低的项目以便出售债券，实际却选择高风险投资项目，在欺骗债权人的情况下达到管理层防御的目的。随着财务杠杆的提高，高财务风险企业较低财务风险企业而言，存在更严重的管理层防御现象，管理者为了避免承担破产风险更有可能选择利用债券契约条款来掩饰管理层防御行为，而监管部门又不能及时采取合理有效的监督管理行为，公司管理者通常会利用一些方式来躲避市场的监管，从而获得管理层防御空间，导致代理冲突的加剧，股票市场中的投资者将做出相应的市场反应。

综合已有文献，从理论和实证角度可以看出，债券契约条款的确可以缓解代理冲突，通过约束股东和管理层的行为来切实保障债券投资者的利益不受侵占，降低代理成本，提升公司价值。同时，债券契约条款也会成为管理层借机逃避监管，进行利益掩饰的工具，加剧代理冲突。

2.2 公司债券定价

2.2.1 债券契约条款与债券到期收益率、债券价格波动的研究与评述

尽管大量研究都集中在从公司金融层面对债券契约条款进行研究，但仍然存在一些经典之作，从理论或实证强调了债券契约条款对债券定价的效应。Black 和 Scholes（1973）以及 Merton（1974）在推导出期权定价模型（B-S 模型）的同时，通过将债券视为看跌期权给出了公司债券的定价原理，并且 Merton（1974）还强调了债券契约条款对于债券定价的重要作用。随后，Black 和 Cox（1975）在 B-S 模型的框架下，通过引入安全性条款、次级债务协议、利率融资限制与红利支付三类债券契约条款，分别推导出附有这三类条款的债券定价模型及边界条件。再进一步，Chang 和 Lee（2013）通过在债券定价的结构模型中引入安全性条款，以便获得不同的违约边界，从而描述了不同的违约边界对信用价差、违约概率及债务回收率的影响效应。另外，在代理成本理论假说下，债券契约条款被认为会提高债券市场价格，降低债券的到期收益率（Crabbe，1991；Bae et al.，1997；Bradley and Roberts，2003，2004；Reisel，2014）。尤其是 Bradley 和 Roberts（2003，2004）重点考察了私募债券市场，发现附有保护投资者相关条款的债券会被给予较低的保证收益率（promised yield）。再者，Tanigawa 和 Katsura（2013）对债券契约条款的选择与到期收益率的关系直接展开分析，实证结果表明选择保护投资者的契约条款能够显著降低债券的到期收益率。Roberts 和 Viscione（1984）在引入债券评级这一控制变量后发现，债券契约条款并不会显著影响债券到期收益率。此外，Leland（1994）、Oldfield（2004）也都认为债券契约条款对债券价值具有重要影响。相关实证研究也表明，债券中的契约条款，如赎回条款（Chen et al.，2009；Banko and Zhou，2010）、回售条款（Banko，2003；Lim et al.，2012）、可转换条款（Labuschagne and Offwood，2011）等都会对债券定价产生显著影响。

碍于国内公司债券市场发展的滞后和缓慢，债券契约条款信息的获取成本较大，国内学者几乎都着眼于拥有模型支撑的期权类条款，重点考察了债券契约中期权这一类条款对债券定价的效应。在不存在公司债券的情况下，郑振龙和康朝锋（2005）运用 BDT（Black-Derman-Toy）模型对国家开发银行发行的可赎回债

券与可回售债券进行了定价研究,结果发现可赎回债券被高估,而可回售债券被低估。另外,谢为安和蔡益润(2012)证明了 Monte Carlo 模拟量对可赎回债券的定价具有无偏性和一致性,并计算出中国债券市场中 35 只可赎回债券的赎回权价值、理论价格及其价格的 95%置信区间。

由于《可转换公司债券管理暂行办法》在 1997 年就已经颁布出台,相对于 2007 年才开始试点发行的公司债券,在 2007 年之前,可转换条款的信息与可转换债券的价格更容易获得,故国内的相关研究大部分都集中在可转换期权条款对债券定价的效应之上。周正怡和吴冲锋(2013)研究了现金分红下转股价调整条款对可转债定价的影响,结论显示,避税效应及更优惠的转股条件使可转债投资者获得正价值。此外,赖其男等(2005)考虑了可转换债券中更多的契约条款,如回售权、转股价向下修正权等,并结合中国债券市场中可转换债券的特征,对沪深两市中可转换债券的理论价格进行了实证研究,结果发现可转换债券的理论价格低于实际市场价格。与赖其男等(2005)的研究结论不同,绝大部分研究发现,中国债券市场中可转换债券的价值被低估是一个普遍现象,并且采用不同的方法都证明中国债券市场中的可转换债券长期存在折价的现象(郑振龙和林海,2004)。

总体而言,国内外已有文献还存在如下局限:一是债券契约条款对债券定价的影响缺乏足够的数据和经验支持。债券契约条款不仅包含到期日、息票率等简单的标准化条款,还包含红利支付、是否可赎回、限制发行次级债等特殊条款。不同的债券具有不同的条款,同样的条款对于不同的债券其标准也不一样,因此,获得债券契约条款完整且全面的数据并不容易。而且,债券定价模型都必须应用利率模型,但不论是单因子模型还是多因子模型,其假设条件都十分苛刻,尤其在引入债券契约条款之后,契约条款的不连续性更是增加了债券定价的难度。鉴于以上两点,已有文献往往利用模拟数据求得数值解,即使运用市场数据,也因为数据样本不全面,或理论假设过强,使实证结果与现实情况存在较大差距。二是关于债券契约条款对债券定价影响的研究还不够系统和深入。债券契约条款多种多样,纷繁复杂,契约中的各项条款都与债券的各种属性息息相关,从而都应该在债券价格中有所体现,已有文献通常只考虑了某一类条款或几类条款对债券定价的影响。然而,不同类型的债券契约条款并非彼此独立,即使是同一只债券,其契约中的不同条款之间也相互耦合。因此,单独考察某一类或几类契约条款对债券价格的影响并不合理。即使分别讨论每一类债券契约条款对债券定价的影响,最终债券的合理价格也应该是各类契约条款影响之后的综合效应。所以,债券契约条款对债券定价的影响,不论是理论研究还是经验分析,都有待深化。三是中国债券市场正处于初级发展阶段,信息不对称严重,投资者保护程度不够,这使国外研究成果并不适用于中国债券市场。目前,可转换债券、可赎回债券及可回售债券的大部分定价模型均是在无套利分析框架下推导得出的,但无套利定价原理适用的前提是市场无摩擦。相比国外发达的资本市场,中国债券市场还比较落后,直接将国外研究成果应用于中国的债券市场,其效果必然会大打折扣(Chen et al.,2009)。由于债券契约条款设计必然会受中国资本市场制度条件和阶段特征的影响,故研究中国债券市场中债券契约条款对债券定价的影响,应该结合中国自身的市场条件与制度环境,才可能获得适合于本土现实环境的债券定价模型和方法。

不论是因为国内公司债券契约条款的信息难以获取,还是因为文本形式的债券契约条款的处理比较困难,国内学者关于债券契约条款对债券定价效应的研究几乎空白。相对于国内的研究,国外学者虽然已经发现债券契约条款的重要性,也尝试着明确债券契约条款与债券定价之间的关系,但仍然局限于理论探讨,鲜有文献为债券契约条款对债券定价的效应提供经验证据。因此,本书第 4 章和第 6 章分别从债券到期收益率与债券价格波动率两个方面深入探寻债券契约条款与债券定价之间的关系,不但非常具有意义,而且十分必要。

2.2.2 债券契约条款与债券流动性的研究与评述

流动性是资本市场运行质量的重要体现,也是资产各种优良特征的集中反映。流动性的本质是无成本交易的能力,如果不考虑市场制度对流动性的影响,流动性好的资产通常被认为是能够提供交易且价格变动较小的资产。尽管流动性在证券交易中发挥着核心作用,影响着资源的有效配置,但是流动性本身却是一个难以准确定义和测量的指标,所以许多学者从各个不同的角度对流动性进行界定。Kyle(1985)最先提出利用买卖价差衡量资产的流动性,买卖价差越小,则表示立即执行交易的成本越小,流动性则越好。Lippman 和 McCall(1986)从资产交易的难易程度出发,认为资产能够以可预期的价格迅速出售,则该资产的流动性较好。更为典型的是,Harris(1990)从交易的及时性、市场的宽度、市场的深度及市场的弹性四个方面考察流动性,进而形成流动性四维理论。虽然早期研究将资产的流动性差异主要归结为市场制度和交易规则,但越来越多的研究发现,资产流动性在截面上的差异与资产的个体特征具有显著的关联性,并且证明流动性在一定程度上能够解释资产价格的变动(Amihud,2002;Pastor and Stambaugh,2003;Bao et al.,2011)。毋庸置疑,作为资本市场中重要金融资产的公司债券,其流动性不但势必受到发债企业个体特征及债券契约个体特征的影响,而且是债券定价的重要考察因素,因此本书将在第 5 章深入研究契约条款与债券流动性的关系。

2.2.3 债券契约条款与债券融资成本的研究与评述

债券契约条款是解决信息不对称、缓解发行人与债权人利益冲突的有效方式。早在20世纪70年代，国外学者就针对债权契约条款进行相关研究，以Jensen和Meckling（1976）提出的代理成本理论为开端，后续大量学者针对债券契约条款与融资成本、代理冲突、公司价值等方面进行研究（Malitz，1986；Bae et al.，1994；Anderson，1999；Bradley and Roberts，2003；Billett et al.，2007；Chava et al.，2010；Nini et al.，2012）。由于中国公司债券市场发展较晚，对债券契约的重视不足，鲜有文献从契约条款的角度讨论债券的融资成本。陈超和李镕伊（2014）利用2007~2010年A股上市公司发行的78只债券的相关数据，分析融资成本与契约条款之间的关系；史永东和田渊博（2016）研究契约条款对债券二级市场价格的影响，其研究发现，债券契约条款能够有效降低债券的信用价差和非信用价差，保护债权人收益。

国内外学者在研究债券契约条款与融资成本之间的关系时，大多是单方面研究契约条款对债券融资成本的影响。事实上，在债券发行之时，契约条款和债券息票率同属于债券契约的基本内容，通常是同时被拟定的，并且投资者与发行主体所面临的风险水平也是由两者共同决定的，由此推断，契约条款和融资成本之间存在着联合共生的内在联系。然而已有研究忽视契约条款与债券融资成本的共生关系，没有考虑到契约条款与债券融资成本之间的双向因果关系。同时，国内学者受限于中国公司债券数据的缺失，对债券契约条款与融资成本的相关问题未能进行深入和系统的研究。因此，本书第7章基于内生性分析债券条款与融资成本之间的影响机制具有一定的理论价值，同时明确两者关系对于发行主体也具有非常重要的现实意义。发行方可依据其内在关系，通过特殊条款的设计来降低代理成本，进而有效降低债券的融资成本。

2.2.4 债券契约条款与债券发行利率的研究与评述

有关债券契约条款缓解股东与债权人之间的代理问题，在理论和经验研究中受到广泛关注。很多文献研究指出，债券契约条款的设计能够减少代理问题，降低债券的发行利率。Smith和Warner（1979）率先讨论限制性条款在债券设计中减少代理问题的有效性问题；Aghion和Bolton（1992）、Rajan和Zingales（1995）、Watts和Zimmerman（1990）进一步讨论最优融资契约中限制性契约条款的重要性；Tirole（2006）指出，限制性条款能够减少代理问题，表明限制性条款的存在是合理的；Reisel（2014）结合美国公开发行的债券数据，研究限制性条款的价值问题，他指出，限制性条款的价值主要体现在降低债务成本上，限制投资性活动和限制发行更高优先级别债券的条款能够降低发行成本 35~75 个基点。

国内有关债券契约条款的研究较少。陈超和李镕伊（2014）通过将保护性条款区分为事件型条款和治理型条款，构建出综合债券契约保护指数、治理型债券契约保护指数和事件型债券契约保护指数，以此刻画公司债券契约条款对债权人保护的程度。研究结果表明，发债主体可以通过债券契约设计提高对债券投资者的保护，从而降低融资成本。史永东和田渊博（2016）研究上市公司债券契约条款对债券二级市场价格的影响，结果表明，债券契约条款由于能够保护债权人的未来利益，减少债权人承担的风险，从而能够有效降低债券的信用价差和非信用价差。田渊博（2016）利用联立方程模型，对债券契约条款与债券息票率的关系进行研究，得出债券契约条款与债券息票率呈显著的反向关系。

有关债券契约条款对债务成本的影响，国内已有研究都是通过构造条款指数的方式来量化契约条款，并未具体到各类条款本身，无法刻画每类条款是否对债券发行利率有影响，以及如果有影响，其影响的程度有多大。本书第 9 章内容主要通过手工收集中国上市公司债券的契约条款数据，并且根据契约条款的功能进行分类，从债券发行人与债券持有人之间代理问题的角度出发，探寻各类契约条款能否真正降低债券发行利率，如果能降低债券发行利率，降低的幅度为多少。

2.3 债券契约条款

2.3.1 债券契约条款与资本结构调整速度的实证研究

资本结构的动态调整是近年来的热门话题。根据动态权衡理论，企业存在目标资本结构，当资本结构偏离目标时将向目标比率进行调整，调整速度的快慢取决于调整收益的高低和调整成本的大小（Fischer et al.，1989；Flannery and Rangan，2006；Huang and Ritter，2009）。然而，企业资本结构调整的速度却低于预期，Fama 和 French（2002）的实证研究表明，调整速度通常较低，只有 7%~18%。因此，许多学者开始对资本结构调整速度的影响因素进行研究。Fischer 等（1989）开创性地提出存在调整成本（证券发行成本或机会成本）时的动态资本结构模型。

针对资本结构调整速度的影响因素，传统文献主要从企业内部特征角度如现金流（Faulkender et al.，2012）、公司治理（Chang et al.，2014）、债务合约

（Devos et al., 2017）等方面进行研究。Faulkender 等（2012）认为现金流提供资本结构调整成本较低的途径，现金流影响公司的目标资本结构和资本结构调整速度。Chang 等（2014）发现治理薄弱的公司的资本结构调整速度缓慢。同时，Devos 等（2017）发现债券契约能够降低资本结构调整的速度。

此外，也有许多文献从宏观经济环境（Cook and Tang，2010；于蔚等，2012）、法律和制度环境（Elsas and Florysiak，2011；Öztekin and Flannery，2012；黄继承等，2014；An et al.，2015；Öztekin，2015）、市场竞争与摩擦（黄继承和姜付秀，2015）、银行业竞争（Jiang et al.，2017）等外部因素出发对资本结构的动态调整进行研究。Cook 和 Tang（2010）发现企业在良好的经济状态下能够更快地调整杠杆。Elsas 和 Florysiak（2011）发现，预期破产成本高且违约风险高的环境与资本结构调整的最快速度有关。Öztekin 和 Flannery（2012）发现法律和制度传统与资本结构调整速度相关。An 等（2015）研究崩盘风险对资本结构调整速度的影响，发现在崩盘风险敞口较高地区的公司，其杠杆调整速度更慢。Öztekin（2015）发现在制度环境更好的国家（法律制度更好、资本市场有效且金融体系运行良好）中的企业，交易成本更低，因此资本结构调整速度更快。黄继承和姜付秀（2015）研究产品市场竞争对资本结构调整速度的影响，发现行业竞争越激烈，企业调整资本结构的速度越快，且仅在资本结构低于目标水平时成立。

契约条款的相关研究大多是从契约条款的决定因素及契约条款在公司治理方面的作用的角度进行研究。契约条款决定因素的相关研究表明，杠杆率高的公司或违约风险低、债务期限短的公司，在发行公司债券时倾向纳入更多的契约条款（Malitz，1986；Begley，1994）；对于高成长性的公司来说，通过保持其未来投融资灵活性所带来的收益大于纳入契约条款所降低的代理成本，所以高成长性公司发债时会纳入更少的契约条款（Kahan and Yermack，1998；Nash et al.，2003）。当借款人增长机会大或者杠杆率高时，更加有可能签订契约条款（Bradley and Roberts，2004）。

在债券契约条款对公司治理的重要性方面，最先由 Jensen 和 Meckling（1976）提出并由 Myers（1977）加以完善的代理成本理论认为，合理纳入契约条款可以降低公司的融资成本，缓解股东与管理层及债权人之间的代理冲突，从而增加公司价值。许多实证研究支持代理成本理论，即契约条款可以减轻代理问题、降低代理成本（Bae et al.，1994；Bradley and Roberts，2003；Billett et al.，2007；Graham et al.，2008；Nini et al.，2012；Denis and Wang，2014）。债券契约的早期研究（Smith and Warner，1979）证明了如何制定债务合同契约以最大限度地缓解代理冲突，同时也承认对企业施加广泛的限制是高成本的。Stulz（1988）、Shleifer 和 Vishny（1989）提出与代理成本假说相对的管理层防御假说，认为部分债券契约条款限制管理层的高风险投资行为，降低公司资产重组和被收购的可能性，使管理层可以以债券契约条款为由逃避市场的压力和监督，从而使代理成本上升、公司价值下降。债券契约条款的引入与公司成长性存在负相关关系的发现为管理层防御假说提供证据（Nash et al.，2003）。此外，借款公司与债权人签订契约条款会降低资本结构调整的速度（Devos et al.，2017）。一旦违反契约将给企业带来巨大的成本，包括将控制权转移给债权人。由于纳入限制投资支出的契约，企业的资本投资在违反债券契约后急剧下降（Nini et al.，2009）。违约会导致债务发行减少、杠杆率降低（Roberts and Sufi，2009）。Chava 等（2015）的研究表明，违反契约会导致公司创新急剧下降。另外，还有部分学者对债券契约条款设计问题进行研究（Sridhar and Magee，1996；Bradley and Roberts，2004；Garleanu and Zwiebel，2009）。本书第 8 章将利用手工收集的公司债券特殊契约条款数据，对债券契约条款对公司资本结构调整速度的影响进行研究。

2.3.2 会计稳健性与债券契约条款设计的研究与评述

会计稳健性意味着低估资产和利润，延迟对收益的确认，这就能够减少股东对资产和利润的高估，限制对股东清算股利的发放，可以保障债权人的利益，缓解债权人和股东之间的冲突，提高资本市场的配置效率。

会计稳健性的提升对于降低公司债务成本或权益资本成本有重要影响。Ahmed 等（2002）发现，股东与债权人的冲突越大，会计信息的稳健性越强，同时稳健性越强，债券契约的成本越低。相关学者还采用多种计量组合的方法来对稳健性进行度量，发现稳健性与事前资本成本存在显著的负相关关系，从而为稳健性可以降低权益资本成本提供了经验证据。这是文献第一次发现稳健性在降低权益资本成本方面的作用。相关学者还检验了债券契约过程中会计稳健性的效率收益，为稳健性带给贷款人和借款人的事后和事前收益提供了经验证据，稳健性的会计政策能减少不可观察的盈余管理，减少会计信息的噪音。Zhang（2008）发现，会计稳健性减少了债券契约中的信息不对称，并且贷款人愿意为会计处理稳健的借款人提供更低利率的贷款。

同时，会计稳健性可以从以下两方面提高债券契约条款在解决股东和管理者道德风险问题时的效率：①有利于及时将控制权转移至债券持有人手中（Beatty et al.，2008）。②有利于债券契约信号作用的发挥。作为会计信息的基本准则之一，会计稳健性有利于提高债券契约特殊条款的效率（Ball and Shivakumar，2005）。

首先，会计稳健性意味着企业延迟对不确定性收益的确认，及时对未来可能发生的费用和损失予以计量,及时将经营风险反映在当期报表中,避免股东对资产和利润的高估。而且,当公司存在潜在的财务困境时,会计稳健性有利于限制股利的发放,提前发现公司经营问题,有利于公司控制权及时转移至债权人,防止股东和管理者利用信息不对称损害债权人权益。因此,会计稳健性有利于提高债券契约条款的效率。

其次,会计稳健性有利于债券契约条款信号作用的发挥。Levine 和 Hughes(2005)研究表明,债券契约条款与会计稳健性是最佳的契约机制。在债券契约中纳入与公司收益相关的限制性条款,一旦公司陷入财务困境,允许债权人接管公司控制权,本身就是识别优质企业的信号标志之一。因为那些劣质企业的公司收益更有可能触碰契约条款中的"接管底线",因此劣质企业为防止公司管理控制权发生变更,通常并不会在债券契约中纳入与公司收益相关的条款。因此,具备会计稳健性成为优质发债企业的信号标志,有利于公司降低整体融资成本,该理论也是发债公司提高会计稳健性的动因之一。

债券契约特殊条款对会计稳健性的影响主要体现在债券契约理论上。已有文献发现,契约、诉讼、制度环境和公司治理等是影响会计稳健性的因素(祝继高,2011;Basu,1997;Watts,2003a,2003b;Lafond and Watts,2008)。相对于股东,债权人无权参与公司经营管理,无法获得除本息外的超额收益。无论公司盈利多高,债权人仅有本息的固定求偿权,当公司资不抵债时,债权人必须承担违约风险,收益难以保障。过度负债、资产置换和债权稀释是导致公司财务状况恶化的主要代理问题。发行公司与债权人签订契约条款能够降低代理成本、提高公司价值、降低资本结构调整的速度(Devos et al.,2017)。当借款人增长机会大或者杠杆率高时,更加有可能签订保护性条款(Bradley and Roberts,2004)。信息不对称和委托代理问题普遍存在于债券市场中,债权人处于信息弱势地位,通过与发行主体签订更多的债券特殊条款能够降低代理冲突,约束发行公司机会主义行为,提高会计稳健性(Nikolaev,2010)以扭转被动境地。债权人与发债公司签订的特殊条款越多,对发债公司会计稳健性的正向作用越强,发债公司财务信息越能真实反映接近技术性违约"门槛值"的风险。出于保护债权人利益与承担违约风险的权衡,债券特殊条款越多的发债公司往往越会选择谨慎处理会计信息。因此,在契约关系中,债权人对会计稳健性的需求愈加强烈,为防止发债公司以高风险为代价牟取私利,债权人要求对会计信息的确认更加严格。稳健的会计信息能够真实地反映公司的财务状况和违约风险,降低信息不对称和委托代理冲突(Watts,2003a,2003b)。对于发债公司来说,提高会计稳健性能够降低债务融资成本,为迎合债权人的需求,发债公司有意愿谨慎处理会计信息。

因此,债券契约条款效率的发挥依赖于企业的会计稳健性。从债权人角度,债券契约特殊条款对于债权人权益的保护需要借助企业的会计稳健性，只有具有稳健性的企业，其债券契约条款才能真正保障债权人的利益免遭股东和管理者的道德风险问题的损害，越多使用债券契约条款，债权人对于企业会计稳健性的需求越高。

本书第10章将基于债权人利益保护的视角，研究特殊条款和债券评级对会计稳健性的影响。探寻在债券契约中包含更多特殊条款的企业在债券发行后是否具有更高的会计稳健性；同时包含债券契约特殊条款越多，企业的会计稳健性的提升是否越明显。

2.3.3　公司风险与债券契约条款设计的研究与评述

契约条款能够缓解债权人和股东以及债务人之间的代理冲突问题，降低违约风险（Begley and Freedman，2004；史永东和田渊博，2016）。无论公司盈利多高，债权人仅拥有本息的固定求偿权，当公司资不抵债时，债权人必须承担违约风险，收益难以保障。然而，很多公司在获得债券融资后铤而走险，借助信息优势地位，采取冒险行为，侵蚀债权人利益。债券契约条款是对公司股东和高管行为的事前约束和对投资者未来权益的保护。

股东的冒险行为不仅仅增加了债券风险，也增加了股票的风险，同时给予股东动机去利用杠杆增加公司风险。有较弱的债券契约条款保护的公司应该有较高的股票收益。大量文献验证了公司发行的公司债券和普通股的收益率是共同波动的。它们得出的基本结论是，公司债券和普通股的收益率同向波动占主导地位，并且股票预期收益率与公司的营业状况是负相关的。公司的股东会采取冒险行为增加公司暴露的风险。如果一个公司负担了有限的债务，公司的管理层可能有动机去选择风险性项目，进而承担了项目失败的风险。Jensen和Mecking（1976）、Leland（1994）的研究表明，如果一个公司没有债券契约条款保护，公司的股东就有动机去利用杠杆增加公司的风险。

债券契约条款可以降低一个公司暴露的系统性风险。通过增加严格的限制性条款，如限制向股东分红、限制关联交易等，债务人就可以阻止公司股东过度冒险的行为或者阻止公司股东选择负的净现值项目。除此之外，Hjortshoj和Wei（2009）证明了债务条款契约会减少股东的冒险行为。因此，债券契约条款会减少公司股东的冒险行为，进而降低其风险。

债券契约条款可以减少股东增加公司风险的动机。如果债券契约条款保护能够减少公司股东的冒险行为，从而可以减少公司风险，那么同时也就可以降低股票的风险。这与Leland（1994）的观点是一致的，他认为如果公司有受保护的债务，增加一个公司的风险反而会降低债务价值和股票价值，因此，当有了债券契约保护时，股东就没有动机去增加这个公司的风险。已有研究通过同时观察有较低和较高违约风险的公司发现，这两者都比有中等水平违约风险公司表现出更强烈的股东冒险行为，并表现出与债券契约效应相同的模式——债券契约效应与违约风险之间呈现出了"U"形关系。这个观点与 Billett 等（2007）的研究结果是一致的。

债券契约条款在降低公司风险的同时也会在一定程度上影响公司的投资效率。即使债券契约条款保护了公司的债务，但是它们可能通过限制公司股东投资的灵活性过度地保护公司债权人的利益。例如，债权人对公司股东的约束作用可能干预公司对正的净现值项目的选择进而导致该公司投资效率的下降。

2.3.4 机构持股与债券契约条款设计的研究与评述

自 Berle 和 Means（1969）明确提出所有权和经营权相分离的命题之后，现代公司的股东与经理人之间由于两权分离、信息不对称及契约不完备所产生的代理问题一直是学界讨论的焦点。理论上，任何形式的代理问题都会降低公司价值，作为委托人的股东不可能对掌握私人信息的经理人做到全面彻底的监督，当公司的内部控制机制和外部监督机制存在设计或执行缺陷时，经理人出于个人利益最大化，便有可能采取损害公司价值或股东利益的经营决策。

债券契约条款在设计之初就是为了缓解股东与债权人之间的代理问题，保护债券投资者是其最重要的作用。当股东与债权人之间代理冲突加剧时，债券投资者为了保护自己的利益，会要求使用更多的限制性债券契约条款，国内已有学者证明信用风险通过影响代理问题会对债券契约条款设计产生影响，那么不难理解作为可以缓解代理冲突的机构持股也会对限制性债券契约条款设计产生影响。

机构投资者，尤其是国外的机构投资者早就开始以股东身份积极参与到公司的治理当中，凭借自身的专业优势、信息优势及资金等方面的优势对上市公司高管人员、控股股东进行监督，进而起到降低公司代理成本的作用，促进公司价值提升的同时实现了获取治理收益的目的。机构投资者既可以选择向董事会和管理层提供经营管理建议来影响公司业绩，又可以结合自身较强的信息甄别（王文虎等，2015）、解读能力，约束经理人对财务报告的人为干预，迫使其只能通过改善业绩来改善报表，还可以选择"用脚投票"的方式来表达对公司管理经营的认可度。实证结果表明，机构投资者持股可以有效降低代理成本，机构投资者持股比例与公司治理正相关，与公司价值存在显著正关系（刘星和吴先聪，2011；史永东和王谨乐，2016）。同时，机构投资者的长期策略对于公司是一种有效监督手段，但是短期策略会损害公司价值（钱露，2011）。

机构投资者由于资金优势逐渐在公司的股权结构中占据较大的比例，对公治理产生了重要影响，抑制了大股东对于公司的掏空行为，缓解了股东和债权人的代理冲突。20世纪末，中国市场机制和国家政策鼓励机构投资者的发展，各类机构投资者的规模迅速增大，成为中国上市公司股权结构中不可忽视的一部分。机构投资者由于投资的资金量较大，有机会参与到公司治理中，当大股东通过控制管理层而侵害债权人利益进而损害公司整体利益时，机构投资者由于具有专业性特点，最有可能挺身而出维护公司整体利益，达到有效监督的作用，成为对大股东的制衡力量，进而缓解股东与债权人之间的代理问题。因此，当债券发行人股权结构中包含更多的机构持股时，向债券投资者传递了正面信号，机构持股替代了部分限制性契约条款的作用，债券投资者不愿意以降低票面利率为代价去增加限制性契约条款的使用，即限制性债券契约条款的使用与机构持股负相关。

除了债券契约条款之外，公司的机构持股在一定程度上也能缓解股东与债权人代理冲突，对债券条款设计造成影响。机构投资者由于资金优势往往能够参与到公司治理中，形成对大股东的有效制衡，通过有效监督的方式，公司治理向着公司价值最大化的方向发展，无形之中为债券投资者带来共同利益，在一定程度上缓解了代理冲突，因此减轻了债券投资者对于债券契约条款的设计需求，即发债公司的机构持股越多，有效监督作用就越强，债券契约条款的使用越少。

本书第12章以上市公司债券作为样本，采用实证研究方法，探究机构持股对债券契约条款设计的影响。通过手工归纳和整理上市公司债的限制性条款，构造债券条款指数，通过实证回归探寻机构持股对债券条款指数的影响，验证机构投资者和债权人之间的共同利益假设，即机构投资者可以有效监督管理层采取增加公司价值的行为，保护债权人的利益。

2.3.5 公司成长与债券契约条款设计的研究与评述

当公司负债经营时，当经理人以股东权益最大化而不是公司整体价值最大化准则为行动指南时，在面临发展机会时就会出现过度投资和投资不足的问题，由这种次优投资决策造成的企业价值损失被视为负债经营引起的代理问题的主要成本。负债经营的另一种成本是企业在试图减少代理问题成本时所实施的控制机制的成本，两种主要的机制分别为用短期负债代替长期负债和在发行债券时加入契约条款。在缺少投资者保护机制的情况下，理智的债务投资人为了自身利益必然会与股权投资人产生冲突并要求更高的必要投资报酬率，此时公司只能用牺牲未来投资决策选择权的方式缓解当期的潜在冲突。同时解决这些问题并不容易，其中最简单粗暴的方式莫过于减少债务融资比例，这也使得 Myers（1977）得出了"预期面临更高发展速度的企业要减少债务融资比例"的结论。

已有研究发现债务比例同发展机会呈反向变动关系。Barclay 和 Smith（1995）则证明了债务结构与增长机会的负向关系。Barclay 等（2003）、Johnson（2003）以债务比例和负债期限结构作为内生变量建立两方程式联立方程模型，得到了与前人一致的结论：债务比例和债务期限与增长机会呈反向关系。同时 Johnson（2003）肯定了增长机会与债务比例的反向关系，短期负债减缓了增长机会和债务比例的反向关系。

企业在做出融资安排时会综合考虑公司所处的内外部环境和财务结构各因素间的相互影响，这些因素共同决定了债务结构的最终形式。保护性契约条款的作用之一表现为提高公司债务的信用评级使其高于企业整体的信用评级，在债券发行时加入更多的保护性契约条款将会是吸引投资者的最为便捷的方法（如果契约条款的作用为人所接受的话）；契约条款的加入可以在一定程度上克服公司债券单次发行额大、发行方式单一、资金募集期限较短、到期期限通常比较长等缺点，降低投资人的发行成本，即债券契约保护与公司债务比例成正比。

从理论上来说，管理层防御假说很好地解释了债券契约条款与成长机会的负向关系。某些债券契约条款限制管理层从事高风险投资行为，降低了公司资产重组和被收购的可能性，使管理层能够以债券契约条款为由，逃避市场的压力和监督，最终导致代理成本的上升和公司价值的下降。债券契约条款的引入与公司成长性存在负相关关系。

对于正常经营的企业，债券契约特殊条款却可能妨碍管理层的正常经营活动，阻碍公司投资那些能够真正提升公司价值的长期项目，不利于公司长远发展。此外，债券契约中特殊条款还会导致公司不能将垃圾资产及时清理出表，妨碍公司资产运营效率提高。

拥有良好发展机会的企业是否会选择加入更多的契约条款在于对保护性契约条款收益和成本的权衡：加入契约条款有利的一面是可以缓解股东与债权人之间的冲突，加入契约条款后筹资人在投资、融资方面受到限制，这一限制带来的成本在发展机会良好时会更高。

本书第 13 章通过手工收集契约条款设计信息，将债券发行信息与发行该债券时所处的内外部经营环境状况联系起来，通过分析债券契约条款指数对经营环境指标的敏感性，探寻公司成长对债券契约条款设计的影响因素；同时将契约条款指数与债务比例、债务期限结构及其他反映公司财务经营特点的指数建立联系，并给予合理的解释。

第3章 债券契约条款数据库的构建

3.1 中国公司债券发行现状

中国证券监督管理委员会（以下简称证监会）于 2007 年 8 月 14 日颁布实施《公司债券发行试点办法》，开启了中国公司债券发行的大门，也标志着中国公司债券市场的正式建立。随着 2007 年 10 月 12 日中国第一只公司债券 "07 长电债"的成功发行，公司债券的数量开始成倍增长，截至 2020 年 4 月 12 日，中国上市公司在债券市场一共发行 2 094 只一般公司债券，其中 1 149 只仍然存续，817 只在此前相继到期，另外 128 只在未到期前被摘牌。一般公司债债券余额近 22 868 亿元的规模却只占到债券市场 2.26%的份额，相较于欧美发达国家债券市场，中国发行公司债券的规模仍较小。

事实上，中国债券市场在 1993 年就已经开始发行可转换债券，但仅仅发行一只"宝安转债"之后，由于市场缺乏相关法律条文和相应的管理办法，就不再发行可转债，直到 1997 年颁布了《可转换公司债券管理暂行办法》，可转债市场才初步形成，可转债的数量也逐渐增多。2001 年 4 月证监会再次发布《上市公司发行可转换公司债券实施办法》，极大地规范、促进了可转换债券的发展，使中国可转债、可交换债及可分离债等资产支持证券得到良好的运行和有效的管理，丰富了中国债券市场的金融产品。2007 年 10 月 12 日 "07 长电债"成功发行上市，这是证监会颁布《公司债券发行试点办法》以来首只发行上市的公司债券，具有划时代的意义，标志着中国公司债券市场成立。2014 年 11 月 15 日证监会第 65 次主席办公会议审议通过《公司债券发行与交易管理办法》，并于 2015 年 1 月 15 日公布施行；《公司债券发行与交易管理办法》与《公司债券发行试点办法》相比，扩大了发行主体范围，放宽了公司债券的发行条件，并允许非上市公司发行公司债券，公司债券规模实现了飞跃式增长。下面对中国债券市场中由公司发行的债券进行简单统计。由表 3.1 可知，不论是发行数量还是债券余额，一般公司债券的比重都已远远大于由公司发行的其他类债券。

表 3.1 中国公司发行的债券数量统计

债券类别	已到期/只	未到期/只	已摘牌/只	总数/只	数量比重	余额比重
一般公司债券	2 684	3 419	556	6 659	6.38%	4.06%
企业债券	2 461	2 204	602	5 267	4.79%	2.26%
可转债券	120	237	56	413	0.57%	0.40%
可交换债券	121	0	35	156	0.26%	0.22%

注：统计时间截至 2020 年 4 月 12 日

表 3.1 中呈现的四类债券，发行主体均是公司，而且各类债券的特点十分鲜明，债券契约也存在一定区别。企业债的发行主体为中国的国有企业，发行过程中要求银行或集团对其进行担保，并且其定价利率也受到约束和限制，上市之后，不仅可以在交易所市场交易，还可以在银行间市场交易。正是这些独有的特征使得企业债更加类似于银行贷款，其契约条款在横截面上并没有太大变化，而且企业债的交易价格也受到两个分割市场的制度及投资者差异的影响。一般公司债券从发行到定价，再从交易到管理，都遵循国际惯例，是中国债券市场发挥资源配置的重要渠道。对于期权特性较强的可转债和可交换债，由于本身的期权特性，这些债券的股性较强，更加近似于权益资产，从而这些资产支持证券的契约之中很少包含"限制股东分红"等特殊条款。本书以债券契约条款为研究对象，既要满足契约条款存在横截面变动的必要条件，还要满足数据可得的充分条件。基于这两点要求，结合公司发行的各类债券的契约特性，本书选择采用一般公司债券进行实证研究。公司债券相对于企业债在世界范围内具有更大的普适性，其交易价格的形成也更加能够反映市场的力量。之所以研究样本中不包含与一般公司债券最近似的私募债券[①]，主要是因为以下两个原因：其一，私募债的债券契约没有强制披露的要求，所以大部分私募债的债券募集说明书难以获得，进而无法得到私募公司债券的契约条款信息，不满足数据可得的要求。其二，私募债的投资者均以机构投资者为主，不但具有较强的议价能力，而且持有过程中也通常不在二级市场进行交易。那么一旦发债公司发生违约，私募债的债权人能够迅速采取行动，与发债公司进行再谈判，修改契约条款的内容或标准，这意味着私募债中契约条款的保护强度要大于一般公司债券。如果将一般公司债券与私募债券混合到同一个样本中，必然会高估债券契约条款的作用。此外，本书的债券样本中还不包含可转换债券。剔除可转换债券主要是基于两方面的考虑：首先，中国可转换债券的股性较强，绝大部分可转债在到期前都转换成股票，那么企业在发

---

① 一般公司债券是指上市公司公开发行的债券，私募债券是指中小企业对于特定投资者发行的债券。

行之初就会将可转债视为股权融资而不是债务融资进行战略决策；其次，中国可转债契约中不包含限制股东行为等特殊条款，仅仅包含期权类条款，对于期权类条款，条款设计几乎完全雷同，即所有可转换债券除"可转换"条款以外，都包含了"可赎回"、"可回售"与"特别向下修正"[①]条款，这种固定模式的契约条款设计使得可转债的市场价格对公司的财务政策及投资机会并不敏感，以至不满足契约条款存在横截面变动的要求。如果将可转债加入本书的债券样本之中，不仅会高估负债在财务政策选择中的重要性，还会低估契约条款对投资者的保护程度。

本书建立的公司债券契约条款数据库[②]的时间跨度从中国开始允许发行公司债券的起点即 2007 年 9 月 1 日至 2018 年 12 月 31 日。为了对这些公司债券有更直观和更清晰的认识，下面从债券上市年份、债券期限、发行规模、发债公司的属性等多个角度对债券样本的分布进行简单描述（表 3.2）。

表 3.2 公司债券样本的分布

分类	发行数量/只	所占比例
上海证券交易所	773	59.23%
深圳证券交易所	532	40.77%
2007 年	5	0.38%
2008 年	15	1.15%
2009 年	44	3.37%
2010 年	23	1.76%
2011 年	79	6.05%
2012 年	177	13.56%
2013 年	94	7.20%
2014 年	75	5.75%
2015 年	136	10.42%
2016 年	252	19.31%
2017 年	144	11.04%
2018 年	261	20.00%

---

① 特别向下修正条款是指在可转换期内，股价长期在转换价格以下，从而投资者不会将债券转换成股票，那么发行主体会根据前期的收盘价向下修正转股价格。

② 考虑到非上市公司的财务数据不可得，本书债券契约条款数据库中不包含非上市公司发行的一般公司债券。

续表

分类	发行数量/只	所占比例
AA−	14	1.07%
AA	429	32.87%
AA+	299	22.91%
AAA	563	43.14%
期限>5年	219	16.78%
期限≤5年	1 086	83.22%
规模<10亿元	616	47.20%
10亿元≤规模<50亿元	654	50.11%
规模≥50亿元	35	2.68%
国有企业	734	56.25%
非国有企业	571	43.75%
公用事业企业	131	10.04%
其他企业	1 174	89.96%
总计	1 305	100%

注：国有企业是指由中央政府或地方政府控股的公司以及集体企业；公用事业企业是指主营水务、电力、燃气及其复合业务的公司

通过表 3.2 可以发现，在沪市、深市发行的债券分别占比 59.23%、40.77%，上海证券交易所仍处在主板市场的地位。2007 年中国允许发行公司债券以来，发行公司债券的数量呈上升趋势，其中在股市逐渐复苏及 IPO（initial public offering，首次公开募股）重启之后，债务融资的吸引力有所减小，从而导致 2013 年与 2014 年的发债数量有所降低。在《公司债券发行与交易管理办法》于 2015 年 1 月 15 日公布施行之后，一般公司债券的数量重新开始增长。从债券评级来看，中国发行的公司债券信用级别都非常高，最差的债券评级也是 AA−。债券评级的提高可能与公司债券较短的期限有关，中国 83%以上公司债券的发行期限都在 5 年以内，较短的期限显然会大大降低债券的信用风险。此外，近一半债券的发行总量都在 10 亿元以内，不到 3%的债券规模发行量超过了 50 亿元。再者，超过一半的发债主体均为国有企业，这也为公司债券提供了隐形担保。最后，依照 Wind 行业分类，发债主体仅有 10.04%为公共事业企业。

研究样本中的 1 305 只公司债券，由 656 家上市公司发行，其中 372 家企业在样本期间仅发行了一只债券，另外 284 家企业在样本期间发行了多只公司债券。下面进一步从上市地点、发行债券数量及主体评级三个角度考察公司债券发行主

体的特征（表3.3）。

表 3.3　发行主体统计

分类	公司数量/家	比重
上海证券交易所	299	45.58%
深圳证券交易所	321	48.93%
香港证券交易所	36	5.49%
1	372	56.71%
2	147	22.41%
3	62	9.45%
4	32	4.88%
≥5	43	6.55%
AAA	107	16.31%
AAA−	1	0.15%
AA+	116	17.68%
AA	342	52.14%
AA−	77	11.74%
A+	11	1.68%
A	2	0.30%

注：第1列中的数字代表发行债券的数量，评级是指主体评级，而不是债券评级

由表 3.3 可以发现，发行主体中在上海证券交易所和深圳证券交易所上市的公司大致相当，但在深圳证券交易所上市的发债主体略多于在上海证券交易所上市的发债主体；除此之外，还有 5.49%的发债公司是在香港证券交易所上市。在 656 家发债企业中，56.71%的公司在样本期间均只发行了一只债券，而由一家企业发行的债券数量最多为27只。相比表 3.2 中的债券评级，发债主体的评级变动稍大。主体评级在截面上的变动从最差的 A 级到最高的 AAA 级，一共遍历 7 个级别。总体上，主体评级均较高，在 AA 级以上的发行主体数量占比超过 50%，可见在中国债券市场发行公司债券的企业大部分是整体运营质量特别好的公司。

3.2　公司特征与债券契约条款

由于债券契约条款对股东行为的限制以及公司投融资决策的约束，会影响公司未来的成长，那么债券契约条款的设计类似于财务杠杆的选择，同样可以归属于公司财务政策变量（Billett et al., 2007）。不同的公司在不同的发展阶段、身

处不同的行业，甚至具有不同的公司属性都存在不同的最优财务政策，并且不同的契约条款在保护投资者的目的下具有不同的作用和效果，从而公司发行债券在设计契约条款的过程中，会结合公司的一系列特征尽力采用对公司发展最为有利、成本最小的条款。因此，从理论上预期，具有不同公司特征的发债主体在债券契约条款的设计上会存在显著差异；而且同类型的公司在契约条款的设计上应该具有一致的倾向和偏好。

根据表3.4所呈现的契约条款，中国目前实际通用的债券契约条款为18条，这18条契约条款一部分属于发债主体承诺按时偿还本金和利息的主动性条款，另一部分则属于对股东掏空和稀释债权人利益行为进行限制的被动性条款。

表3.4 债券契约条款的分类（一）

序号	债券条款名称	债券条款含义
1	利率可调整	全称为发行人调整票面利率选择权，即发行人有权决定在债券存续期中行使债券票面利率调整选择权
2	可提前偿还	债券发行人于债券到期前，通知债权人提前予以偿还的债券。偿还部分，可以是债券的全部或一部分
3	可赎回	债券发行人有权在特定的时间按照某个价格强制从债券持有人手中将债券赎回
4	可回售	当债券的转换价值远低于债券面值时，投资人依据一定的条件可以要求发行人以面值加计利息补偿金的价格收回可转换公司债券，为债券投资者提供了一项安全性保障
5	（新）质押式回购	投资者可以将符合相关规定的债券作为债券质押式回购交易的质押券，通过交易系统提交质押入库日报，进行融资交易（即正回购）。当日买入的债券当日即可以进行质押券申报。当日申报入库的质押券，当日可在竞价交易系统进行相应的债券质押式回购交易
6	限制对外投资	当公司不能按时支付利息、到期不能兑付本金以及在发生其他违约情况下时，暂缓重大对外投资
7	限制兼并收购	当公司不能按时支付利息、到期不能兑付本金以及在发生其他违约情况下时，暂缓收购兼并等资本性支出项目的实施
8	限制分红	当公司不能按时支付利息、到期不能兑付本金以及在发生其他违约情况下时，在未支付到期的公司债券利息或本金前，不向股东支付已宣告但未派发的现金股利
9	限制高管薪酬	当公司不能按时支付利息、到期不能兑付本金以及在发生其他违约情况下时，调减或停发董事和高级管理人员的薪酬
10	限制主要责任人调离	当公司不能按时支付利息、到期不能兑付本金以及在发生其他违约情况下时，停止调离主要责任人
11	利率上调	债券上市一定期限后，在未来的某个时点发债公司有权决定是否上调票面利率
12	是否追加担保	当预计发行人不能按期偿还本期债券本息时，债券受托管理人或其代理人应要求发行人追加担保
13	加速偿还	如果违约事件发生且持续一定工作日仍未解除，单独或合并持有本期未偿还债券超过某一比例的债券持有人可通过债券持有人会议决议，以书面方式通知发行人，宣布所有本期未偿还债券的本金和相应利息立即到期应付
14	是否有担保	是否有其他机构为本期债券提供全额无条件不可撤销的连带责任保证担保
15	限制出售资产	除正常经营活动需要外，发行人不得出售任何资产，除非：①出售资产的对价公平合理；②至少75%的对价是由现金支付，③对价为债务承担，由此发行人不可撤销且无条件地解除某种负债项下的全部责任；④该等资产的出售不会对发行人对本期债券的还本付息能力产生实质不利影响

续表

序号	债券条款名称	债券条款含义
16	限制关联交易	发行人应严格依法履行有关关联交易的审议和信息披露程序，提交发行人董事会或股东大会审议的关联交易，关联董事或关联股东应回避表决，独立董事应就关联交易的审议程序发表独立意见
17	限制对外担保	除正常经营活动需要外，发行人不得在其任何资产、财产或股份上设定担保
18	限制质押	除正常经营活动需要外，发行人不得在其任何资产、财产或股份上设定质押权利，除非：①该等质押在交割日就已经存在；②交割日后，为了债券持有人利益而设定质押；③该等质押的设定不会对发行人对本期债券的还本付息能力产生实质不利影响；④经债券持有人会议同意而设定质押

这些契约条款的使用在债券横截面上几乎都存在一定的差异，反映出与公司特征可能存在某些相关关系。为了刻画公司特征与债券契约条款之间的关系，以及具有不同特征的公司对每一条契约条款的倾向偏好，表3.5和表3.6利用中国一般公司债券的数据对不同特征的公司关于契约条款使用频率进行了简单描述。

表3.5 债券契约条款的分类（二）

	债券条款名称	全样本	制造业使用占比	其他行业使用占比	公共事业使用占比	其他性质使用占比	国有使用占比	非国有使用占比
	发行占比	100%	59.62%	40.38%	10.04%	89.96%	56.25%	43.75%
1	利率可调整	67.05%	70.78%	64.52%	52.67%	68.65%	57.47%	79.72%
2	可提前偿还	0.92%	0.76%	1.03%	0.76%	0.94%	1.08%	0.71%
3	可赎回	5.98%	5.88%	6.04%	8.40%	5.71%	6.86%	4.80%
4	可回售	63.98%	70.59%	59.51%	44.27%	66.18%	51.01%	81.14%
5	（新）质押式回购	61.07%	54.08%	65.81%	70.99%	59.97%	67.43%	52.67%
6	限制对外投资	87.36%	94.50%	82.52%	74.05%	88.84%	82.64%	93.59%
7	限制兼并收购	86.90%	94.31%	81.88%	72.52%	88.50%	81.83%	93.59%
8	限制分红	86.74%	93.17%	82.39%	74.81%	88.07%	82.37%	92.53%
9	限制高管薪酬	84.21%	89.75%	80.46%	73.28%	85.43%	78.60%	91.64%
10	限制主要责任人调离	83.22%	89.75%	78.79%	70.99%	84.58%	78.06%	90.04%
11	利率上调	68.89%	70.97%	67.48%	64.12%	69.42%	67.70%	70.46%
12	是否追加担保	87.28%	84.63%	89.07%	84.73%	87.56%	86.81%	87.90%
13	加速偿还	71.11%	69.64%	72.11%	63.36%	71.98%	70.66%	71.71%
14	是否有担保	31.95%	35.67%	29.43%	25.19%	32.71%	36.34%	26.16%
15	限制出售资产	29.66%	27.32%	31.23%	25.95%	30.07%	29.61%	29.72%
16	限制关联交易	22.38%	18.03%	25.32%	31.30%	21.38%	25.84%	17.79%
17	限制对外担保	19.69%	13.47%	23.91%	14.50%	20.27%	19.11%	20.46%
18	限制质押	13.79%	12.52%	14.65%	12.98%	13.88%	13.73%	13.88%

表 3.6　债券契约条款的分类（三）

债券条款名称		债券特征						
		>AA 级	≤AA 级	≤2010 年	>2010 年&<2015 年	>2014 年	大承销商	小承销商
	发行占比	54.48%	45.52%	6.67%	32.57%	60.77%	52.72%	47.28%
1	利率可调整	57.67%	78.28%	26.44%	64.71%	72.76%	63.37%	71.15%
2	可提前偿还	0.56%	1.35%	1.15%	1.65%	0.50%	0.29%	1.62%
3	可赎回	6.61%	5.22%	0.00%	4.00%	7.69%	6.69%	5.19%
4	可回售	50.49%	80.13%	35.63%	64.94%	66.58%	57.56%	71.15%
5	（新）质押式回购	73.56%	46.13%	13.79%	43.76%	75.54%	68.75%	52.51%
6	限制对外投资	80.03%	96.13%	98.85%	99.29%	79.70%	81.54%	93.84%
7	限制兼并收购	79.18%	96.13%	98.85%	99.29%	78.94%	80.67%	93.84%
8	限制分红	79.61%	95.29%	98.85%	99.29%	78.69%	80.67%	93.52%
9	限制高管薪酬	74.54%	95.79%	97.70%	99.29%	74.65%	77.18%	92.06%
10	限制主要责任人调离	73.70%	94.61%	96.55%	99.29%	73.14%	76.31%	90.92%
11	利率上调	62.45%	76.60%	93.10%	91.53%	54.10%	65.41%	72.77%
12	是否追加担保	89.45%	84.68%	74.71%	72.94%	96.34%	91.57%	82.50%
13	加速偿还	70.89%	71.38%	70.11%	57.65%	78.44%	73.55%	68.40%
14	是否有担保	21.80%	44.11%	86.21%	50.82%	15.89%	25.73%	38.90%
15	限制出售资产	33.47%	25.08%	28.74%	35.06%	26.86%	35.03%	23.66%
16	限制关联交易	25.18%	19.02%	26.44%	29.65%	18.03%	27.47%	16.69%
17	限制对外担保	27.00%	10.94%	1.15%	12.00%	25.85%	28.92%	9.40%
18	限制质押	14.06%	13.47%	24.14%	17.41%	10.72%	14.97%	12.48%

　　表 3.5 和表 3.6 中第一行代表公司的不同特征，其中，按行业分为制造业和其他行业，按企业性质分为公共事业单位和其他性质的单位，按公司属性分为国有企业和非国有企业，按照发债主体的评级分为 AA 级以上、AA 级及 AA 级以下，按发债时间分为 2010 年及之前、2011~2014 年以及 2015 年及之后，按债券主承销商在发债当年市场份额①分为大承销商和小承销商。表中数字表示对应特征的公司在债券契约中使用对应条款的数量占全部公司债券的比重。之所以选择行业、公司属性以及发债主体评级等一系列特征来考察债券契约条款的使用偏好，是因为这些特征变量一方面可能是债券契约条款设计过程中主要的参考对象，另一方面是因为部分特征变量体现了中国企业独有的特征以及中国特色的市场制度安排。

　　表 3.5 给出的统计结果显示，在中国债券市场现有的一般公司债券中，一半以上由制造业公司发行，而且相对于其他行业的公司，制造业公司更加倾向使

---

① 主承销商发债当年的市场份额大于 1%则视为大承销商，否则为小承销商。

用"利率可调整"、"可回售"、"限制对外投资"、"限制兼并收购"、"限制分红"以及"限制主要责任人调离"条款，使用频率高于其他行业公司10个百分点左右；但在"可赎回"、"可提前偿还"、"限制出售资产"、"（新）质押式回购"、"是否追加担保"、"加速偿还"、"限制出售资产"、"限制关联交易"、"限制对外担保"以及"限制质押"条款的使用上，制造业公司明显低于其他行业的公司。这一方面表明制造业公司存在巨大的资金需求；另一方面也说明制造业公司可能拥有较大的信用风险，因为保障制造业公司获得更多现金流的大量固定资产并没有被限制和约束，从而制造业公司有条件通过出售或质押资产以稀释债权人的利益。

在所有的公司债券中，国有企业和民营企业发行的比例分别为56.25%和43.75%，并且国有企业发行的债券更多地使用了"可提前偿还"、"可赎回"、"（新）质押式回购"、"限制关联交易"以及"是否有担保"五个条款，而较少地使用了"限制对外投资"、"限制分红"、"限制高管薪酬"、"限制主要责任人调离"以及"利率上调"等条款。由于中国的国有企业规模巨大，通常债务负担较重，从而资产成本所占比重较大，"可提前偿还"与"可赎回"条款能够促使国有企业在利率波动的情况下降低融资成本。此外，国有企业的利益相关者结构复杂，即使发生信用违约，也难以从作为所有者的政府手中获得补偿，因此，事前对国有企业的关联交易尤其强制国有企业对债券进行担保均能够有效降低债权人的信用风险。

表3.6给出的统计结果显示，对于发债主体的评级，发行债券的公司大部分都是在AA级以上，评级高的公司发行的债券更加倾向使用"限制出售资产"、"限制关联交易"以及"限制对外担保"等条款，但相比评级低的公司发行的债券，使用"利率可调整""可提前偿还""可回售"等条款的倾向较弱，可见期权类条款在降低公司债券信用风险方面具有较好的效果，而且市场的认可度较高。

从发债时间考察，自从2007年8月允许发行公司债券以来，2010年及之前发行的债券仅占6.67%，2011~2014年发行的债券占32.57%，而在2015~2018年发行的债券占比高达60.77%。而且在2007~2010年发行的债券在大部分类型契约条款的使用频率上，明显低于2011年及之后发行的债券。这主要可以归结为以下两个原因：第一，中国债券市场随着时间在不断发展，通过前四年公司债券发行的探索和试点，市场制度和法律环境逐渐完善，从而促使在2010年之后公司债券的发行越来越规范。第二，2008年的美国次贷危机与2009年的欧债危机事件波及全球，也可能引起中国资本市场对投资者保护意识的重视和强化。

债券发行时的主承销商也影响了契约条款的使用偏好，大承销商承销的债券不倾向使用期权类条款以及限制投资类条款，但对于"限制出售资产"、"限制关联交易"、"限制对外担保"以及"限制质押"四个条款使用意愿较大。如果考虑到期权条款的执行会占用公司较多的现金流这一特征，那么这类债券只能到期偿还，面临较大的风险，导致成本提高。聘请具有高资质的主承销商，可能有助于债券的成功发行，甚至降低债券成本。

总之，不同特征的公司在发行债券时都具有不同的契约条款偏好，公司特征与债券契约条款呈现较强的相关性和规律性。同时，契约条款并非债券契约的刻板形式，每一个条款对于债务双方当事人都具有重要的意义，发债公司在设计契约条款时也会有目的性地选择不同的债券契约条款，而市场也会对不同的契约条款给出不同的评估和认可。

3.3 契约条款的描述性统计

债券契约除规定债券期限、息票率、发行规模等标准化条款以外，还可以选择性地嵌入可回售、限制在债务存续期间支付股利、限制投资高风险项目、限制收购其他公司、限制发行次级债券、提供担保等非标准化条款，这些非标准化条款主要考虑了债券投资者的信息劣势地位，旨在保护投资者的利益，避免债券投资者的利益和财富被发债公司的股东侵占，或将公司面临的风险转嫁给债券投资者。由于这些保护性条款特点各异，在债券发行后所起的作用也不同，尽管如此，某些条款之间仍然存在一些共性，故根据 Smith 和 Warner（1979）、Bradley 和 Roberts（2004）、Billett 等（2007）对债券契约条款的分类方法，再结合中国公司债券中契约条款相对较少的事实，本节将债券契约条款分成四大类：期权类条款、限制投资类条款、偿付保障类条款、限制资产转移类条款。下面对各类条款依次进行定义和说明。

期权类条款：在债券发行上市之后，根据环境或条件的变化，可以适时执行的选择权，从而改变未来现金流的分配，以保护债券投资者的利益。主要包含利率可调整、可回售、可赎回、可提前偿付、（新）质押式回购等具有期权特性的条款。

限制投资类条款：在债券存续期内，限制发债公司进行高风险的投资活动以及兼并收购的行为，导致债券投资者面临的信用风险增加。主要包含限制发债主体及其附属公司投资风险较大的项目和收购其他公司等行为。

偿付保障类条款：债券发行之后，为了保证未来债务偿付的顺利，给出的一系列明确的计划和安排。首先，在债券存续期间，发债公司对审计质量、会计技术要求的承诺和说明，关于条款说明的定期发布以及承诺遵守契约中的条款等；其次，包含限制高管薪酬、限制主要责任人调离、限制分红、对债务提供第三方担保等保障偿债的安排。

限制资产转移类条款：限制发债公司通过某种直接途径或间接途径向公司股东输送利益而有可能损害债券投资者利益的条款。主要包含限制出售公司重大资产，限制关联交易或向附属机构（子公司或母公司）转移利润，限制股东质押股票，以及对外担保等。

通过对债券契约条款的分类，能够更好地识别和了解各种契约条款的特性，所有的契约条款都可以归属到上述四类债券契约条款之中。事实上，作为最发达的美国公司债券市场，拥有 15 类之多的债券契约条款，囊括了 50 多种不同的以保护投资者为目的的契约条款；而目前中国公司债券市场上被使用过的契约条款仅 18 条。依据本节对债券契约条款的分类标准，下面就中国公司债券市场中已经存在的债券契约条款进行分类和说明。

表 3.7 将中国公司债券市场中已经存在的条款进行分类，并对其使用频率进行了描述性统计。在 2007~2018 年中国沪深上市以及港股上市公司发行的 1 305 只上市公司债券中，大部分公司债券都使用了"限制对外投资"、"限制兼并收购"、"担保"以及"利率上调"四个限制性条款，所占比例超过 85%，"限制高管薪酬"和"限制分红"两个条款的所占比例也在 80% 以上，其他种类的条款则被选择性地使用。其中，"可提前偿还"与"可赎回"两种债券条款的所占比例分别为 0.92% 和 5.98%，相比于其他条款使用频率非常低。通过对上述债券契约条款的简单分析，不难发现，除"可提前偿还"与"可赎回"外，所有契约条款的设计与引入均是以保护债权人的未来权益，降低其信用风险为目的。虽然"可赎回"条款给予了发债主体更多的决定权，似乎不利于债权人，但是"可提前偿还"与"可赎回"条款在一定程度上也使债权人的债务拥有被提前偿付的更大可能性，从而降低了债权人在未来面临的信用风险，毕竟短期债券的风险要低于长期债券的风险。总之，所有债券契约条款都具有保护债券投资者的作用，而且契约条款越多，规定的内容越详细，对未来债券可能存在的风险考虑越全面，债券投资者面临的风险也就越小。

表 3.7 公司债券契约条款描述性统计

条款类别	条款内容	使用次数/次	所占比例
期权类条款	利率可调整	875	67.05%
	可提前偿还	12	0.92%
	可赎回	78	5.98%
	可回售	835	63.98%
	（新）质押式回购	797	61.07%

续表

条款类别	条款内容	使用次数/次	所占比例
限制投资类条款	限制对外投资	1 140	87.36%
	限制兼并收购	1 134	86.90%
偿付保障类条款	担保	1 132	86.74%
	限制分红	1 099	84.21%
	限制高管薪酬	1 086	83.22%
	限制主要责任人调离	899	68.89%
	利率上调	1 139	87.28%
	追加担保	928	71.11%
	加速偿还	417	31.95%
限制资产转移类条款	限制出售资产	387	29.66%
	限制关联交易	292	22.38%
	限制对外担保	257	19.69%
	限制质押	180	13.79%

3.4 债券契约条款的量化

债券契约条款通过限制和约束发债主体及其股东潜在转移或掏空债权人利益的各种行为，从而保护债券投资者。那么，在理论上债券契约引入的条款越多，对投资者的保护力度则越强。通常情况下，发债主体在债券契约中引入条款或引入多少条款会受到公司个体特征、市场环境及宏观形势的影响，因此，契约条款的数量在债券横截面上存在较大差异。表 3.8 便从契约条款数量的角度对公司债券中契约条款的使用情况进行统计描述。

表 3.8 契约条款的数目统计

条款数目/条	债券数量/只	所占比重
2	11	0.84%
3	40	3.07%
4	28	2.15%
5	26	1.99%
6	47	3.60%
7	61	4.67%
8	114	8.74%

续表

条款数目/条	债券数量/只	所占比重
9	209	16.02%
10	220	16.86%
11	234	17.93%
12	152	11.65%
13	97	7.43%
14	49	3.75%
15	16	1.23%
16	1	0.08%
合计	1 305	100%

很明显，在中国公司债券中，含有 11 条契约条款的债券最多，其份额占到近 18%，紧随其后，含有 10 条、9 条、12 条契约条款的债券数量也较多。除此之外，不存在不含有任何契约条款的债券，含有 2 个契约条款的公司债券是包含条款数目最少的债券，同时含有全部条款的公司债券只有 1 只。总之，中国公司债券含有的契约条款数基本在 9~12 条，包含较少契约条款或者包含较多契约条款的债券都非常少，整体上公司债券包含的契约条款偏少，这也意味着中国上市公司在企业层面对债券投资者权益的保护和重视程度较弱。

由于本书考察的债券契约条款仅为文本形式的特殊条款，不利于建模分析，故本章借鉴 Billett 等（2007）的方法，构建契约条款保护指数（covenant_index）。首先，将所有契约条款按照一定的特性分门别类，按照契约条款的特点和功能将 18 个条款分成四大类。其次，在四大类契约条款的基础之上，对于任意的公司债券，每一大类中至少存在一个条款则记为 1，该大类中不存在任何条款则记为 0；那么，四大类契约条款均成为 0-1 二元变量。Billett 等（2007）如此处理条款的含义是因为同一大类中的契约条款在功能上具有重复性，那么在包含同一大类中任何一个契约条款的基础之上，再增加该类的一个其他条款，其边际贡献通常较小，所以同一大类中的契约条款不应该被重复计算。最后，按大类对条款数求和，再除以大类的总数（即 4），从而得到每一只债券的契约条款保护指数。显然，债券契约条款保护指数在 0 到 1 之间，并且随着契约条款指数的增加，对债券投资者的保护程度则不断提高；对于极端情形，不含有任何条款的契约条款保护指数为 0，而四类条款都含有的债券契约条款保护指数为 1。

另外，为了进行稳健性分析和相应的辅助分析，本章还根据 La 等（1997）以及 Djankov 等（2007）构造债权人权利指数（covenant_number）的方式将文本形式的债券契约条款转化为有序变量，即对所有契约条款不直接分类，同时假设不同的契约条款具有相同的边际贡献,进而随着债券契约条款以 1 的数量递增,债权人权利指数则增加1;没有债券契约条款的债权人权利指数为0,存在一条契约条款的债权人权利指数则为 1,依次类推。对于任意一只公司债券,最终的债权人权利指数为该债券包含的契约条款数目。虽然简单的线性转换不能完全精确地刻画债券契约条款对债权人的保护程度,但在契约条款较少的情况下,债权人保护程度与契约条款数目成正比是符合逻辑和直觉的。

显然,两种量化债券契约条款的方法都各具优势,债券契约条款保护指数的范围在 0 和 1 之间,数据连续,便于实证分析,而且其度量精度在理论上相对较高;而债权人权利指数直接由条款数目代理,不忽视任何契约条款,从而囊括了所有契约条款对债券投资者权利保护的边际贡献。下面通过两种债券契约条款指数的描述性统计(表 3.9),对契约条款的量化结果进行对比分析。

表 3.9 两种债券契约条款指数的描述性统计

分布特征	契约条款保护指数	债权人权利指数
均值	0.789 8	9.721 8
中位数	0.750 0	10.000 0
标准差	0.171 7	2.644 9
偏度	−0.344 2	−0.720 0
峰度	2.603 1	3.504 2
最小值	0.250 0	2.000 0
最大值	1.000 0	16.000 0

通过对契约条款两种量化结果的描述性统计,可以发现,契约条款保护指数的均值为0.789 8,债权人权利指数的均值为9.721 8,两者的均值分别略大于以及略小于各自的中位数。由于契约条款保护指数的范围局限于 0 和 1 之间,故其标准差小于债权人权利指数的标准差。两种债券契约条款指数的偏度均小于 0,表明契约条款在债券截面上的分布均为左偏。从契约条款保护指数的最小值与最大值可以发现,中国公司债券中不存在不包含任何契约条款的债券,但存在包含所有四大类契约条款的公司债券。同时,债权人权利指数的最大值为 16.000 0,表明中国公司债券中最多包含了 16 条契约条款。

第4章 债券契约条款与债券到期收益率的实证分析

债券契约条款由于能够保护投资者的权益，进而降低债权人的信用风险，故可以促使债券在二级市场的信用价差减少。另外，债券契约条款与构成非信用价差的期限价差及流动性价差又存在正负两种关系，从而导致契约条款对非信用价差的影响效应并不明确。为了对上述理论预期提供经验证据，本章利用中国公司债券的数据信息进行实证分析。

4.1 引　言

契约条款作为债券的主要内容，存续于公司债券的整个生命周期，尤其在信息不对称且投资者保护机制不充分的情况下，契约条款能够有效缓解股东与债权人之间的代理冲突，改变公司价值，并最终影响债券的市场价格。结合当前中国债券市场的发展阶段和市场环境，并考虑到中国企业创新发展中的资金需求，从契约条款角度探讨债券定价，对中国公司债券市场的改革和发展具有较强的现实意义。债券契约条款在债券发行上市之前就已经形成，约束着发行人与债权人双方的权利和义务。在一般情况下，大多数债券契约条款是站在债权人角度来考虑未来的不确定性的，进而降低债权人可能面临的风险。尽管这些条款并不能完全覆盖未来的各种状态，但其在一定程度上能够保护债权人的利益免受公司股东的侵害及避免未来可能的违约事件所带来的损失（La et al., 1997）。鉴于此，债券契约条款均可以抽象为对债权人的保护程度，而其在数量和内容上的不同则反映了对债权人保护程度的不同。尽管债券契约条款在债券整个生命周期中都对债权人具有法律保护的作用，但是一旦债券进入二级市场流通，由于鲜有投资者将一只公司债券持有到期,那么随着债券投资者的不断变更,债券投资者是否还会考虑债券契约条款这些潜在的因素,从而要求更低的收益率?市场是否已经吸纳了债券的所有信息,在债券的市场价格中已将债券契约条款的风险覆盖考虑进来,进而给出较低的市场定价?

4.2 理论分析

债券契约条款在债券发行前就已经拟定完毕,而债券的到期收益率在债券发行之后才会形成,两者有明确的先后关系,那么契约条款相对于债券收益率则可以被视为外生,因此,可以肯定如果契约条款与债券到期收益率存在关系,必然是债券契约条款影响债券到期收益率的因果关系。根据债券的定价公式,如果假设债券具有固定的息票率 C,面值为 F,一年付息一次,且 n 年后到期,又假设市场中的折现率为 R_d,那么债券在当期的市场价格可以由如式(4.1)给出:

$$P = \sum_{t=1}^{n} \frac{C_t}{(1+R_{dt})^t} + \frac{F}{(1+R_{dn})^n}, \quad t=1,2,\cdots,n \quad (4.1)$$

其中,R_{dt} 表示 t 期的折现率。从事后的角度来看,在式(4.1)分母中的折现率实际上正是债券的到期收益率。对于具有固定息票率的公司债券,不论是根据理论假设还是依据经验事实,在债券发行上市之后,其契约条款通常不会改变债券的现金流,即不会影响式(4.1)中的分子部分。即使对于可以影响债券现金流支付结构的期权类条款,除了利率可调整条款以外,也并没有真正触及债券存续期内的现金流结构。因为"可赎回"及"可回售"等条款一旦执行,债券的生命也就结束,事实上债券在存续期内的现金流依然没有被改变,而只是缩短了债券期限。"利率可调整"几乎是唯一能够影响债券现金流的条款,然而,"利率可调整"权利的买方是债券的发行主体,并不是投资者,而且只有在市场基准利率大幅上涨的情况下,该条款才可能执行。鉴于此,"利率可调整"条款执行的概率显然很小。那么,从总体上来看,债券契约条款能够改变债券现金流大小的可能性极低。对于式(4.1),若令债券的到期收益率为 R_{YTM},与式(4.1)相对应,则有

$$R_{i,z} \equiv R_{YTM} = R_{mf} + R_{ic} + R_{in} \quad (4.2)$$

其中,R_{mf} 为市场无风险利率;R_{ic} 与 R_{in} 分别为公司债券的信用价差和非信用价差。由于 R_{YTM}、R_{mf}、R_{ic}、R_{in} 都是随时间而变化的,故对于同一只债券,

式（4.2）在债券存续期内的任何时刻均成立。在式（4.2）中，市场无风险利率 R_{mf} 由市场因素和宏观因素决定，不会受到债券个体特征或发行主体个体特征的影响，但在时间序列上会随着宏观经济情况与市场状态的变化而变化。但是，公司债券的信用价差与非信用价差和无风险利率几乎刚好相反，主要受到债券及其发行主体个体特征的影响。对于给定的公司债券，其信用价差 R_{ic} 是对公司债券面临的信用风险进行的风险补偿，并且不同的债券面临着不同的信用风险，同一只债券在不同的时刻也会面临不同的信用风险，所以公司债券的信用风险在截面和时间序列上均存在变化。公司债券的非信用价差 R_{in} 是除基本面与信用风险以外其他所有因素共同引致的风险补偿，其中主要包括由期限差异导致的期限价差，以及由流动性不足导致的流动性价差等，非信用价差在截面上也存在个体差异，在时间序列上实时波动。通过上面的分析可以发现，由于市场无风险利率 R_{mf} 由市场因素和宏观因素决定，作为公司层面的债券契约条款不会对其产生影响，而债券契约条款只可能会影响债券的信用价差 R_{ic} 和非信用价差 R_{in}。

尽管债券契约条款与信用价差的关系已经比较明确，但契约条款通过保护投资者降低信用风险从而降低信用价差的过程是基于债券的期限和债券的所有权。契约条款作为债券的主要内容，在债券发行之后，契约条款就开始生效，直至债券到期或生命结束。债券契约条款的效力不随债权人的变化而变化，即债券在二级市场频繁交易的过程中，契约条款不会因为债权的变更而对不同的投资者产生不同的保护。而且，债券在发行上市之后，除非发行公司出现如破产或被收购等突发事件需要进行债务清算，或者重新安排债务的权利和义务，契约条款通常在债券的整个生命存续期内，并不会随着时间变化；并且对于一只特定的债券，契约条款的数目越多，规定的内容越详细，对投资者的保护力度就越大，从而投资者最终面临的信用风险就越小。债券到期收益率作为对投资者承担债券各种风险尤其是信用风险的补偿，会随着信用风险的增加而增加，很显然到期收益率与契约条款呈反向关系。由于债券契约条款不仅可以影响债券的信用价差，还可以影响债券的非信用价差，故单凭契约条款与信用价差的关系仍然不能判定契约条款对债券到期收益率的影响效应。

对于公司债券的非信用价差，主要由期限价差和流动性价差构成。首先，债券的期限价差是长期公司债券相对于短期公司债券面临更多的不确定性而单纯就期限的差异给予投资者的补偿，毫无疑问，长期债券的期限价差比短期债券的期限价差大，期限越长，期限价差就越大。一方面，公司在发行债券时，如果债券的期限较长，公司会考虑到债券在未来面临的风险更大，因此为了以较低的成本顺利获得融资，会在债券契约中引入更多的条款，那么契约条款作为一种信号会被债券投资者接收；在这种情况下，发行债券的期限越长，公司在设计契约时引入的条款可能就越多，从而契约条款的数目或者保护程度与期限价差呈正相关关系。另一方面，契约条款越多，对未来的不确定因素考虑得就越周全，那么同信用价差一样，债权人与债务人双方在考虑到长期债券可以得到更多条款的保护之后，市场也会适当向下修正期限价差，在这种情况下，契约条款的数目或者保护程度与期限价差存在负相关关系。因此，债券契约条款对于非信用价差中期限价差的影响取决于正负两种效应的对比。其次，非信用价差的另一个主要成分是流动性价差，流动性价差是由于债券的流动性不足导致的风险而给予投资者的补偿。债券契约条款对流动性价差的影响同样存在两种截然相反的效应。其一，短期债券通常比长期债券更具流动性，而短期债券本身也具有缓解股东与债权人代理冲突的作用（Myers，1977；Billett et al.，2007），那么通过契约条款来保护投资者的要求就不再重要，所以流动性较高的短期债券相对于流动性较差的长期债券对契约条款的需求较低。换句话说，短期债券相对于长期债券一般引入的契约条款较少。根据流动性风险与流动性溢价的正向关系，可以发现在此种情形下，债券契约条款的数目或者保护程度与流动性溢价呈正向关系，但这种关系仅仅局限于相关关系，而不是由契约条款导致流动性变化的因果关系。其二，附有契约条款的债券与不含有任何保护性条款的债券相比，平均来讲更加安全，并且限制类契约条款对股东行为的约束导致公司发展更具预见性，那么附有条款的债券更有可能成为投资级债券而被长期持有，契约条款较少甚至不含有特殊条款的债券由于其风险更高的特性，则更有可能成为被频繁交易的投机性债券，结果使得被对冲基金等机构投资者短期持有并频繁交易的含有较少契约条款的公司债券反而表现出更好的流动性。在这种情形下，契约条款对流动性产生了负的因果效应，即契约条款的数目或者保护程度与流动性溢价同样具有负相关关系。即使不考虑一些潜在因素，直接从一般意义上来讲，因为契约条款对投资者权益的保护，含有较多契约条款的公司债券就显得更加安全，那么市场中不论是投资者还是做市商对这一类安全性较高的公司债券会保持较高的需求，如果不考虑债券的供给，含有较多契约条款的公司债券不太可能出现较高的流动性风险，从而也不会导致较高的流动性价差。

依据对信用价差和非信用价差的分析，可以发现，债券契约条款能够通过多条不同的途径对债券的到期收益率产生影响，而且对到期收益率中信用价差与非信用价差两个主要成分的影响效果也各不相同。图 4.1 则直观地表现出契约条款对到期收益率的影响机制。

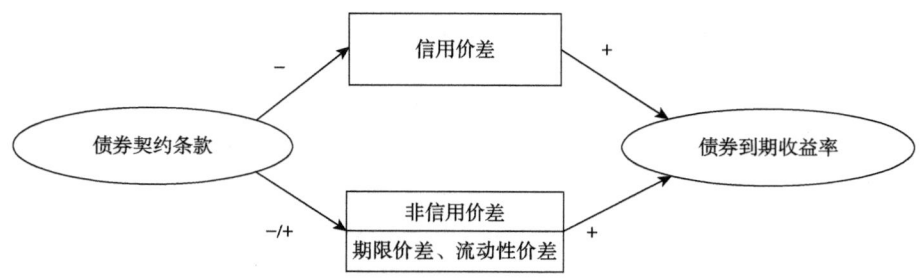

图 4.1　契约条款对到期收益率的影响机制

如图 4.1 所示，债券契约条款主要通过信用价差和非信用价差对债券到期收益率产生影响。其中，箭头旁的正负号表示箭头两端变量之间的相关关系或因果关系。由于信用价差和非信用价差均是到期收益率的主要组成成分，所以信用价差与非信用用价差都和债券到期收益率具有正相关关系。债券契约条款设计的目的便是保护投资者，缓解股东与债券投资者之间的代理冲突，降低投资者的信用风险，所以在理论上契约条款对信用价差具有明显的负效应。对于非信用价差，其主要包含了期限价差和流动性价差，通过上文的理论分析，契约条款不论是与期限价差还是与流动性价差，都存在可能是正负两个方向的关系，从而债券契约条款对非信用价差的影响也可能既有正的效应也有负的效应。那么，综合信用价差与非信用价差的结果，债券契约条款对债券到期收益率的影响取决于正负两种效应的对比。尽管从直觉判断，契约条款对到期收益率的负效应可能要远远大于正效应，即契约条款的保护会导致到期收益率下降，但不乏也存在一些特殊情况，如金融危机等会导致期限风险和流动性风险急剧增大，从而有可能导致契约条款对到期收益率的正效应超过负效应。所以，在理论上，并不能确定契约条款对到期收益率的影响效应。

4.3　变量与数据

本节研究所涉及的数据主要由债券样本信息和发行人财务信息两部分构成，其中债券样本包含截至 2015 年 6 月 30 日中国所有的一般公司债券，总共得到 547 只一般公司债券。除了选取所有一般公司债券以外，本节还选取同市场且同时期的国债与之匹配，以刻画公司债券的信用风险和信用价差。对于横截面上的每一只债券，选用收盘到期收益率和剩余期限表征债券的市场价格，与之对应的是不具有时变性或时变性较小的债券契约条款、债券评级、发债规模、利息保障倍数及一系列债券的特征变量；其中对于债券信用评级，利用有序变量进行替代，由于中国目前所有的公司债券均在 AA-级以上，故本节以 AA 级为基准，评级上调 1 级，数字增加 1；如果评级中含有"+"或"-"，则将对应的数字上调 0.25 或下调 0.25。此外还选取了发债主体对应的公司市账比、股票市值及大股东持股比例（所有解释变量的描述见表 4.1）。鉴于中国公司债券在二级市场的流动性不大，公司债券的到期收益率和剩余期限均采用周交易数据，从 2007 年 9 月 1 日至 2015 年 6 月 30 日，整个时期包含 401 个有效观测期。所有债券的数据信息来源于 Wind 数据库。

表 4.1 变量定义

变量名	变量含义	变量描述
R_{ic}	信用利差	与同时点且同期限的国债收益率匹配
R_{in}	非信用利差	除信用价差以外的其他价差
R_{iz}	总利差	到期收益率减无风险收益率
covenant_index	契约条款指数	契约条款保护指数
covenant_number	契约条款指数	契约条款数目
rating	债券评级	随着评级中"A"的数目增加 1
size	发债规模	债券发行的总量/10^9
maturity	剩余期限	从观测时间点至到期的期限/年
state	是否国有	国有为 1，非国有为 0
audit	审计质量	会计事务所为四大则为 1，否则为 0
underwriter	主承销商资质[1]	市场占有率≥1%，则为 1，否则为 0
mb	公司成长性	当年公司市值与账面值的比率
interest	利息保障倍数	公司每季报告的利息保障倍数
mv	公司股票市值	每周五的股票收盘市值/10^9
holder	公司大股东持股比例	每周五公司的大股东持股比例
industry	发债主体的行业[2]	所属行业为 1，否则为 0

1）主承销商资质采用主承销商当年排名代替，其中市场占有率是排名的一种方式，每年市场占有率大于 1% 的承销商平均为 30 家

2）2014 年证监会将所有行业分为 19 个行业大类，本节公司债券研究样本涵盖了其中的 14 个行业大类，其中住宿行业大类、金融行业大类、租赁行业大类、水利与环境及公共设施管理行业大类、综合行业大类这 5 个行业大类中的样本较少，因此为避免估计过程中的多重共线性，将这 5 个行业大类合并为一个，最终得到 10 个行业大类

4.4 研究设计

债券的市场价格理论上是未来息票和本金的折现，如果假设债券具有固定的息票率 C，面值为 F，一年付息一次，且 n 年后到期，又假设市场中的折现率为

R_d,那么债券在当期的市场价格如式(4.1)所示。虽然式(4.1)给出的是债券的价格,但事实上债券的价格由市场的供需均衡得到,债券的到期收益率才是投资者最为关心的,因此是债券定价中的核心问题。从事后的角度来看,债券的到期收益率恰好是式(4.2)分母中的折现率。其中,R_{mf}为市场无风险利率;R_{ic}与R_{in}分别为公司债券的信用价差和非信用价差。由于R_{YTM}、R_{mf}、R_{ic}、R_{in}都是随时间而变化的,故对于同一只债券,式(4.2)在债券存续期内的任何时刻均成立。另外,市场无风险利率R_{mf}由市场因素和宏观因素决定,作为公司层面的债券契约条款,不会对市场无风险利率产生影响,从而债券契约条款只可能影响债券的信用价差R_{ic}和非信用价差R_{in}。

显然,任何一只债券的总价差R_{iz}由信用价差与非信用价差构成,因此,本章直接使用债券到期收益率与当期无风险收益率之差表征债券的总价差,即债券到期收益率减去当期6个月期的国债收益率。无风险利率之所以不采用6个月期的Shibor利率,是因为Shibor利率更多地反映了银行间市场中金融机构之间的借贷成本,不同于二级市场中债券投资者所面临的无风险收益率。

为了获得信用价差R_{ic},本章将同市场中与公司债券在同一时刻具有相同剩余期限的国债与之匹配,并且将上海证券交易所上市的公司债券利用上海证券交易所的国债匹配,深圳证券交易所上市的公司债券利用深圳证券交易所的国债匹配,之所以不混合匹配或者利用更多的银行间市场的国债进行匹配,是因为中国债券市场的分割导致不同市场之间存在价差,而公司债券仅能在交易所市场交易。采用同市场匹配的方式,能够避免市场分割的影响,使结果更加可靠和有效。当公司债券与国债匹配之后,在任意时刻t,由公司债券到期收益率减去对应国债的到期收益率,进而得到t时刻的R_{ic};如果存在多只国债与同一只公司债券匹配,将多个R_{ic}取平均值。

非信用价差R_{in}则通过当期总价差减去对应的信用价差获得。非信用价差R_{in}是除信用价差以外,能够影响公司债券收益率的所有其他因素导致的价差总和。非信用价差中的主要部分为期限价差和流动性价差,期现价差是投资者对长短期债券的不同偏好所导致的价差,流动性价差是由流动性风险引致的价差。通常非信用价差R_{in}与信用价差R_{ic}一样,均是正值。由于中国利率一直受到央行管制,利率波动不规律,故中国3个月期国债到期收益率出现较大值的异常现象并不少见,从而总价差与信用价差相减可能得到负的非信用价差,因此,本章中的非信用价差R_{in}允许负值的存在。

根据本章对三个价差的计算,总价差R_{iz}完全由信用价差R_{ic}与非信用价差R_{in}组成,虽然并不明确非信用价差R_{in}具体由什么因素造成,但通过将信用价差与非信用价差分离后进行分析,能够有效探明债券契约条款对债券价格的影响途径。

基于债券契约条款可能对债券到期收益率产生影响的假设，分别将剥离出的债券信用价差 R_{ic}、非信用价差 R_{in} 及总价差 R_{iz} 在控制债券评级、公司规模等一系列公司特征变量或债券特征变量之后，对表征债券契约条款的有序变量进行回归，以探寻债券契约条款对债券横截面收益的影响途径与影响程度。虽然影响信用价差、非信用价差和总价差的因素很多，甚至包括宏观因素，但债券契约条款是债券契约的标准内容，在发行债券之前就已经拟定完毕，近乎外生，与宏观经济形势的相关性不大，那么即使影响价差的宏观经济因素被遗漏，也不会造成债券契约条款参数估计的偏误。此外，信用价差 R_{ic}、非信用价差 R_{in} 及总价差 R_{iz} 具有时变性，对于本章的周观测频率，同一只债券随着观测周的变化，其信用价差 R_{ic}、非信用价差 R_{in} 及总价差 R_{iz} 都在不断变化，但作为模型解释变量的债券契约条款以及其他控制变量几乎不随时间变化，显然，运用普通最小二乘法（ordinary least squares, OLS）估计并不能得到一致有效的结果。因此，根据变量的数据结构，本章节采用 Fama 和 Macbeth（1973）的估计方法对模型进行回归，同时在时间序列上将参数估计值的标准误进行 Newey-West 调整，避免序列自相关的影响，从而得到稳健的参数估计量。

4.5 实 证 结 果

信用价差 R_{ic} 与非信用价差 R_{in} 是公司债券到期收益率中两个重要且相互独立的成分，两个成分代表着公司债券面临的不同风险，将两种价差分离后独立考察，有助于对契约条款和债券收益率之间的关系进行深入的分析以及影响途径的探究。为了检验债券横截面收益是否会随着债券契约条款对债权人保护强度的变化而变化，下面根据债权人保护程度即契约条款指数的大小排序并构造组合。本章根据契约条款在公司债券样本中的分布情况将所有公司债券中有效的契约条款分为四个组合：含有两个及以下契约条款的公司债券为第一个组合，含有 3 个契约条款的公司债券为第二个组合，含有 4 个契约条款的公司债券为第三个组合，含有 5 条以上契约条款的公司债券为第四个组合。四个组合的债券数量相差无几，并且四个组合由低到高代表着契约条款对债权人的保护程度逐渐增强。在组合构造完成之后，对于三个价差，首先按照等权重计算四个组合在每一周的价差均值，进而得到四个组合的价差时间序列；其次求取四个组合下各价差序列的平均值，并对契约条款数目为 3 的组合 2 和契约条款数目为 5 个及以上的组合 4 进行均值 t 检验，统计及检验结果见表 4.2。

表 4.2 不同债权人保护程度下的价差变

价差	≤2	3	4	≥5	$t_{(2-4)}$
R_{ic}	2.394 4	2.576 8	2.437 6	2.543 5	0.033 7** (1.990 4)
R_{in}	0.550 2	0.750 0	0.530 4	0.388 1	0.157 0*** (15.381 3)
R_{iz}	2.831 9	3.120 5	3.031 8	2.953 3	0.367 1*** (21.791 4)
数量/个	152	109	138	148	

和*分别表示在 5%和 1%的显著性水平下显著
注：括号中是 $t_{(2-4)}$ 是组合 2 与组合 4 均值检验的 t 统计量

表4.2的结果十分明显，除包含特殊条款最少的组合1以外，存在契约条款的组合随着契约条款数目的增加，即债权人保护程度的加强，其非信用价差 R_{in} 和总价差 R_{iz} 均逐渐减小；并且对于三个价差，存在3个条款的公司债券组合与存在5个及以上条款的公司债券组合的价差差异在 1%和 5%的显著水平下显著。通过债券契约条款的组合价差法检验可以发现，债券契约条款对债权人有实质性的保护，而且债权人会因为在债券未来不确定变化中得到更多的保护给予债券更高的市场价格，进而导致到期收益率降低。之所以含有最少数目契约条款的组合 1 具有最低的信用价差、期限价差和总价差，与预期的结果相悖，可能有以下两方面的原因：第一，中国公司债券市场建立不久，法律法规都不完善，具有发行公司债券资质的公司都是经过证监会的层层筛选，从而能够发行公司债券的公司都是中国在营利能力、成长能力、偿债能力等各方面比较好的企业，而这些公司里面最好的一部分公司会考虑到公司债券市场供不应求的局面，完全不会考虑债券发行不了或价格大跌的情况，可能因此不会订立任何条款或引入较少的条款来束缚自身的经营决策。那么，在中国目前几乎所有公司债券均为投资级债券的前提下，这一部分公司发行的债券近乎与国债、金融债无异，那么到期收益率自然与国债的到期收益率相差无几。第二，附有最少数量契约条款的这一组债券，其背后可能还存在除第一个原因外其他的特质因素，正是这一特质因素比债券契约条款更能够影响债券价格，从而导致这一组附有最少数量契约条款的债券具有较低的到期收益率。

上述组合排序法的结果已经基本表明债券契约条款对债券的市场价格有影响，为了深入探究债券契约条款对债券市场价格的影响程度，下面将从到期收益率中剥离出的信用价差 R_{ic}、非信用价差 R_{in} 与总价差 R_{iz} 分别对债券契约条款等变量进行 Fama-Macbeth 回归。三个价差作为被解释变量，对应的解释变量完全相同，而且观测期限也完全一样。此外，由于模型中解释变量个数为23个，加上常数项一共 24 个，那么横截面上的观测值至少需要 24 个，过少的观测值无法估计出模型参数；考虑到中国自 2007 年 8 月公司债券试点发行以来，债券发行数量一直很少，因此，本章从选取的样本中截取 2010 年 6 月 1 日以后的数据作为模型参数估计的数据集，参数估计结果见表 4.3。

表 4.3 Fama-Macbeth 回归结果

解释变量	R_{ic}	R_{in}	R_{iz}
intercept	5.694 6*** (42.40)	-0.011 0 (-1.11)	5.794 3*** (28.73)
covenant_index	-0.127 8*** (-2.71)	-0.043 3*** (-3.07)	-0.164 8** (-2.37)
rating	-1.101 4*** (-36.34)	0.016 26** (2.30)	-1.193 3*** (-39.64)
size	-0.031 4** (-2.14)	0.000 2 (0.02)	-0.076 0*** (-7.12)
maturity	-0.034 6*** (-6.14)	0.135 3*** (37.46)	0.105 6*** (14.45)
state	-0.297 8*** (-10.06)	-0.076 9*** (-3.03)	-0.619 5*** (37.86)
audit	-0.254 0*** (-11.24)	0.036 3*** (2.68)	-0.077 0 (-1.03)
underwriter	0.081 8*** (4.13)	-0.011 0 (-1.11)	0.085 2*** (2.79)
interest	0.000 7 (0.85)	-0.002 3*** (-4.68)	-0.000 4* (-1.88)
mb	-0.016 8*** (-8.41)	0.001 4* (1.89)	-0.029 1*** (-21.03)
mv	0.000 6*** (3.66)	-0.000 2*** (-2.94)	0.000 5*** (7.14)
holder	-0.197 3*** (-3.98)	-0.012 4 (-0.54)	-0.478 2*** (-3.55)
行业	控制	控制	控制
观测期/个	243	243	243

*、**和***分别表示在 10%、5%和 1%的显著性水平下显著

注：括号中是经过 Newey-West 调整的 t 值，观测期表示时间序列的有效期数

从信用价差的回归结果中不难发现，债券契约条款能够显著降低信用价差，契约条款指数增加 0.1，债券的信用价差则会降低 1.2 个基点。债券评级对债券的信用价差影响更大，在 100 个基点以上。发债规模与剩余期限对信用价差的影响方向和影响程度几乎相同，其边际贡献均在 3 个基点左右，并且估计结果表明发债规模越大，剩余期限越长，则信用价差会越低。这虽然与经济直觉不符，但对于评级全为投资级，并且极少出现违约事件的中国公司债券市场，债券发行的规模效应可能会抵消掉债券规模和债券剩余期限对信用价差产生的负效应，进而导致债券的信用价差下降。公司是否国有会对信用价差产生显著的影响，其系数估计值为-0.297 8，且在 1%的显著性水平下显著，说明中国国有企业发行的公司债券，由于存在政府的隐形担保，信用风险较小，从而其信用价差比非国有性质的

公司发行债券的信用价差显著低 30 个基点。较高的公司财务审计质量也能够显著降低公司债券的信用价差，因为审计质量反映了信息透明度，财务的审计质量越高，信息透明度也就越高，从而股东与债权人之间的信息不对称就能够得到缓解，使得公司债券的信用风险降低。承销商资质的估计系数为正且显著，即承销商资质越好，信用价差反而越大。其中的原因可能是资质较好的承销商具有较大的广告优势，使投资者认为在中国公司债券供不应求的情况下，发债主体会支付更高的成本聘请较好的承销商，可能使发债主体存在隐藏信息的意图，这便给投资者传递了不好的信号，从而导致市场中的信用价差上升。对于公司财务特征，公司市账比的系数估计值为 $-0.016\ 8$，并在 1% 的显著性水平下显著。因为市账比反映了公司的成长能力，成长能力较高的公司，未来有可能获得较高的收益，从而公司债券面临的信用风险较低。此外，以公司股票市值度量的公司规模对债券信用价差能够产生显著的影响，并且是正效应，主要可能是较大的公司规模或者较高的股权比重会加重信息不对称程度，导致股东与债权人之间的代理冲突变大，最终使得债权人要求更高的信用价差。大股东持股比例的参数估计表明大股东持股比例提高 10%，则信用价差能够显著降低 2 个基点，即股权越集中，债券的市场价格越高；因为股权集中相对于股权分散使得大股东有足够的激励去监督管理层，从而降低代理成本，促进公司价值增长，降低信用风险，同时在一定程度上佐证了代理成本假说（Jensen and Meckling，1976；Myers，1977）。在所有的解释变量之中，仅利息保障倍数对债券的信用价差没有明显的影响。

  非信用价差的回归结果与信用价差的回归结果大不一样，除契约条款指数以外，其他解释变量的参数估计几乎均有较大程度的变化。其中，保护债券投资者的契约条款增加以至契约条款指数每增加 0.1，债券的非信用价差平均减少 0.4 个基点。这一结果表明以保护投资者权益为主的契约条款不仅可以降低债券的信用价差，还能够降低债券的非信用价差。这主要是因为契约条款缩减了期限价差和流动性价差进而导致了非信用价差的降低。有趣的是债券评级的参数估计值正显著，意味着较高的债券评级会促使非信用价差上升。结合债券评级主要针对债券信用风险的事实，以及信用价差与非信用价差呈轻微反向关系的经验证据，可以说明非信用价差对应的非信用风险之中可能存在与信用风险相互对立的因素，从而使得非信用价差与债券评级出现正相关关系。与信用价差不同，债券发行规模的系数不显著，而剩余期限的系数为 0.135 3，在 1% 的水平下显著，意味着剩余期限增加一年，非信用价差会提高 14 个基点。显然，剩余期限的估计结果与预期相符，因为，非信用价差之中主要包含了期限价差。一般情况下，同等信用级别下的长期限公司债券的收益率要高于短期限公司债券收益率，以弥补不同期限偏好所引起的套利缺口。是否国有的公司属性仍然在 1% 的水平下负显著，说明当其他条件相同时，国有企业发行的公司债券比非国有企业发行的公司债券的非信用价差低 8 个基点,但国有属性对非信用价差的抑制强度小于其对信用价差的抑制强度。此外,与信用价差的回归不同,财务审计质量对非信用价差存在显著的正效应,而当债券发行时的承销商资质却对债券的非信用价差不存在影响,潜在的原因可能是财务审计质量越好的公司,信息越透明,股东与债券投资者的代理冲突越小,则更倾向发行较长期限的债券,从而债券的期限风险、再投资风险等非信用风险因素会增加,最终导致非信用价差上升。在非信用价差的回归中,利息保障倍数的系数在 1%的显著性水平下为 -0.0023,说明利息保障倍数对于降低债权人的非信用风险具有明显的效果。在公司的个体特征中,公司成长能力和公司规模同大部分解释变量一样,在系数显著的情况下改变了方向,表明较高的公司成长能力能够显著增加非信用价差,这是因为债权人获得的是固定收益,并不关心公司的成长能力,只在乎公司的稳定性,而成长越快的公司往往波动越大,未来的不确定性越多,那么成长越快的公司自然会引起未来风险的增加;而规模较大的公司,通常能够承受较大的冲击从而缓解不确定事件带来的风险,使债券面临的风险减少,体现出较低的非信用价差。尽管大股东持股比例仍然与非信用价差存在负相关关系,但其系数估计值不显著,表明大股东持股比例的多少对非信用价差没有实质的影响效应。

对于总价差,所有变量的参数估计值均显著,而且经济含义更加明确。尽管公司债券中信用价差和非信用价差的回归结果显示两者具有几乎相反的决定机制,但因为各因素对公司债券信用价差的影响程度远远大于对其非信用价差的影响程度,所以,由信用价差和非信用价差共同构成的总价差,其决定机制更加趋同于信用价差的决定机制,绝大部分变量系数估计值的符号都与信用价差的回归结果一致。对于债券契约条款,由于其能够规避掉债券投资者在未来对债券收益索取权的不确定性,既能降低信用价差,又能降低非信用价差,从而可以有效降低债券到期收益率的总价差;而且从回归结果可以发现,契约条款指数每增加 0.1,总价差所降低的 1.6 个基点几乎刚好是信用价差的减少量(1.2 个基点)与非信用价差减少量(0.4 个基点)的线性加和,这恰好也说明债券契约条款对债券价格的最终影响实质上是由对信用价差和非信用价差共同的影响所致。债券评级越高,体现出公司各方面能力越强,抗风险能力则越强,从而总价差越低;而且债券评级是对总价差影响程度最大的因素,评级提高一级,总价差平均降低 120 个基点;但与信用价差回归结果相反,当债券发行时的承销商资质越好,则越会显著降低总价差。发债规模在 1%的水平下负显著,其原因可能同样是较高的债券发行量导致债权人数量增多,从而债权人集体力量的增大所表现出的债券规模效应,以至债权人降低了预期收益率,促使总价差降低。剩余期限对总价差的影响效应很容易理解,即债券的剩余期限越长,债券面临的不确定性就越大,因此总价差就会越大,尤其是债券的期限增加一年,债券的总价差会相应地增加 11 个基点。国有企业由于存在政府的隐性担保，使得债券的信用风险以及其他风险都相对较小，故国有企业比非国有企业在所发行公司债券的总价差上会低62个基点之多。当债券发行时公司财务审计的质量越高，二级市场中债券的总价差则越低，主要是因为信息透明度提高对股东和债权人代理冲突的缓解。同信用价差一样，债券发行时聘请高资质的承销商会导致总价差大约9个基点的上升，其原因可能与公司隐藏信息的动机有关。利息保障倍数的估计结果与信用价差的结果相反，但却更加符合经济直觉，更高的利息保障倍数会使公司偿还债务的能力更强，从而债券面临的风险更小。三个公司个体特征的估计值完全与信用价差的回归结果一致，其含义分别表明公司的成长能力提高或者大股东持股比例增加会导致总价差减少；而股票市值越大的公司，意味着股权比重越大，从而更可能加重股东与债权人之间的信息不对称，最终导致债券的总价差增大。公司的个体特征主要决定了公司的营利能力和偿债能力，影响着债券的信用风险，所以成长能力、公司规模及大股东持股比例对总价差的影响机理同其对信用价差的影响机理一样。

通过对上述信用价差 R_{ic}、非信用价差 R_{in} 与总价差 R_{iz} 的综合分析，最终可以发现，债券契约条款与债券信用价差存在互补效应，即对债权人的保护程度越大，债券投资者在未来面临的信用风险会相应减小，从而信用价差则会越低；不仅如此，契约条款的引入还会降低非信用价差。因为总价差是由信用价差和非信用价差构成的，从而契约条款对总价差的影响效应几乎是其对信用价差和非信用价差影响效应的线性叠加。总之，契约条款的存在能够显著降低三种价差。除契约条款指数以外，是否国有控股的公司属性对于三种价差的影响最为一致。企业的国有属性可以显著降低债券的三种价差。这说明在中国债券市场，投资者非常重视政府为债券带来的隐形担保。其他因素对三种价差的影响都存在不同的效应，或影响程度不同，或影响方向有异，但整体上，各个因素对总价差的影响效应和对信用价差的影响效应更加一致。此外，从信用价差的回归结果与非信用价差的回归结果中还可以发现，除契约条款指数与公司属性以外，信用价差与非信用价差的影响因素或影响途径在很大程度上都不一样，说明两种价差具有很强的独立性，而在非信用价差中主要为期限价差，这在一定层面上表明 Fama 和 French（1993）选择信用价差和期限价差作为债券收益的定价因子总体上是合适的。

为了检验公司债券契约条款与公司债券市场价格是否存在上述的稳定的关系以及参数估计的有效性，下面改变公司债券中契约条款的度量方法，以进行稳健性分析。利用有序变量对债券契约条款这一变量进行刻画，即使用基于契约条款数目编制的契约条款指数（covenant_number）度量契约条款对投资者的保护程度，在其他解释变量不做调整的前提下，进行Fama-Macbeth方法回归，估计结果见表4.4。

表 4.4 稳健性分析结果

解释变量	R_{ic}	R_{in}	R_{iz}
intercept	5.733 6*** （43.08）	-0.161 2*** （-2.85）	5.849 7*** （27.73）
covenant_number	-0.023 9*** （-3.60）	-0.019 0*** （-2.94）	-0.033 9*** （-3.22）
rating	-1.121 8*** （-35.25）	0.010 3 （0.47）	-1.216 1*** （-35.26）
size	-0.035 6** （-2.53）	-0.045 0*** （-3.62）	-0.077 8*** （-7.09）
maturity	-0.034 2*** （-5.74）	0.130 2*** （24.77）	0.107 9*** （15.24）
state	-0.276 9*** （-9.13）	0.062 6 （1.45）	-0.613 5*** （-37.87）
audit	-0.243 2*** （-9.85）	0.088 9*** （4.90）	-0.073 5 （-0.97）
underwriter	0.080 2*** （4.06）	-0.022 2 （-0.96）	0.091 3*** （2.94）
interest	0.000 7 （0.88）	-0.002 4*** （-4.99）	0.000 4* （-1.85）
mb	-0.017 0*** （-8.54）	0.001 1 （0.57）	-0.028 9*** （-21.25）
mv	0.000 6*** （3.96）	0.000 03 （0.15）	0.000 4*** （7.04）
holder	-0.214 1*** （-4.32）	0.157 8*** （2.72）	-0.490 8*** （-3.53）
Industry_i	控制	控制	控制
观测期/个	243	243	243

*、**和***分别表示在10%、5%和1%的显著性水平下显著

注：括号中是经过 Newey-West 调整的 t 值，观测期表示时间序列的有效期数

稳健性分析的结果与实证分析的结果几乎完全一致，债券契约条款数量的增加，即对债权人保护强度的增加，债券的信用价差会下降，非信用价差仍会显著降低，最终总价差也显著减小。而且契约条款指数对三种价差的影响程度有所加强，具体上，每增加一条契约条款，信用价差、非信用价差与总价差将分别降低2个基点、2个基点和3个基点。这一变化归因于对契约条款度量方法的改变，如前所述，根据契约条款数目编制契约条款指数，其前提假设是每一条契约条款的边际贡献完全一样，而契约条款在作用范围上的交叉重合在所难免，因此，直接通过条款数目编制的契约条款指数在一定程度上会高估契约条款对债券收益中各种价差的影响。尽管如此，契约条款与三种价差之间的关系已经非常明确，契约条款通过保护债券投资者权益以降低其面临的各种风险，从而导致公司债券三种价差下降的影响机制得到进一步的证实。另外，其他变量的参数估计值均没有发生剧烈的变化。由此可以肯定，本章对债券契约条款与债券市场价格之间关系的分析是较为有效和可靠的。

4.6 本章小结

　　本章从公司债券契约中特殊条款的法律属性出发，考虑到债券契约条款在债券整个存续期内对债权人的保护，通过从公司债券二级市场中的市场价格剥离出信用价差和非信用价差，同时结合债券市场价格的总价差，利用 Fama-Macbeth 回归方法，分析了债券契约条款对债券市场价格的影响途径与影响程度。实证结果表明：债券契约条款由于规避了债券在未来可能面临的不确定性，降低了债券的信用风险和其他非信用风险，从而能够有效降低债券的信用价差和非信用价差；因为总价差主要由信用价差与非信用价差构成，并且债券契约条款对信用价差的影响程度较大；通过信用价差和非信用价差两种影响效应的叠加，债券契约条款同样能够有效降低总价差。同时，债券评级的上调、债券发行规模的增加、作为国有控股的公司属性、公司成长能力及发债公司的大股东持股比例的提高都能够显著降低信用价差和总价差，而当债券发行时的承销商资质的加强和公司规模的增加却导致信用价差与总价差上升。此外，债券剩余期限的缩短、利息保障倍数的提高对非信用价差和总价差有显著的缓解作用。总体上，总价差的影响机制更加趋同于信用价差的影响机制，这是因为信用风险是最重要的债券风险，也是债券投资者最为关注的风险。

　　本章分别对信用价差和非信用价差进行回归分析，发现影响信用价差与非信用价差的各个因素或影响途径大体上不尽相同，说明两种价差存在各自独立的成分，考虑到期限价差是非信用价差的重要组成部分，可以表明 Fama 和 French（1993）选用信用价差和期限价差作为债券横截面收益的定价因子是较为合适的。

第5章 债券契约条款与债券流动性的实证分析

流动性反映了市场中各种资产的交易活跃程度，同时也体现了资产在市场中的交易成本，因此，流动性对资产的市场价格具有重要的影响，甚至在资产的定价过程中有着不可或缺的作用。流动性通常由市场的微观结构和交易机制决定，合理的交易规则及完善的交易机制能够有效提高市场中各种资产的流动性。尽管如此，流动性还会受到资产个体特征的影响，尤其是对于同类资产，资产的个体特征是导致横截面上流动性差异的关键因素。毫无疑问，公司债券作为一类重要的金融资产，其个体特征对债券在二级市场中的流动性也应该有显著的作用。因此本章研究债券契约条款与债券流动性之间的关系。

5.1 引　　言

在公司债券的横截面特征中，契约条款作为债券契约的重要内容，虽然在上市之前就已经拟定完毕，但由于其在保护投资者从而缓解股东与债权人代理冲突方面起到的作用，并且这种作用能够一直延续到债券生命结束，故契约条款可能对二级市场中债券的诸多交易性质产生影响。更多的契约条款标志着对未来潜在风险更全面地覆盖，以及对未来不确定事件更详尽地描述，那么最终反映为债券风险的降低。正是因为契约条款影响债券的风险数量，进而改变债券的市场需求，并进一步导致债券流动性的变化。

契约条款是债券契约的主要内容，并且随着个体的不同存在截面差异，契约条款的截面差异可能在一定程度上解释了各个不同公司债券在二级市场的流动性差异。其实，两者之间的逻辑关系并非难以洞察。由于债券契约中一系列承诺性和限制性条款在股东与债权人信息不对称的情况下防止股东侵占债权人的利益，或者对债权人的索取权在未来不确定事件中进行恰当安排，缓解股东与债权人之间的代理冲突，从而保护债券投资者。这种以契约条款为形式的保护机制进一步调整债券的收益和风险，进而从根本上改变债券在二级市场上的供需平衡。首先，对于债券投资者，面对附有不同契约条款即具有不同风险的公司债券，理性的投资者会更加偏好具有较多契约条款保护的债券，那么契约条款越多即对投资者保护程度越大的公司债券越倾向受到投资者的欢迎，其需求则会越大，以至债券交易在旺盛需求的驱动下很容易达成。其次，对于债券的供给者，契约条款能够有效降低债券融资成本，加之融资啄食理论表明外部融资中成本最低的是债务融资，那么，考虑到引入契约条款的公司债券支付的利息成本会进一步减少，发债公司则会在允许的范围内尽可能多地采用债务融资，从而发债规模提高，市场中含有契约条款的公司债券的供给增加，市场中的投资者数量上升，交易便捷度变大，最终导致债券的流动性增强。最后，对于主营流动性的做市商，考虑到投资者对附有契约条款的公司债券的大量需求，则对附有契约条款债券的买卖价差的报价相对较小，因为当做市商持有附有契约条款的公司债券时，承担的各种风险非常小，持有成本较低。所以，不论是从买卖双方交易达成的难易程度，还是从交易的买卖价差来看，含有契约条款的债券具有更高流动性的可能，即债券契约条款的引入会提高债券在市场中的流动性。

在理论上契约条款越多，对投资者的保护程度越大，债券的流动性就越好。债券契约条款与债券流动性之间的真正关系可能会被契约条款与债务流动性由同一因素驱动的潜在事实所掩盖。具体而言，倾向在债券契约中引入保护性条款的债券可能本身就是流动性非常好的债券；这意味着债券契约条款的设计与债券在二级市场中的流动性可能是由同一种因素驱动的，从而导致债券契约条款对债券流动性产生正的影响效应。事实上，流动性一直和证券的各种优良性质联系在一起，对于现实中的公司债券，流动性好的债券往往都是高质量的债券，而流动性差的债券往往也是质量较差的一些债券。同样，公司发行债券在拟定契约条款时，也会考虑公司自身的发展情况、经济实力及战略决策，进而设计出最优契约条款。显然，发债公司在设计契约条款时的自选择行为已经将不同质量的债券分门别类，改变了引入契约条款的公司债券的随机性，并最终掩盖了债券契约条款与债券流动性之间的真实关系。

具体而言，契约条款设计的自选择行为会导致债券契约条款与债券流动性之间的关系存在两种可能性。一种可能性是契约条款与债券流动性存在负相关关系。在一般情况下，质量较差的公司由于自身的违约风险较大，债务融资的成本就相对较高，那么通过引入契约条款会使债券融资成本下降，从而使公司获得的收益较大；所以理论上质量较差的公司应该更倾向在债券中引入契约条款。结合

第 5 章 债券契约条款与债券流动性的实证分析

质量较差的公司所发行债券的流动性也往往较差这一事实，不难发现，基于"质量较差"这一共同因素，债券契约条款与债券流动性可能存在负相关关系。另一种可能性是契约条款与债券流动性存在正相关关系。根据信号传递理论，在市场信息不对称的情况下，质量好的公司债券与质量差的公司债券无法被投资者区分，那么投资者就会以市场中所有公司债券的平均质量给出报价。如果质量好的债券不进行策略转变，这种逆向选择问题则会愈演愈烈，导致质量好的债券被驱逐出市场。为了能够与质量差的公司债券有所区分，质量好的公司债券则会在债券契约中引入契约条款以保护投资者。因为对于质量好的债券，其发行公司通常表现出实力雄厚、偿付能力较强、现金流充足及违约风险小等特征，那么企业的经营范围离限制性条款的边界就较远。也就是说，企业在债券中引入"利率可调整""质押式回购""债券担保"等契约条款之后实质上对股东或公司投融资决策行为的限制并不大；所以质量好的公司债券引入契约条款的成本非常低。相反，对于质量差的债券，其发行公司本身可能营利能力及偿债能力较弱，几乎处于违约的边缘，以至发债公司的经营范围接近于限制性条款的边界。那么质量差的债券在引入契约条款之后，其发行公司可能完全囿于债券契约条款的束缚，致使质量差的债券引入契约条款的成本相对较高。正是因为不同质量的债券引入契约条款的成本存在显著差异，所以质量好的债券会倾向引入更多的契约条款，而质量差的债券则会较少地附加契约条款。可见，契约条款在市场中作为一种好的信号传递给投资者，进而使投资者能够有效甄别债券质量的好坏。总而言之，如果市场遵循信号传递理论，那么质量好的债券就会较多地使用契约条款，再结合质量好的债券具有高流动性的事实，债券契约条款与债券流动性将存在正的相关关系。

综合以上的分析，债券契约条款与债券流动性之间交织着多种可能的关系，为了清楚地呈现出债券契约条款与债券流动性的关系，下面将两者之间所有可能的关系汇集到图 5.1 中。

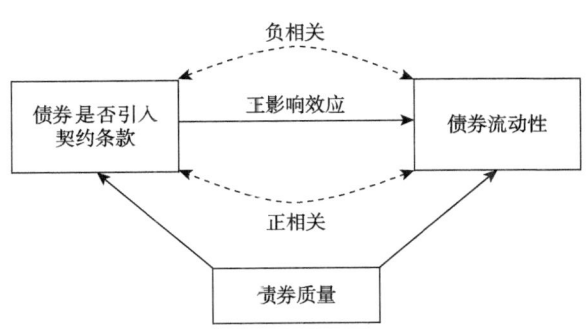

图 5.1 债券契约条款与债券流动性的关系

在图 5.1 中，单向箭头表示因果关系，双向箭头表示相关关系。显然，债券是否引入契约条款与债券流动性不仅存在因果关系，还存在相关关系，而且相关关系也存在多种可能的情况。总之，要探寻债券契约条款与债券流动性之间的真实关系，必须剔除两者的相关关系，即控制由债券契约条款设计过程中自选择行为导致的样本选择性偏差；否则，债券契约条款与债券流动性之间的真实因果关系难以体现。

5.2 变量与数据

契约条款设计先于债券上市，属于公司的财务政策选择，而债券流动性直接表现为债券在二级市场中的交易特征，因此，本章的数据信息主要由两部分构成，分别是债券发行主体的财务信息和债券的交易信息。对于财务信息，均源自债券发行前一年的会计指标；对于交易信息，则是通过债券的市场交易数据计算得到的。

在本章所涉及的债券交易信息中，公司债券的流动性是最重要的考察对象，同时也是最难度量的指标。在股票市场中，买卖价差（Roll，1984；Kyle，1985）、非流动性指标（Amihud，2002）、订单流的敏感度（Pastor and Stambaugh，2003）及有效的实现价差（Goyenko et al.，2009）经常被用于代理股票的流动性。对于债券市场，除 Bao 等（2011）采用债券日收益差分序列的协方差度量公司债券的流动性之外，大部分研究均直接借鉴股票流动性的度量方法，从而测度债券的流动性。显然，如何准确地度量公司债券的流动性是流动性相关研究的关键。在测量中国公司债券的流动性时，有两点值得注意：第一，中国公司债券市场采用竞价交易制度，而不是做市商交易制度，故不存在买卖价差，那么所有与买卖价差相关的测量方法都无法应用。第二，中国公司债券市场发展较晚，市场投资者主要为少数机构投资者，交易频率不高，流动性严重不足，那么采用日收益甚至订单流等高频数据测量方法也不能应用于中国公司债券市场。基于以上两点考虑，本章借鉴 Bao 等（2011）的方法对公司债券的流动性进行测量。

虽然流动性的度量依赖于模型的选择和设定，但流动性所具备的两个基本属性一直非常清晰。首先，市场摩擦会导致资产的流动性下降，如交易成本和交易约束等；其次，流动性对资产价格的影响是短暂的。那么，基于流动性的两个基本属性，根据 Bao 等（2011）的方法，建立以下公司债券的价格模型：

$$p_t = f_t + u_t \tag{5.1}$$

其中，p_t 代表公司债券交易净价的对数值，即 $p_t = \ln P_t$；f_t 代表公司债券的基本价值，即在不存在市场摩擦情况下的债券净价对数值，f_t 服从随机游走；u_t 代表债券非流动性冲击的影响，具有短期效应，并且与债券的基本价值 f_t 不相关[①]。在这一框架之下，短期价格成本 u_t 便刻画了债券在市场中的非流动性水平。为了直接从债券的市场价格中提取出这种短期效应，定义 $\Delta p_t = p_t - p_{t-1}$ 为债券价格从 $t-1$ 期到 t 期的变化，从而债券的非流动性可以表示为

$$\text{illiquidity} = -\text{cov}(\Delta p_t, \Delta p_{t-1}) \tag{5.2}$$

在债券基本价值 f_t 服从随机游走的假设下，非流动性 illiquidity 完全依赖于价格的短期成分 u_t，并且随着 u_t 的增大而增大。

同时，Bao 等（2011）也对 illiquidity 指标给出了两点说明：第一，除了 u_t 的短期特性外，u_t 其他的动态特性并不明确。如果 u_t 存在自相关，并且服从一阶自回归（first-order autoregressive model，AR（1））过程，那么非流动性 $\text{illiquidity} = (1-\rho)\sigma^2/(1+\rho)$，其中，$\sigma^2$ 是成分 u_t 的短期波动率；ρ 是其序列自相关系数，在这种情况下，illiquidity 确实较好地度量了 u_t 的大小。第二，出于测量流动性的目的，u_t 的其他部分并不能完全被 illiquidity 所捕捉，即 illiquidity 本身只是刻画了一部分的债券流动性。基于以上两点考虑，并结合中国公司债券交易频率过低的现实情况，本章采用公司债券的周交易数据计算债券的流动性。一方面，周交易数据相对于日交易数据存在更明显的价格变动，从而由非流动性导致的价格波动更容易被反映到短期的价格波动之中；另一方面，周交易数据相对于月交易数据或季度交易数据又能够更好地保持价格变动在时间上的相关性，使非流动性 illiquidity 能够更好地捕捉 u_t 的变化。

运用式（5.2）中非流动性指标的计算方法，表 5.1 对中国公司债券的流动性情况按年份进行了简单统计。其中，公司债券样本为 2007 年 9 月开始发行公司债券以来，截至 2015 年 6 月底中国债券市场公开发行的所有公司债券，剔除存在数据缺失的债券，一共包含 547 只公司债券。对于任何一只给定的债券，采用周交易净价数据在每一年内计算一次 illiquidity，那么，最终得到一个债券-年份的非平衡面板。由于 2007 年只包含三个月的数据，2015 年只包含半年的数据，故在表 5.1 的统计中，将 2007 年与 2015 年的数据分别合并到 2008 年与 2014 年的数据之中。显然，按年份对非流动性进行统计描述实质上是每一年内所有债券在横截面上的统计。

[①] 这种分离的假设是基于债券基本价值 f_t 没有包含任何时变的风险溢价，在短期内这是合理的；在事实上等价于假设债券收益中高频的变动全部来源于市场摩擦，否则，市场中的套利会将其消除，那么，非流动性在一定程度上可以视为代表了市场摩擦和债券的价格变动，具体可以参考 Huang 和 Wang（2009）。

表 5.1　流动性度量 illiquidity 的统计

项目	2008 年	2009 年	2010 年	2011 年	2012 年	2013 年	2014 年	总体
均值	−0.053 0	0.028 7	0.238 3	0.304 4	0.092 1	0.203 1	0.119 2	0.146 2
中位数	0.051 2	0.052 0	0.044 4	0.031 7	0.009 0	0.008 6	0.012 1	0.012 0
标准差	0.558 6	1.172 5	1.021 6	0.941 3	0.336 6	1.977 4	0.643 3	1.089 9
t 值	−0.464 9	0.172 8	2.020 5	3.907 6	4.879 4	2.127 8	5.810 3	6.037 2

注：t 值是非流动性指标与 0 差异性检验的 t 统计量

从表 5.1 可以发现，除 2008 年和 2009 年以外，在所有年份中，非流动性的中位数都明显小于其均值，表明公司债券的流动性在个体上存在较大的差异。此外，t 检验结果表明对于 2010~2014 年债券子样本及总体样本，债券非流动性的均值都显著大于 0。因为 2007 年 8 月中国债券市场开始公司债券发行试点，在初期债券的发行数量非常少，作为中国债券市场中新型的金融产品，市场需求旺盛，流动性出现了短暂的高涨期，使债券的非流动性指标非常低。从 2010 年开始，公司债券发行开始大量增加，市场的配套设施和交易制度也逐步完善，流动性开始回归到合理水平，流动性也逐渐反映出中国公司债券交易的规则和特征。另外，为了检验计算的 illiquidity 指标对公司债券流动性的刻画程度，本章还采用月度交易数据，根据 Amihud（2002）的方法构建了非流动性指标，结果发现两个非流动性指标在总体样本中的相关系数为 0.543 9，表明本章借鉴 Bao 等（2011）的方法所计算的 illiquidity 指标在很大程度上的确合理反映了公司债券的流动性。

对于债券的交易信息，除最重要的流动性采用 illiquidity 代理以外，还包含债券的交易量、交易金额、修正久期、凸性、债券价格的波动率、债券的 β 及市场的信用价差。其中，波动率为债券周收益的年标准差，债券的 β 是由债券收益对债券市场组合回归估计得到的。具体而言，在每一年，利用债券的周收益率对上证公司债券指数周收益率进行回归，依次估计出横截面上每一只公司债券在每一年的 β 值，债券的 β 值主要度量了债券的市场风险数量。至于信用价差，则利用上证 5 年公司债券指数与上证国债指数在同时点的差异进行度量。

表 5.2 对本章的变量进行了简单描述和介绍，变量涵盖了发债公司的财务信息变量、债券个体特征变量及债券的市场交易信息变量。

表 5.2　变量的含义和说明

变量名	含义	说明
covenant	是否含有契约条款	根据 covenant_index 的中位数分类
illiquidity	非流动性水平	与流动性呈反向关系
term	发债期限	从债券上市到债券到期/年
age	债券年龄	距离债券上市的时间/年

续表

变量名	含义	说明
maturity	剩余期限	距离债券到期的时间/年
size	债券发行规模	债券的总发行数量/亿元
amount	交易金额	年交易金额取自然对数
volume	交易数量	年交易数量取自然对数
volatility	债券价格的波动率	一年内收益的标准差
duration	修正久期	收益对利率变动的一阶敏感度
convexity	凸性	收益对利率变动的二阶敏感度
β	债券的 β	对市场组合回归估计得到
credit	市场的信用价差	5 年公司债券指数-国债指数
zt_rating	发债主体评级	AAA 级为 1,否则为 0
state	发债主体的公司属性	国有控股为 1,否则为 0
current	流动比率	流动资产/流动负债
tangible	有形资产比例	有形资产/总资产
leverage	财务杠杆	总负债/总资产
ROE	净资产收益率	税后利率/所有者权益
growth	成长能力	净利润同比增长率
EBITDA	资产回报率	EBITDA/总资产
cap	发债主体规模	发债公司股票市值取对数
Z_value	财务质量的 Z 得分	根据 Altman 的 Z 得分模型计算
indi	发债主体所属行业	所属行业为 1,否则为 0

5.3 研究设计

理论上包含契约条款越多的债券,其质量越好,市场需求越大,从而流动性越高。换句话讲,契约条款应该与公司债券的流动性存在明显的正相关关系。由于中国公司债券市场发展滞后,公司债券发行还以审批制度为主且条件严苛,故能够在中国债券市场发行公司债券的上市公司基本上都是优质的企业。那么,这种只有"好"公司才能发行债券而"差"公司不能发行债券的选择行为会导致内生性问题,进而扭曲契约条款与流动性之间的关系。因为,股票和债券的价值取决于基本面价值,即公司质量的优劣,而在通常情况下,价值高的股票和债券往往流动性也较高(Blau and Whitby,2016),最终体现为"好"公司债券的流动性较高。所以,契约条款与债券流动性性之间的真实关系被债券发行的自选择行为引致的内生性问题所掩盖。

为了识别公司债券发行的自选择行为,修正估计偏差,本章采用 Heckman 两阶段回归方法对契约条款与债券流动性之间的关系进行分析。根据上面的论述，由于"差"公司在中国债券市场因审批门槛不能发行债券，故"差"公司的债券等同于不包含任何契约条款。那么，假设存在一个是否包含契约条款的潜在分类变量，并且这个潜在变量由公司的质量决定，在 Probit 模型下：

$$\text{covenant} = \alpha + \delta(\text{good} - \text{bad}) + \gamma \cdot X + \varepsilon \tag{5.3}$$

其中，covenant 表示 0-1 二值变量，债券中含有契约条款则为 1，不含有契约条款则为 0；bad 与 good 分别表示同一家公司在其质量"好"和"差"两种状态下的差异；X 表示影响是否引入契约条款的其他控制变量。根据上面的阐述，公司质量的优劣通常反映为公司资产的流动性大小，具体而言，"好"公司有较好的基本面，其发行的公司债券由于存在较好基本面的支撑，则会表现出较高的价值，债券的流动性也较高。基于公司质量与二级市场中债券的流动性存在正相关关系，那么在式（5.3）中有

$$\text{good} - \text{bad} \approx \text{liquidity}_{\text{good}} - \text{liquidity}_{\text{bad}} = \text{illiquidity}_{\text{bad}} - \text{illiquidity}_{\text{good}} \tag{5.4}$$

结合中国公司债券的发行现状，发现只有"好"公司具有发行公司债券的资质，而"差"公司无法逾越公司债券发行的审批条件。换句话讲，契约条款能被观测到的债券都是由"好"公司发行的，而"差"公司由于不能发行债券，故而不存在任何契约条款，即"好"公司的债券等价于包含契约条款的债券，而"差"公司的债券等价于不包含任何契约条款的债券。那么，式（5.4）又可以写成：

$$\text{illiquidity}_{\text{bad}} - \text{illiquidity}_{\text{good}} = \text{illiquidity}_{\text{NO}} - \text{illiquidity}_{\text{YES}} \tag{5.5}$$

其中，$\text{illiquidity}_{\text{NO}}$ 表示不含有契约条款的债券的非流动性水平；$\text{illiquidity}_{\text{YES}}$ 表示同一债券在含有契约条款状态下的非流动性水平，将（5.5）式代入式（5.3）则有

$$\text{covenant} = \alpha + \delta(\text{illiquidity}_{\text{NO}} - \text{illiquidity}_{\text{YES}}) + \gamma \cdot X + \varepsilon \tag{5.6}$$

显然，上述模型包含了两个方程。对于同一只公司债券，在含有契约条款和不含有契约条款两种状态下，由于在本质上对应的发债主体存在质量"好"和"差"的区别，故含有契约条款和不含有契约条款的债券流动性应当表现出不同的水平。因此，两个方程分别是公司债券在包含契约条款和不包含任何契约条款两种情况下的流动性决定机制。

$$\text{illiquidity}_{\text{NO}} = \alpha_{\text{NO}} + \beta_{\text{NO}} X_{\text{NO}} + \varepsilon_{\text{NO}} \tag{5.7}$$

$$\text{illiquidity}_{\text{YES}} = \alpha_{\text{YES}} + \beta_{\text{YES}} X_{\text{YES}} + \varepsilon_{\text{YES}} \tag{5.8}$$

式（5.7）与式（5.8）分别表示同一只债券在不包含契约条款与包含契约条款的两种状态下非流动性水平的决定过程。显然，由于任何一只债券在同一时点只存在一种状态，故对应的另一种状态下的债券非流动性水平只能通过模型预测得到。

模型的设计采用了 Heckman 两阶段回归方法，所以在估计过程中同样需要经过两个阶段。第一阶段，由于不能同时观测到同一只债券在不包含契约条款与包含契约条款两种状态下的非流动性水平，故运用 Probit 模型估计式（5.6）的简化形式。值得注意的是，在真实的债券样本中，几乎所有公司债券都包含了至少一条契约条款，本身不存在不包含任何契约条款的公司债券，那么，为了确定选择分类变量 covenant，本章根据契约条款指数 covenant_index 的中位数构造出 covenant，契约条款指数大于中位数表示债券包含契约条款，covenant 的值为 1，否则为 0。在估计式（5.6）之后，利用其线性预测值计算逆米尔斯比率[①]（inverse Mills ratio, IMR）。当债券不包含契约条款时，$IMR = \varnothing\left(\overline{covenant}\right)/\varPhi\left(1-\overline{covenant}\right)$；当债券包含契约条款时，$IMR = -\varnothing\left(\overline{covenant}\right)/\varPhi\left(\overline{covenant}\right)$，其中，$\varnothing(\cdot)$ 是标准正态分布的密度函数；$\varPhi(\cdot)$ 是标准正态分布的累积分布函数；$\overline{covenant}$ 是式（5.6）简化形式的线性预测值。第二阶段便是估计式（5.7）和式（5.8），将计算得到的 IMR 分别代入各自对应的方程中，进行 OLS 估计，并在整个债券样本中通过线性预测分别计算出每一只公司债券对应的 $illiquidity_{NO}$ 与 $illiquidity_{YES}$，随后将其代入式（5.6）重新进行 Probit 回归。很明显，回归方程式（5.6）中的系数 δ 就代表着债券中引入契约条款与债券流动性之间的关系。δ 若为正，表明引入契约条款能够降低债券的非流动性水平，再结合非流动性水平与流动性水平呈反向关系；那么在边际上，当债券引入契约条款之后，其流动性会增加。

总之，基于 Heckman 两阶段回归方法的研究设计可以有效缓解由于"好"公司与"差"公司在发行债券过程中的自选择行为所造成的债券契约条款与债券流动性的内生性问题，从而获得参数的有效估计量，并最终能够体现出债券契约条款与债券流动性之间的真实因果逻辑关系。

5.4 实证结果

5.3 小节已经说明，由于中国公司债券市场的门槛限制，发行债券的企业几乎均是中国的优质企业，而契约条款只可能存在于已经发行上市的公司债券中，并且对于目前绝大部分的公司债券均包含至少一条契约条款。显然，契约条款的引入与否由于债券发行这一非随机事件直接受到公司质量的影响。具体而言，公

[①] 逆米尔斯比率是 Heckman 两阶段回归方法在修正自选择行为所导致的估计量偏误过程中的关键参数。

司质量越好，越可能满足发行公司债券的要求，从而越可能发行公司债券，自然在债券中包含契约条款的概率越大。为了克服公司债券在纳入契约条款过程中的自选择行为，表 5.3 采用 Heckman 两阶段回归方法对债券契约条款与债券流动性之间的关系进行估计。

表 5.3 Heckman 两阶段估计结果

第一阶段		第二阶段		
解释变量	式（5.6）	解释变量	式（5.7）	式（5.8）
	系数估计值		系数估计值	系数估计值
常数项	1.625 1* (1.81)	常数项	-5.847 2* (-1.93)	4.341 1 (1.01)
illiquidity	0.039 5* (1.68)	IMR	0.195 8 (0.63)	2.536 9* (1.65)
zt_rating	-0.091 9 (-0.97)	age	0.067 6*** (4.63)	-0.199 3* (-1.74)
term	0.095 1*** (5.88)	maturity	-0.211 2 (-1.44)	-0.711 8 (-1.47)
size	-0.000 6 (-0.24)	size	-0.003 7 (-1.16)	0.009 5 (1.43)
state	0.150 3** (2.25)	zt_rating	0.184 8 (1.62)	0.120 8** (2.05)
current	0.016 6 (0.52)	state	0.049 2 (0.66)	-0.403 0 (-1.43)
tangible	-0.667 9*** (-4.25)	logamount	2.603 5** (2.18)	0.038 0 (0.04)
leverage	0.136 6 (0.47)	logvolume	-2.613 9** (-2.22)	-0.142 5 (-0.17)
Z_value	-0.019 3 (-1.12)	duration	0.260 5* (1.74)	0.611 0 (1.33)
ROE	-1.292 7*** (-2.76)	convexity	0.006 5 (1.00)	0.015 2* (1.70)
growth	0.012 4*** (2.66)	volatility	-14.397 3** (-2.00)	-2.679 3 (-0.82)
EBITDA	0.605 2 (0.77)	credit	0.000 1 (0.02)	-0.003 6 (-0.47)
cap	-0.081 8** (-2.07)	β	0.029 6*** (6.93)	-0.013 4 (-0.73)
indu	控制	indu	控制	控制
观测值/个	2 013	观测值/个	874	1 036

*、**和***分别表示在 10%、5%和 1%的显著性水平下显著

注：第一阶段中采用 Probit 估计，括号中对应的是稳健 Z 统计量，第二阶段采用 OLS 估计，括号中对应的是稳健 t 统计量

第一阶段是对式（5.6）简化形式的估计，即不区分流动性在有无契约条款的两类公司债券中的结构性差异。由于第一阶段是债券契约条款的选择过程，其必

然受到发行主体经营状况和财务质量的影响，故在第一阶段的 Probit 估计中，除去代理流动性指标的 illiquidity 之外，控制变量主要是表征公司经营质量、债券个体特征及财务质量的一系列指标。其中，发债公司的经营质量由主体评级 zt_rating 和公司属性 state 两个变量刻画，而债券个体特征包括债券的发行期限 term 和发行规模 size，其余的变量如流动比率 current、财务杠杆 leverage、资产回报率 EBITDA 等均是对发债公司财务质量的反映。从第一阶段的估计结果可以看出，非流动性指标越大，即流动性越低的债券越倾向在发行债券时引入契约条款，国有控股的公司较非国有企业更偏好于在债券契约中引入对投资者的保护性条款。对于不同期限的公司债券，发行期限的增加会提高引入契约条款的概率。反映财务质量的一系列财务指标的估计比较一致，除公司成长能力以外，财务指标几乎均是负显著，这表明财务质量更差的公司，在发行债券时具有更大的可能在契约中设计保护性条款。同时，综合第一阶段的估计结果，整体上质量较差的公司更倾向在债券契约中引入条款，从而可以证明契约条款通过对投资者权益的保护，在一定程度上确实能够缓解发债公司股东与债权人之间的代理冲突。

在完成第一阶段的估计之后，利用预测值对样本的选择偏差进行修正，从而得到含有契约条款与不含有契约条款两种状态下的 IMR，并将对应的 IMR 代入式（5.7）和式（5.8）之中，其中，式（5.7）的 OLS 估计采用的是不含有契约条款的债券样本，即 covenant 取值为 0 的样本；而式（5.8）的 OLS 估计采用的是含有契约条款的债券样本，即 covenant 取值为 1 的样本。第二阶段的估计是债券流动性的决定方程，所以控制变量主要选取了债券年龄 age、债券的到期期限 maturity、发债主体评级 zt_rating 等描述债券个体属性的变量，以及反映债券在二级市场中的横截面特征的债券交易金额 logamount 与交易量 logvolume、债券的久期 duration 和凸性 convexity、债券价格波动率 volatility 及债券的风险程度 β。此外，本章还通过 5 年期的信用利差对市场层面的利率变化进行了控制。对比式（5.7）与式（5.8）的估计结果，不难发现，式（5.7）中的常数项显著为-5.8472，并且其绝对值大于式（5.8）中的常数项。这一结果表明，对于不含有任何契约条款的债券，其非流动性成分中不能被解释的部分要大于含有契约条款的债券对应的非流动性不能被解释的部分，这便意味着保护性契约条款的引入能够在一定程度上解释债券流动性的横截面差异。

经过 Heckman 两阶段的估计，利用回归系数进行预测，分别得到债券在含有契约条款和不含有契约条款两种状态下的非流动性水平，进而将两种状态下的非流动性水平代回式（5.6）之中，重新估计债券流动性与债券契约条款之间的关系。显然，重点考察的解释变量是($illiquidity_{NO}$ - $illiquidity_{YES}$)，记为 liquidity，其系数 δ 反映了契约条款与债券流动性之间的关系。表 5.4 给出了经过 Heckman 两阶段回归方法修正之后债券契约条款与债券流动性两者关系的估计结果。

表 5.4 债券契约条款与债券流动性的关系

解释变量	系数	Z 统计量	边际影响	Z 统计量
常数项	32.360 5***	3.11	—	—
liquidity	5.941 3***	4.17	0.014 8***	2.61
zt_rating	1.523 5*	1.83	0.003 8*	1.78
term	-0.730 6***	-4.27	-0.001 8***	-3.04
size	0.017 4	1.38	0.000 0	1.25
state	5.360 4***	2.65	0.013 3*	1.93
current	-0.457 7	-1.04	-0.001 1	-0.99
tangible	-13.014 0***	-3.33	-0.032 3**	-2.24
leverage	-21.965 4***	-3.35	-0.054 6**	-2.15
Z_value	-1.037 9***	-3.85	-0.002 6**	-2.42
ROE	-20.216 1**	-2.43	-0.050 2*	-1.82
growth	0.104 3***	2.79	0.000 3*	1.95
EBITDA	-2.751 9	-0.43	-0.006 8	-0.42
cap	0.165 3	0.67	0.000 4	0.65
观测值	1 910			

*、**和***分别表示在 10%、5%和 1%的显著性水平下显著

注：变量 liquidity 是 illiquidity$_{NO}$ 与 illiquidity$_{YES}$ 的差异；第 3 列的 Z 统计量是系数估计值的统计量，第 5 列的 Z 统计量是各变量在其自身平均值水平上对契约条款的引入与否产生边际影响的统计量

根据对式（5.6）的重新估计，liquidity= illiquidity$_{NO}$ – illiquidity$_{YES}$ 的系数 δ 估计值为 5.941 3，且在 1%的水平下显著。正如 5.1 节中的理论分析，δ 显著为正意味着债券契约条款的引入与债券在二级市场中的流动性呈正相关关系。由于债券的契约条款设计先于债券上市发行，故而从因果逻辑上分析，在债券契约中引入保护投资者的契约条款，能够显著降低公司债券在二级市场中的非流动性水平，进而提高债券的流动性。

具体而言，契约条款与债券的流动性表现出很强的正向关系，并且债券契约引入保护性条款的机会比率在其平均值处的导数值为 0.014 8，在 1%的水平下显著。这表明对于同一只公司债券，引入契约条款的概率提高 1.5 个百分点，那么该债券在含有契约条款下的流动性水平比不含有契约条款下的流动性水平将增加 1%。此外，从式（5.6）的 Probit 回归结果还可以发现，公司的个体特征对债券契约条款的引入具有显著的决定作用。主体评级的系数估计值在 10%的水平下显著为 1.523 5；而且，公司属性的系数估计值也在 1%的水平下显著为 5.360 4；同

时，两者的变化对债券契约条款的边际影响也均显著。因为发债主体评级是公司质量的整体刻画，是否国有控股的公司属性也体现了公司的经营实力，所以，这一结果表明整体质量较好，且国有控股的企业在发行债券时会有更大的可能性引入保护投资者的契约条款。这一经验结果也正好契合了前文阐述的信号传递理论，即"好"公司会通过在债券契约中设计保护性条款，从而在信息不对称的二级市场与"差"公司区分开来，以避免债券投资者的逆向选择。

对于债券的个体特征发债期限与发债规模，仅发债期限的系数估计值在1%的水平下显著，且系数为负，表明债券的期限越短，债券契约中越有可能包含保护性条款。这同样佐证了债券契约设计中的信号传递理论，因为期限较短的债券往往面临的风险较低，从而债券的质量比长期债券的质量要高一些。

与公司个体特征及债券个体特征不同，公司财务指标的系数估计值几乎均为负，并且绝大部分财务指标的系数在5%的水平下显著。在所有财务指标中，除去流动比率和资产回报率不显著之外，有形资产比率、财务杠杆、财务困境 Z 得分及净资产收益率（return on equity, ROE）对契约条款的引入具有显著的负影响，仅公司成长能力对契约条款的引入产生正向影响。综合财务指标的估计结果，一方面说明公司财务质量是债券契约条款设计的重要考察因素；另一方面也说明，财务质量较差的公司相比财务质量较好的公司，会有更大的可能性在债券中引入保护投资者的契约条款。显然，这一经验结果符合理论预期，契约条款通过缓解公司股东与债权人之间的代理冲突，能够对债券在市场中的运行质量给予一定的保障，但是，结合公司特征和债券特征的估计结果，不难发现，同一模型从两个角度支持了两种理论。首先，公司的整体状况和经营质量，以及债券的个体特征在更大程度上是对公司或债券在当期和未来的预判，反映的是公司或债券在当期或者未来的状况与质量，而财务数据体现的都是公司的历史信息。其次，公司债券从发行上市到生命到期，通常会经历5年（本章样本中发债期限的平均值为5.7年）以上的时间，在这一期间作为债券基本价值支撑的公司基本面会发生较大的变化，尤其是对于正处于转型时期的中国公司或企业，但对于债券契约，一旦设计完成之后却很难变更。因此，考虑到公司发展的易变性和债券契约的不变性，在设计债券契约条款时，公司的历史信息、当前状况及未来发展自然都应该被考虑在内；而且，历史上财务质量的优劣与公司未来的发展并无较大关联。那么，当财务信息质量太差时，公司会通过保护性契约条款的方式给债券增加保障；如果公司存在较高的成长能力，公司发行的债券在未来便会随着公司的发展而成为"好"的债券，故而契约条款同样会被纳入债券之中，以甄别债券质量的好坏。在所有对契约条款设计具有显著影响的财务指标中，唯有代理公司成长能力的净利润增长率是正显著的经验结果恰好契合了这一解释，因为成长能力是解释变量中唯一能够反映公司未来质量的财务指标。

总之，契约条款的设计会受到多个因素的影响，发债主体会综合考虑公司的历史信息、当前状况和未来发展，从而将契约条款的限制或保护与发债主体的基本面动态地联系在一起，以保障债券在市场中的合理定价以及发债公司的价值最大化。因此，基于公司历史信息安排契约条款和通过预判公司未来发展选取契约条款是从两个不同的角度对债券契约条款进行设计的，最终的结果都会使股东与债权人之间的代理冲突得到缓解，并且使债券的质量得到提升。

通过 Heckman 两阶段回归方法对债券契约条款中的自选择行为进行修正，进而缓解债券契约条款与债券流动性可能存在的内生性问题，最终检验结果表明债券契约条款与债券流动性之间存在显著的正相关关系。如果结合契约条款拟定与债券上市交易的先后逻辑顺序，可以判定债券契约条款的引入能够提高债券在二级市场中的流动性。为了更进一步避免由契约条款自选择行为导致的债券样本的非随机特性，确保债券契约条款与债券流动性两者之间关系的稳健，下面采用 PSM 对包含契约条款的债券进行匹配，从而提取在包含和不包含契约条款两种状态下债券流动性的处置效应[①]，分析债券契约条款与债券流动性之间的关系，以佐证本章的实证结果。

在匹配之前，将债券样本分为实验组和对照组，实验组为包含契约条款的债券，而对照组则是不包含任何契约条款的债券。由于在本章所选用的样本之中，99%以上的债券都包含了契约条款，故不能直接按照是否包含契约条款划分实验组和对照组。与本章实证分析中 Probit 回归一样，根据契约条款指数 covenant_index 的中位数构造出样本分类变量 covenant，契约条款指数大于中位数表示债券包含契约条款，covenant 的值为 1，否则为 0。

确定实验组和对照组之后，需要对实验组中的债券进行匹配，以得到与实验组中债券特征相似但不包含契约条款的债券。因为决定债券本质和特征的因素繁多，主要为债券的个体特征和发债主体的个体特征；另外，根据实证部分的结果，发债主体的特征、债券的个体特征及发债主体的财务指标是债券契约设计的重要影响因素，所以，在进行样本匹配的过程中，沿用 Heckman 两阶段回归方法中第一阶段在选择方程里选用的所有解释变量，将其作为匹配倾向得分模型中的匹配变量。之所以如此选择公司债券的匹配变量，具有以下两个方面的考虑。首先，根据 PSM，样本匹配的越准确，内生性问题则解决的越彻底；但要得到与实验组中债券极其相似且不含有契约条款的债券，就需要匹配变量尽可能囊括所有与债券特征相关的变量，显然，债券的个体特征及决定债券特征的发债主体特征是匹配变量的主要来源。其次，前文的经验证据已经表明，公司个体特征、债券个体特征与公司的财务质量是债券契约条款的显著影响因素，这恰好为债券样本

---

① 处置效应（treatment effect）是指实验组与对照组经过匹配之后，两组样本在考察变量上的平均差异。

的匹配变量提供了直接证据。综合以上分析,最终匹配倾向得分模型所选用的匹配变量主要如下:发债主体评级、是否国有控股的公司属性、债券的发行期限、债券的发行规模、发债主体在发债前一年的流动比率、有形资产比率、财务杠杆、财务困境 Z 得分、ROE、代理公司成长性的净利润增长率、资产回报率及发债主体的公司股票市值,一共 12 个匹配特征变量。

采用最近邻准则匹配之后,实验组中每一只公司债券在对照组中都获得一只与其特征相似的公司债券。为了检验债券样本匹配的效果,下面给出债券样本的实验组与对照组在匹配前后倾向得分的分布密度曲线(图 5.2 和图 5.3)。

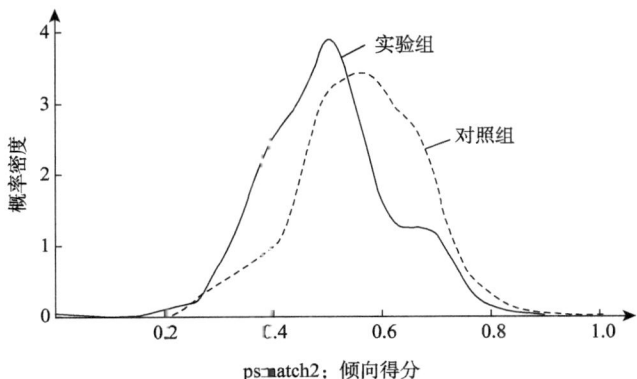

核类型=Epanechnikov核,带宽=0.025 3

图 5.2 匹配前倾向得分的分布密度曲线

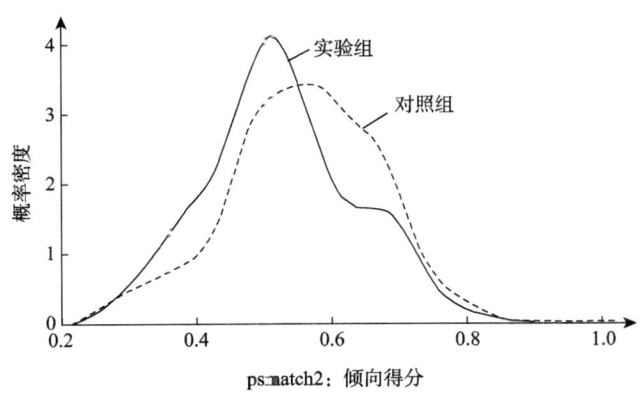

核类型=Epanechnikov核,带宽=0.025 3

图 5.3 匹配后倾向得分的分布密度曲线

经过实验组与对照组的分布密度函数曲线在匹配前后的对比不难发现,匹配后对照组倾向得分的分布密度函数曲线更接近于实验组倾向得分的分布密度函数曲线。这意味着匹配之后的对照组与实验组在债券特征上更加趋于一致,从而能够在一定程度上缓解债券契约条款的自选择行为所导致的内生性问题。

由于匹配之后的对照组与实验组在债券特征上更加相似,对照组与实验组两者的根本区别仅仅是债券中含有契约条款和不含有契约条款,那么,对照组可以被视为实验组在不包含契约条款时的反事实状态①,故实验组与对照组之间在流动性上的差异便可以完全归结于债券契约条款。鉴于此,表 5.5 给出经过匹配后实验组与对照组中公司债券的平均非流动性水平,以及对其进行的均值差异 t 检验结果。

表 5.5　PSM 中非流动性的处置效应估计

illiquidity	实验组	对照组	差异	标准误	t统计量
匹配样本	0.057 8	0.123 4	−0.065 6	0.018 6	−3.53
全样本	0.057 8	0.144 0	−0.086 3	0.030 8	−2.81

表 5.5 中第二行是经过匹配之后实验组与对照组关于非流动性水平的处置效应估计,第三行是在匹配之前即全样本下的实验组与对照组关于非流动性水平的处置效应估计。通过匹配倾向得分的估计可以发现,在实验组中,非流动性水平的平均值为 0.057 8,而对照组在匹配之前,即全样本中不含有契约条款的所有公司债券,其在二级市场中非流动性水平的平均值为 0.144 0,但经过匹配形成新的对照组之后,其流动性水平的平均值降低到 0.123 4。尽管匹配之后对照组的非流动性水平有所降低,从而导致实验组与对照组之间非流动水平的均值差异变小,但是均值差异检验的 t 统计量为−3.53,意味着非流动性水平在匹配之后实验组与对照组之间的差异显著性大于全样本下实验组与对照组关于非流动性水平的均值差异显著性。这主要是因为匹配之后的对照组与实验组具有更强的相似性,以至均值检验中的标准误变得更小。综合考察非流动性水平处置效应的估计结果,实验组的非流动性水平显著低于对照组的非流动性水平,即实验组中公司债券平均的流动性水平高于对照组中公司债券平均的流动性水平。具体而言,含有契约条款的债券在二级市场中的流动性显著高于不含有契约条款的债券在二级市场中的流动性。很明显,PSM 的分析结果与 Heckman 两阶段回归方法的估计结果完全一致,即债券契约条款与债券流动性之间存在显著的正相关关系,保护性契约条款的引入能够显著提高债券在二级市场中的流动性水平。

---

① 之所以是反事实状态,是因为任何一只公司债券在是否包含契约条款的选择上只能存在一种状态,要么包含契约条款,要么不包含契约条款,不可能两种状态都存在。

5.5 本章小结

本章着眼于与债券定价息息相关的债券流动性，深入分析了债券契约条款与债券在二级市场中流动性的相关关系。考虑到中国债券市场当前的发展阶段以及债券的发行制度，中国目前的公司债券基本由规模较大、实力较强及成长较快的公司发行。简单地讲，中国公司债券的发行存在自选择行为，具体表现为能够发行公司债券的公司都是"好"公司。另外，正是因为"好"公司具有较好的基本面，使其发行的债券拥有较高的质量，导致债券在市场中的交易相对更加容易，并最终提高债券的流动性。归纳起来，对于中国的公司债券，债券由"好"公司发行，而"好"公司本身的流动性就较高。所以，债券契约条款与债券流动性之间存在由债券样本选择偏差引致的内生性问题。

为了避免债券契约条款与债券流动性之间的内生性问题，得到模型参数的有效估计量，探究两者之间的真实关系，本章应用 Heckman 两阶段回归方法对债券的样本选择偏差进行了修正，利用中国公司债券的截面数据估计债券契约条款与债券流动性之间的关系参数。同时，还运用 PSM 重新处理内生性问题，进而对债券契约条款与债券流动性之间的关系进行稳健性检验。最终，实证分析和稳健性检验得出一致结论，且与第 2 章中理论分析相符。契约条款通过保护投资者在未来的权益，提高了债券的信用质量，促使市场中的投资者更加偏好于附有契约条款的公司债券，从而导致附有契约条款的公司债券在市场的交易更加容易和频繁，最终反映为债券在二级市场中的流动性提高。因此，本章结论表明债券契约条款与债券流动性之间存在显著的正相关关系，保护性契约条款的引入可以显著提高债券在二级市场中的流动性水平。

此外，从实证结果中还发现以下结论：债券契约条款的设计由诸多因素决定，但主要受到发债主体的经营状况和成长能力、发债主体的财务质量及债券的个体特征影响。其中，发债主体的经营状况及成长能力、债券的个体特征对契约条款的设计存在正向影响，符合信号传递理论的假说；而发债主体的财务质量对契约条款设计存在负向影响，则与代理成本假说一致。具体而言，发债主体的整体经营状况越好、成长能力越强并且公司属于国有控股，以及债券本身的期限越短，债券契约就越有可能包含保护投资者的条款；但发债主体的财务质量越差，尤其是流动比率越低、有形资产比率越低、净资产回报率越低及财务困境的 Z 得分越低，保护性的契约条款便越有可能被引入公司债券之中。如果结合发债主体的经营状况和成长能力、财务指标及债券的个体特征四个维度上的变量所反映信息的时间顺序，即财务指标通常反映历史信息，而经营状况和成长能力及债券的个体特征更多地反映公司或债券当前甚至未来的信息，则完全能够表明债券契约条款的设计动态考虑了多个层面的信息，而且各个层面的信息会对债券的引入与否起到不同甚至相反的作用。可见，债券契约条款的设计是一个复杂且烦琐的过程。

第6章 债券契约条款与债券价格波动率的实证分析

债券价格的波动率是债券定价的重要考察对象，直接关系着债券定价的有效性。债券价格的波动率属于债券的交易特征，其截面差异除了受到市场交易制度和规则、债券的市场供需等因素的影响之外，还在很大程度上受到债券契约个体特征的影响。契约条款作为债券契约的核心内容，正是债券契约个体特征的主要决定因素。因此，债券契约条款对债券价格波动产生影响是具有一定的理论依据的。但是，因为债券价格的波动率一般存在三种不同形式的波动率：总体波动率、由市场交易制度和规则所导致的波动率与债券的特质波动率，并且由市场交易制度和规则所导致的波动率通常被市场因素所解释，与债券或发债公司本身的个体特征关系不大；所以，为了清楚地探寻债券契约条款与债券价格波动率的关系，下面分别从债券价格的总体波动率与债券价格的特质波动率两个角度研究债券契约条款对债券价格波动率的影响效应。

6.1 引 言

债券价格波动率是债券价格在一段时间内的变化幅度，主要反映了债券的风险。债券价格波动率是债券市场价格的重要特征，直接关系着债券定价的有效性与合理性，同时蕴含着债券价格变化的大部分信息，进而成为市场各方参与主体的重点关注对象之一。在通常情况下，波动率与风险相互等价，债券在市场中所面临的风险越大，债券价格的波动率就越大。债券的风险又与债券的收益正相关，尤其是在均衡中，投资者承担多少风险，便会得到相应的收益；如果投资者承担了额外的风险，就需要更高的预期收益给予补偿。显然，债券价格波动率通过对风险的捕捉而与债券的收益关联到一起,体现出债券定价的本质属性。

一般意义上的债券价格波动率实质上由两大主要成分构成:市场波动率和特质波动率。其中,市场波动率是由市场制度环境、产业基本面及宏观经济形势等市场风险因素(即系统风险)所导致的债券价格波动;特质波动率则是由债券的个体特征变化或者发债主体的个体特征的变化所导致的债券价格波动。在理论上,两种波动率之间相互正交,互不相关;而且由于波动率往往是债券收益的二阶矩,故债券价格波动率并不能通过市场波动率和特质波动率的简单加和得到。在现实中,由市场风险因素导致的市场波动率和由债券个体因素导致的特质波动率都不能直接观测,只能通过债券的定价模型进行间接度量。例如,理论上存在以下简化形式的债券定价模型:

$$r = \alpha + B \bullet F + \varepsilon \tag{6.1}$$

其中,r 是债券的收益率;α 是超额收益率;F 是由风险定价因子构成的列向量;B 是债券的风险收益相对于风险定价因子的载荷向量;ε 是模型残差,代表由债券个体风险因素导致的收益变化。市场波动率描述的是市场系统风险,也正是由式(6.1)中风险定价因子的变动所引起的,即 $B \bullet F$ 部分的变化所导致的风险;特质波动率则是通过定价模型的残差计算得到的。显然,只有式(6.1)中的债券定价模型完全正确,对债券波动率中市场波动率和特质波动率的刻画与度量才是合理和准确的;否则,市场因素或宏观因素变动导致的风险不能完全被 $B \bullet F$ 部分的定价因子变动所捕捉,那么一部分市场风险就会归并到残差序列之中,进而成为特质风险。

契约条款是债券契约中的主要内容,体现了债券的本质特征。契约条款的主要作用是缓解股东与债权人之间的代理冲突,解决债券买卖双方信息不对称,从而保护债券投资者权益。债券含有的条款越多,对股东潜在掏空债权人利益的行为限制就越紧,同时对未来不确定事件所引致风险的考虑越周全,那么在其他因素不变的情况下,债券最终面临的风险就越小,债券的质量或安全性也就越高。尽管债券契约条款在设计完成之后不会轻易变更,时间上难以影响债券的市场价格变动,但是不同公司债券包含不同数量不同种类的契约条款,这些条款造成了债券横截面上的个体特征差异,进而导致横截面上的债券风险也出现变动,并且经过债券在二级市场中的交易,风险的差异最终会反映到交易价格之中。因此,契约条款与债券价格的波动以风险为中介产生了联系。

尽管债券契约条款与债券价格波动率之间存在联系,但债券契约条款对债券价格波动率的影响机制也并非一目了然。因为一方面债券契约条款隐匿于债券之中,形成了债券的个体特质和本质属性;另一方面债券价格波动率由市场波动率和特质波动率两大成分构成;而且债券契约条款与两种成分的关系必然不会相同,那么债券契约条款对债券价格波动率的影响最终几乎完全取决于债券契约条款对两种成分影响效应的叠加。

市场波动率由市场或宏观层面因素变动所引起，通常能够被风险定价因子的变动体现出来。很明显，如果契约条款可以导致市场波动率变化，那么契约条款至少应该成为债券的定价因子。相反，如果契约条款不是潜在的定价因子，契约条款则与市场因素或宏观因素的变化没有丝毫关系，自然不能影响市场系统风险的变化从而影响市场波动率。契约条款是否可以成为债券潜在的定价因子，有三方面需要检验。首先，契约条款是否外生。定价因子必须不可再分，即不能由其他因素决定，外生于市场各个因素。根据 5.1 节中对债券流动性的理论分析，契约条款存在极大的可能受到发行主体财务质量的影响，但是结合契约条款的特点与功能，一些特殊债券契约条款是对潜在突发事件或宏观经济调整的风险安排，与发行主体的任何因素都无关，因此这部分契约条款又可以视为外生，那么总体而言，契约条款在本质上可以视为半外生。其次，契约条款是否可以解释其他定价因子不能解释的风险。契约条款是债券的个体特征，描述了对投资者的保护程度，反映了债券可能面临的风险，因此，契约条款在一定程度上能够解释横截面上债券风险的差异。最后，定价因子是否具有时变性。由于市场因素和宏观因素随时都在发生变化，促使定价因子也必须不断变化，以捕捉系统性因素变化所引致的风险。契约条款自拟定完毕之后，除非股东和债权人因为重大突发事件进行再谈判，从而修改债券契约，或者发行主体触发条款规定导致违约，期权类条款以外的契约条款直至债券到期也不会变化，所以，契约条款在总体上的时变性较小，几乎接近于零。综合以上三个方面的考虑，契约条款成为债券潜在定价因子的可能性不大，但契约条款对债券横截面上的收益和风险都有在一定程度的解释力。所以，契约条款影响市场波动率的概率不高，即使能影响，影响程度也不会很大。

对于特质波动率，显而易见，契约条款能够在很大程度上影响债券价格的特质波动率。从契约条款的属性出发，契约条款是债券的基本内容，构成了债券的个体特征。不同的债券含有不同的契约条款，因此不同的债券具有不同的个体特征。个体特征的变动是债券特质风险的主要来源，那么契约条款被引入债券中的数量和类别，改变了债券的个体特征，从而影响了债券的特质风险，导致了特质波动率的变化。总之，契约条款由于能够保护债券投资者权益，降低投资者承担的风险，在其他条件不变的情况下，促使债券真正面临的风险在截面上出现差异，从而导致债券价格变化幅度因个体不同而不同，含有契约条款较多的债券由于安全级别更高，对应的价格波动相对更小。最终，契约条款对债券价格的特质波动率产生了一定影响。

尽管契约条款影响市场波动率的能力很小，但契约条款对债券价格总体波动率的影响却十分明显。一方面，契约条款通过影响债券价格的特质波动率而影响总体波动率；另一方面，契约条款可以作为总体价格波动的对冲。市场层面的因素或宏观经济因素导致债券价格不断波动，但这些因素对债券截面中的每一只债券都存在影响，而且这种影响方向通常具有一致性。由于契约条款已经对各种风险因素给予了考虑和安排，将公司债券划分为不同的风险级别，那么含有较多契约条款的公司债券对于宏观因素的冲击有更好的保护，从而对冲掉市场系统风险，使得这些债券价格的波动较小；相反，不含有契约条款或含有较少条款的债券，其对市场因素或宏观因素的变动没有考虑，价格变化则较大。例如，宏观经济过热导致利率大幅上涨，那么含有较多契约条款的债券由于对债券违约的安排较为详细，尤其含有"利率可调整"条款的债券，可以直接通过上调息票率保护投资者利益，故使得这一类公司债券仍然比较安全，债券价格下跌程度较低，价格会相对保持稳定。含有较少契约条款的公司债券，债券价格下跌之后，由于债券安全级别较低，且利率风险增加，债券的需求不足，债券价格因此会继续下跌，使得债券价格出现更大幅度的下跌。综合以上分析，契约条款对债券价格的总体波动率也会存在较大程度的影响。

为了直观地阐明债券契约条款影响债券价格波动率的机制和途径，给出了两者之间的影响关系图（图 6.1）。通过图 6.1，债券契约条款主要通过两条途径影响债券价格的波动率：一是债券契约条款能够影响债券的特质波动率，且与特质波动率负相关，进而对债券价格波动率产生影响；二是债券契约条款能够影响债券的总体波动率，而且债券契约条款既可以直接影响总体波动率，也可以通过影响特质波动率来间接影响总体波动率，最终都归入债券价格的波动之中。

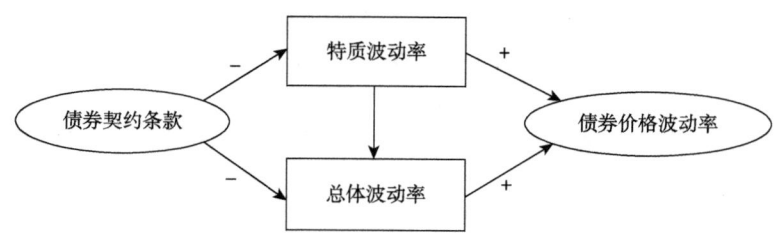

图 6.1　债券契约条款对债券价格波动率的影响

6.2　变量与数据

契约条款属于债券的主要内容，在债券上市发行之前就存在于债券之中，并且在债券的整个生命周期中鲜有变化。债券价格的波动率水平是债券市场重要的交易特征。毋庸置疑，不论市场制度和交易规则如何设定，交易标的物的交易特征不可能完全脱离交易标的物的本质特征，因此，债券价格的波动率会受到债券本质属性尤其是契约条款的影响。那么，一方面，债券价格的波动率会受到债券本质特征的影响；另一方面，债券价格的波动率形成于债券的市场交易，势必也会受到债券及其相关因素的市场交易信息的影响，故而债券价格波动率存在截面差异的根源可以归结为债券个体特征的差异及市场交易信息的变化。

根据上述分析，本章从契约条款的角度解释债券价格波动的横截面差异，除了作为研究对象的契约条款与债券价格的波动率之外，所选取的变量则主要来源于两个部分：债券的个体特征和债券及其相关因素的市场交易信息。

关于债券的个体特征，债券的年龄与债券的到期期限对波动率可能具有较大的影响。Bao 等（2011）的研究发现，债券的年龄越小（即新债券）越容易受到投资者的关注，从而价格波动率会越大，而债券到期期限越长，信用风险就可能越大，债券价格的波动率也会越大。此外，债券的发债规模也被考虑进来，因为较大的发债规模通常体现为较大的债券市场供给，那么同样的交易量对价格冲击的影响会减弱，使得债券收益的波动降低。很显然，上述三个债券的个体特征直接依附于债券契约，债券一旦发行上市，这三个变量并不会随着时间的变化而变化。考虑到债券价格波动率本身具有较强的时变性，因此对于债券的个体特征，并结合以往的研究文献及经济理论，本章还选取了债券评级、债券久期和凸性三个具有一定时变性的变量。其中，债券评级反映了债券的整体质量，是债券投资者在市场中最为重要的投资参考信息，直接引导着债券投资者的买卖和交易，从而影响着债券交易价格的波动。债券久期和凸性的直接含义是债券市场价格对利率变化的敏感度的一阶矩和二阶矩，但经济含义不但反映了投资者收回投资金额的平均期限，而且代表着债券的市场价格对利率变动的灵敏程度。债券久期在很大程度上与债券的年龄负相关，债券久期越小，越容易受到投资者的关注，由债券投资者的频繁交易促使债券价格波动率提高。与债券久期不一样，债券凸性是二阶矩，对债券市场价格只存在正向影响，因此凸性较大的债券等同于得到较大的保护，从而凸性越大则债券的风险越小，最终体现为债券的波动越小。综合以上分析发现，在债券的诸多个体特征之中，本章一共选取了六个可能对债券价格波动率具有较大影响的变量。

对于债券及其相关因素的市场交易信息，本章主要着眼于两个来源：一是债券的交易信息；二是与债券拥有同一发行主体的股票交易信息。选用债券的交易信息容易理解，之所以分析债券价格波动率还选用股票的交易信息，主要有以下两方面的考虑：首先，股票与债券同属于金融投资产品，投资者和资金无时无刻不在两个市场之间相互流动，两个市场中的交易信息也相互交织，相互影响。债券通常作为股票的安全替代产品，在股票市场出现大幅下跌时，大量资金会流入债券市场，改变债券的供需平衡，从而导致债券价格的波动。其次，股票权益与公司价值剩余索取权相关，其收益和亏损均无边界，使股票价格及其相关交易特征较债券价格对发行主体的内部信息以及宏观经济的变动更为敏感，尤其是对于发展存在严重不平衡的中国资本市场。就目前中国资本市场的格局，发展阶段和活跃程度都远胜债券市场的中国股票市场对来自公司层面、市场层面及宏观经济层面的信息的反应都更为快捷，也更为准确。尽管同时选取了债券市场与股票市场两个市场的交易信息，但在理论和经验上对债券价格波动率具有实质影响的因素却并不多。根据以往的研究文献和金融理论，选取的债券交易信息特征变量包括交易量、债券的 β 和债券的非流动性水平，选取的股票交易信息特征变量是股票市值、股票的 β（Bao et al., 2011）。关于债券的 β，根据市场估计模型（6.2）[①]：

$$r_{it} = \alpha_{it} + \beta_{it} R_t \tag{6.2}$$

其中，r_{it} 是第 i 只债券在 t 时刻的对数价格收益率；R_t 是中证公司债券指数在 t 时刻的对数价格收益率；α_{it} 是常数项；待估计参数 β_{it} 是第 i 只债券相对于整个公司债券市场组合的波动情况或风险程度。显然，债券的 β 值通过债券风险这一中间变量可能对债券价格的波动率产生影响。对于债券非流动性水平的测量，本章借鉴 Bao 等（2011）的方法，根据式（6.3）计算债券的非流动性水平：

$$\text{illiquidity} = -\text{cov}(\Delta p_t, \Delta p_{t-1}) \tag{6.3}$$

其中，$\Delta p_t = p_t - p_{t-1}$ 表示债券价格从 $t-1$ 期到 t 期的变化。债券的非流动性即给定期限内债券价格变化序列的协方差。通常高流动性债券的交易成本较低，买卖相对容易，从而风险较低，债券价格的波动较小。

事实上，上市公司的财务质量、经营状况是债券在二级市场上基本价值的支撑，上市公司经营战略的改变会影响债券的风险等级，从而最终导致债券价格的变动。但是，由于上市公司的财务指标往往反映的是发债主体的历史业绩，而债券的收益与风险均产生于对未来现金流的预期，故财务指标所反映的信息与债券价格波动并没有直接关联。唯有上市公司的成长能力刻画了公司未来的发展态势，与债券价格所反映的信息在时间上具有一致性。基于这一原因，代理发债主体成长能力的公司市账比也被引入模型之中，以作为控制变量。

由于本章所涉及的变量在时变性上存在较大差异，既含有不随时间变化的变量，也含有时刻都在变化的变量，故为了合理并准确地测量债券各相关特征的变化，对于具有时变的变量，在每一年对变量值进行更新。考虑到中国债券市场交易的活跃程度，式（6.2）与式（6.3）中的债券收益、中证公司债券指数收益及

[①] 金融理论并没有对债券给出确切的市场模型，但根据股票市场模型及资本资产定价模型（capital asset pricing model, CAPM）的经济含义，很容易推衍出债券的市场模型，即单个债券相对于市场组合的波动程度。

债券的交易价格均取自周数据，进而分别根据式（6.2）和式（6.3）在每一年估计或计算债券的 β 与债券的非流动性水平。另外，债券评级在不同的年份选用对应值，债券的交易量选用年交易量，股票的 β 为每一年内根据周收益数据估计得到，债券久期、债券凸性、发债主体的股票市值及公司市账比均在每一年的年末重新进行计算。

实证分析利用中国债券市场的公司债券，其中公司债券样本为 2007 年 9 月开始发行公司债券以来，截至 2015 年 5 月底中国债券市场公开发行的所有一般公司债券，剔除存在数据缺失的债券，一共包含 547 只公司债券。债券的价格、中证公司债券指数取自 2007 年 9 月 1 日至 2015 年 6 月 30 日的周数据，其他变量均按照年度取值。因为 2007 年仅有两只债券发行，且时间期限只有一个季度，即四分之一年，数据量过少，故不单独考虑 2007 年的数据信息，将 2007 年的数据合并到 2008 年的数据信息之中；所以，最终得到一组由 547 只公司债券构成的截面，且在 2008~2015 年一共 8 个年度时间序列的非平衡面板数据。所有数据信息来源于 Wind 数据库。为了对本章涉及的主要解释变量进行简单介绍和总结，表 6.1 给出了解释变量的描述。

表 6.1 解释变量的描述

变量名	含义	说明
covenant_index	债券契约条款指数	本章编制的契约条款保护指数
maturity	剩余期限	距离债券到期的时间/年
age	债券年龄	距离债券上市的时间/年
size	债券发行规模	债券的总发行数量/亿元
rating	债券评级	转换为有序变量
duration	修正久期	收益对利率变动的一阶敏感度
convexity	凸性	收益对利率变动的二阶敏感度
logvolume	债券交易量	年交易量取自然对数
β	债券的 β	对市场组合回归估计得到
illiquidity	非流动性	与流动性呈反向关系
mb	发债主体的成长能力	公司股票市值与账面值之比
cap	发债主体的规模	发债公司股票市值取对数
stock_β	股票的 β	一年内按周数据估计得到
indi	发债主体所属行业	所属行业为 1，否则为 0

对于表 6.1 中的变量，还有以下几点需要指出。在债券评级与有序变量的转

换过程中,以目前公司债券中最低的 AA 级为基准,从整数 1 开始,评级每上调 1 级,数字增加 1;如果评级中含有 "+" 或 "−",则将对应的数字上调 0.25 或下调 0.25。对债券的交易量之所以取对数,是因为当按照年度计量时,债券交易量的数量级过大,容易产生异方差,从而导致模型参数估计不再有效。另外,关于行业虚拟变量的生成,发债公司所属行业根据证监会的分类标准划分,一共分为 19 个行业大类,但是所有发行公司债券的公司涉及的行业只有 14 个,而且有 5 个行业中仅仅只有一到两家公司发行了公司债券,为了避免模型估计中的多重共线性,将这 5 个行业大类视为基准类,最终生成 9 个代表行业大类的虚拟变量。

6.3 研究设计

6.3.1 总体波动率的计算

不同的契约条款对投资者的权益存在不同程度的保护,那么,债券在契约条款上的差异最终导致了债券在二级市场中的风险差异。具体而言,债券中含有的契约条款越多,对投资者的保护程度越高,债券的质量则越高,最终债券投资者所面临的风险就越低。不同的契约条款以及契约条款的不同组合对债券所面临的风险具有不同的覆盖程度,从而将公司债券分成不同的风险等级,而不同的风险等级最终体现为债券交易价格及其变化的差异。因此,债券契约条款对债券价格的总体波动率在横截面上的差异具有一定的解释能力。另外,契约条款属于债券的本质特征,即使对于决定契约条款设计的众多因素,也基本是发债公司的个体特征。这些公司或债券的个体特征与市场特征不同,前者的变化体现的是债券的特质风险,而后者的变化体现的则是债券的系统风险。更进一步,特质风险往往在市场中反映为特质波动率,系统风险在市场中通常反映为市场波动率,特质波动率与市场波动率的叠加便成为总体波动率。综合以上分析,契约条款不但对债券价格的总体波动产生影响,而且具体是对债券价格波动中的特质波动率产生影响。

为了在模型分析中得到有效且合理的估计量,以明确契约条款与债券价格波动的本质关系,准确度量债券价格的波动率是进行深入分析的关键。根据以往的研究惯例,债券收益的总体波动率由收益的标准差刻画,具体由式(6.4)计算:

$$\text{volatiltiy}_{it} = \sqrt{\frac{1}{n}\sum_{j=1}^{n}\left(r_{ij} - \overline{r}_{it}\right)^2} \qquad (6.4)$$

其中，r_{ij} 是第 i 只公司债券在 j 时刻的对数价格收益；$\bar{r}_{it}$ 是第 i 只公司债券在 t 时间段的平均收益。同样是因为中国债券市场的交易频率太低，一些公司债券经常出现连续几天不交易的情况，所以债券的收盘价及对数收益均采用周数据。鉴于此，计算债券波动率的时间区间也相应扩展至年，即以年度为时间间隔，利用一年内 52 周的数据计算债券价格的波动率。

6.3.2 特质波动率的计算

除了债券价格的总体波动率之外，债券价格的特质波动率是本章另一个主要的考察对象。通过上文的分析，债券价格的特质波动率由债券价格的特质风险所导致。根据马科维茨资产定价理论，系统风险由市场因素引致，任何金融资产都无法避免，也无法转移和分散，从而需要被定价，以风险溢酬的形式对系统风险进行弥补。但是，由金融资产及其发行主体个体特征所导致的特质风险可以通过资产构建组合进行分散，不需要对其导致的价格波动给予补偿；因此，特质风险通常是经过定价模型对系统风险给出补偿之后剩余的风险，即定价模型中残差所反映的风险。众所周知，尽管对于股票定价理论出现了 CAPM、套利定价理论（Arbitrage pricing theory，APT）及 Fama-French 三因子模型，但没有任何一个定价模型在理论和经验上得到了一致肯定。股票的定价理论尚且如此，关注程度远不及股票的债券在定价理论上的发展更加缓慢，除了少有的一些结构模型[①]（Merton，1974）以外，几乎不存在能够直接应用于债券二级市场中价格分析的定价模型。

对于债券市场价格的定价，仅 Fama 和 French（1993）在研究股票定价时附加说明了市场中的信用价差和期限价差是债券收益的两个定价因子，并不存在一个被普遍接受的债券定价模型。更重要的是，任何定价模型都是基于一系列假设构建而成的，或是只在一定范围内适用。定价模型是否对所有的系统风险都给予了补偿，而剩余的残差完全代表着没有被定价的特质风险也值得怀疑。事实上，大量经验分析表明，在理论上被广泛接受的定价模型对资产横截面收益的解释力度非常小，即使 Fama 和 French（1993）也承认信用价差和期限价差两个定价因子对投机级债券横截面收益的解释不足，回归之后的判决系数不及 50%。所以，要准确有效地度量债券价格的特质风险，必须保证债券定价模型的正确；否则，定价模型的残差中不仅包含了特质风险因素，还包含了没有被解释但却属于市场系统风险的因素。那么在这种情况下，结合金融理论和资产定价原理，本章利用三种

---

① Merton（1974）将公司债务视为股东购买股票期权的执行价格，应用 Black-Scholes 期权定价公式推导出债务的解析解，但 Merton 将所有债务简化为一份零息票的债券契约，与现实情况相差较大。

方法从债券收益中剥离出债券的特质波动率。三种方法对债券横截面收益有不同的解释力度，既能够相互对比，也能够相互验证，从而得到债券特质风险或特质波动率最有效的估计。三种方法最终形成三个定价模型，分别是市场模型、以信用价差和期限价差为基础的两因子模型与主成分模型（Herskovic et al.，2016），三个定价模型的形式如下：

市场模型：

$$r_{it} = \alpha_{it} + \beta_{it} \cdot R_{mt} + \varepsilon_{it} \tag{6.5}$$

两因子模型：

$$r_{it} = \alpha_{it} + \theta_{it} \cdot DEF + \gamma_{it} \cdot TERM + \varepsilon_{it} \tag{6.6}$$

主成分模型：

$$r_{it} = \alpha_{it} + \sum_{j=1}^{5} \delta_{ij} \cdot PC_j + \varepsilon_{it} \tag{6.7}$$

其中，r_{it} 是 t 时刻债券价格的对数收益率；α_{it}、β_{it}、θ_{it}、γ_{it} 和 δ_{ij} 是模型中的待估计参数；ε_{it} 是定价模型的残差项，主要反映了债券的特质风险，但在三个定价模型中 ε_{it} 对应的具体成分不同。

式（6.5）的市场模型是通过股票的市场模型或 CAPM 类比得到的，R_{mt} 是公司债券的市场组合收益，具体为中证公司债券指数收益。式（6.6）的两因子模型是基于 Fama 和 French（1993）的研究而建立的，DEF 与 TERM 分别是公司债券中的信用价差和期限价差。信用价差 DEF 刻画了经济状态发生变化进而导致发债公司违约概率的变化，本章利用中证信用债指数净价与中证国债指数净价之差代理中国债券市场中的信用价差。由于两种指数的基准日不同，中证信用债指数的基准日是 2007 年 12 月 31 日，中证国债指数的基准日是 2002 年 12 月 31 日，所以在测算信用价差 DEF 时，已经将中证国债指数序列按照 2007 年 12 月 31 日为基准日进行转换，以保证信用价差 DEF 度量的准确性。期限价差 TERM 则主要体现了未预期的利率变化所导致的债券收益的变化，本章通过中债 10 年期国债与中债 1 个月期国债的到期收益之差来代理。除了以经济理论为基础建立债券定价模型以外，本章还借鉴 Herskovic 等（2016）的思路，直接从统计角度对债券的横截面收益进行解释，即式（6.7）。因为市场的所有信息分布于市场中的所有债券之中，所以可以将每一只公司债券看成一个信息截面。那么，各个债券截面之间既存在重复的信息，也存在独立的信息，进而通过主成分分析在债券收益的横截面中提取出主成分，最后，每一只公司债券的收益都能够被极少的几个主成分所解释。有多少只公司债券，就存在多少个信息截面，从而可以提取多少个主成分。但是随着主成分数量的增加，后面的主成分对债券收益的边际解释贡献就越来越小；而且主成分数量越多会导致式（6.7）回归估计的自由度损失越大。基于以上两点考虑，主成分的数量最终被确定为 5 个，即利用前五个主成分作为解释债券横截面收益的 5 个定价因子。其实,虽然主成分模型完全建立在统计分析之上,但其本质却与金融资产定价原理存在较强的一致性。APT 指出任何风险资产的收益都可以由多个未知的因素来解释,而且在无套利的情况下,资产的均衡收益与多个未知因素之间存在近似线性的关系。显然,债券收益的 5 个主成分相互正交,信息相互独立,不但符合作为定价因子的基本要求,而且满足 APT 的所有假设。所以,主成分模型可以视为 APT 的具体形式。

同测算债券价格的总体波动率一样,在每一年利用债券价格的周数据对上述三个定价模型进行估计,从而分别得到每一只公司债券在三个定价模型下的残差,那么代表特质风险的特质波动率可以由式(6.8)计算:

$$\mathrm{IV}_{it} = \sqrt{\frac{1}{s}\sum_{1}^{s}\left(\varepsilon_{it} - \overline{\varepsilon_{it}}\right)^2} \qquad (6.8)$$

其中,IV_{it} 是第 i 只公司债券在 t 年的特质波动率(idiosyncratic volatility);s 是第 i 只公司债券在 t 年内的交易周数;ε_{it} 是式(6.5)~式(6.7)中的残差序列;$\overline{\varepsilon_{it}}$ 是对应残差序列在 t 年的均值。显然,特质波动率即债券定价模型的残差序列在年度内的标准差。由于存在市场模型、两因子模型及主成分模型,每一个债券定价模型可以获得一组残差序列,因此对于任何一只公司债券,在同一年度,可以计算出代理特质波动率的三个不同的残差标准差。

利用中国公司债券的交易数据,经过三个债券定价模型估计之后,结果表明,市场模型的回归 R^2,即判决系数的平均值为 0.109 5,两因子模型回归 R^2 的平均值为 0.117 9,由主成分方法得到的模型,其回归 R^2 的平均值为 0.364 1。很显然,三个定价模型对债券收益的拟合程度都不高;其中,市场组合因子与信用价差因子(DEF)、期限价差因子(TERM)对债券横截面收益的解释力度相当,平均都在 10%。相比市场模型和两因子模型,主成分模型在定价效率上得到大幅提升,5 个主成分即 5 个因子平均可以解释 36%以上的公司债券横截面收益。市场模型与两因子模型之所以定价效率较低,其主要原因可能是中国债券市场的各种交易制度和规则不完善,交易不活跃,从而导致债券的交易并没有有效体现出市场因素的变化或宏观经济的调整。总而言之,主成分模型最有效,从而通过其残差序列计算的标准差对特质波动率的度量最合理。

无论哪一个债券定价模型能更好地解释债券横截面收益,为了初步了解债券的特质波动率,并结合上文中的总体波动率,下面分别对债券的总体波动率和市场模型、两因子模型及主成分模型下的特质波动率进行描述性统计(表6.2)。

表 6.2　债券价格波动率的描述性统计

波动率类型	均值	中位数	标准差	最大值	最小值
总体波动率	0.006 6	0.005 1	0.005 7	0.081 9	0
市场模型	0.006 1	0.004 7	0.005 5	0.081 8	0
两因子模型	0.006 3	0.004 8	0.005 5	0.075 2	0
主成分模型	0.004 9	0.003 9	0.004 7	0.080 4	0

注：第一列中市场模型、两因子模型与主成分模型是指通过对应的债券定价模型估计出来的特质波动率

从债券价格总体波动率与特质波动率的描述统计结果可以发现，总体波动率的水平最高，其均值为 0.006 6。这一结果与经济直觉一致，因为总体波动率既包含了市场风险因素引起的波动率，也包含了债券的特质波动率；虽然总体波动率不是市场风险因素导致的市场波动率与特质波动率的简单线性加和，但总体波动率一定大于其中的任何一种波动率。对于通过三个定价模型估计出的三个特质波动率，市场模型得出的特质波动率略小于两因子模型得出的波动率，但主成分模型得出的特质波动率远远小于其他两个定价模型得出的波动率，其平均的特质波动率为 0.004 9，几乎比其他两个波动率的水平低近 30%。主成分模型下的特质波动率与其他两个特质波动率之间的显著差异完全归结于主成分模型与其他两个债券定价模型之间的差异。定价因子对债券横截面收益的解释越多，即对市场系统性风险的补偿越全面，那么剥离出的残差就越可能代表由债券或发债主体个体因素所导致的特质风险；否则，残差序列除了包含特质风险之外，还会包含部分没有被解释的市场系统风险。因此，对债券横截面收益解释最大的主成分分析模型提取的五个因子在对市场系统风险给出定价之后，所剥离出的由债券或发债主体个体因素所导致的特质风险最纯净。

尽管三个不同的债券定价模型给出了三个不同的特质波动率，但可以肯定的是，三个不同的特质波动率中都包含了特质风险因素所引起的波动成分。此外，从三个定价模型对债券收益的解释程度看，所剥离出的残差序列不仅包含了特质风险，还包含了部分未被定价因子解释的市场系统风险。因此，债券的总体波动率和三个不同的特质波动率两两之间必然存在一定的相关性。值得注意的是，债券价格四个波动率之间的相关性大小还可以检验本章对特质波动率度量的合理性和准确性。鉴于此，表 6.3 给出三个特质波动率以及上文计算出的总体波动率的相关系数矩阵。

表 6.3　债券价格各类波动率的相关系数矩阵

波动率类型	总体波动率	市场模型	两因子模型	主成分模型
总体波动率	1			
市场模型	0.976 8	1		
两因子模型	0.978 7	0.976 1	1	
主成分模型	0.888 8	0.915 4	0.926 2	1

注：第一列中市场模型、两因子模型与主成分模型是指通过对应的债券定价模型估计出来的特质波动率

通过表 6.3 的相关系数矩阵，很明显，债券价格四个波动率的相关性都非常高，尤其是市场模型和两因子模型下的特质波动率与总体波动率的相关性，均达到 97%以上，而相比之下，主成分模型下的特质波动率与债券价格总体波动率的相关性降至 90%以下。这表明主成分模型下的特质波动率更为合理，因为形成债券总体波动率的总体风险由市场系统风险和债券的特质风险构成，而且市场系统风险与特质风险相互正交；如果在债券定价模型完全正确的条件下，残差项则完全反映了债券的特质风险，所以，代理特质风险的特质波动率与总体波动率越相关，表明所剥离出的残差除了包含特质风险因素外，包含的市场系统风险因素越多。那么，三个特质波动率与总体波动率的相关系数可以表明，应用主成分模型得到的模型残差所包含的市场系统风险因素最少，从而根据其计算的特质波动率最能反映债券的特质风险。尽管三个债券定价模型的残差中均包含了部分未被解释的市场系统风险因素，但债券价格三个特质波动率两两之间的相关系数都在90%以上，这意味着以定价模型的残差序列捕捉债券的特质风险相对合理，并且计算出的特质波动率也相对有效。

6.4 实 证 结 果

债券契约条款通过保护投资者的权益，缓解公司股东与债权人之间的代理冲突，同时也降低了债权人所面临的投资风险。不同内容和不同数量的契约条款对投资者具有不同程度的保护，从而契约条款通过改变公司债券的风险级别而最终影响债券的市场价格，也导致了债券价格波动水平的变化。理论上，包含的契约条款越多，对债权人在未来面临的潜在风险的覆盖就越充分，债券在投资者眼中就越安全，那么债券的市场价格就越不可能因为市场风险因素或发债主体个体风险因素的微小变动而大幅波动，即债券价格的波动越小。因此，包含契约条款较多的公司债券其价格的波动率较小；相反，包含契约条款较少的公司债券其价格的波动率则较大。

为了初步探明债券契约条款与债券价格波动率之间的关系，下面在不同数量的契约条款之下，对债券的总体波动率以及三个特质波动率进行比较分析。首先，根据契约条款的数量将所有公司债券分为四个组合。由于在本章公司债券样本中，契约条款在公司债券中的分布主要集中在 3~4 条，为了保证所构造的四个债券组合在数量上相当，所以四个债券组合分别如下：包含两个条款及以下的债券组合、包含三个条款的债券组合、包含四个条款的债券组合、包含五至九个条款的债券组合。随后，针对每一个债券组合，计算总体波动率与特质波动率的在该组合下的平均值。表 6.4 给出了四个债券组合下波动率的均值统计，同时还加入了整个公司债券样本下的波动率均值。

表 6.4 不同数量条款下的波动率

波动率类型	0~2	3	4	5~9	总体
总体波动率	0.005 6	0.007 1	0.006 4	0.006 7	0.006 6
市场模型	0.005 2	0.006 4	0.006 0	0.006 2	0.006 1
两因子模型	0.005 4	0.006 7	0.006 1	0.006 3	0.006 3
主成分模型	0.004 3	0.005 1	0.005 0	0.005 0	0.004 9

注：第一行中的数字分别表示含有对应数量契约条款的债券组合

通过对不同数量条款下的债券波动率统计可以发现，对于四个不同的债券组合，不论是债券价格的总体波动率，还是三个特质波动率，在包含两个条款及以下的债券组合中，其平均值最小。这意味着包含两个条款及以下的债券比包含更多契约条款的债券会产生更小的价格波动。在其他三个债券组合中，随着契约条款数量的增加，总体波动率与特质波动率都有逐渐降低的趋势。尽管债券价格波动率的变化趋势并不明显，包含三个条款及以上的债券对应的波动率变化却基本表明，契约条款数量的增加会导致债券价格波动率的降低，符合理论预期。之所以含有两个条款及以下的债券出现了最低的波动率，产生了与理论预期相悖的结果，可能的原因如下：在中国公司债券市场的各种制度法规不完善以及公司债券发行审批条件非常严苛的情况下，能够发行公司债券的公司都是中国在营利能力、成长能力、偿债能力等各方面比较好的企业，而这些公司里面最好的一部分公司考虑到公司债券市场供不应求的局面，并且所发行的债券拥有最好的基本面支撑，可能因此不会订立任何条款或引入较少的条款来束缚自身的经营决策。与保护性的契约条款相比，发债公司的经营实力与业绩表现是债券市场价格的决定因素，故而在事后这一部分包含最少契约条款的公司债券由于存在稳定且良好的业绩作为基本价值的支撑，其市场价格会表现得最平稳。

契约条款的内容和数量对于一只公司债券通常是恒定值，而市场中债券价格波动率却时刻都在变化。那么，契约条款对债券价格波动率的影响则是一阶的，并不会出现二阶影响，即契约条款对债券价格波动率在横截面上造成的差异不会随着时间的变化而变化。如果控制其他因素不变，含有较少契约条款的债券对应的价格波动率在任何时刻都会比含有较多契约条款的债券对应的价格波动率大。在这一理论假设之下，下面对债券价格的总体波动率和特质波动率于 2008~2015 年在不同数量契约条款下的变化趋势进行分析（图 6.2）。

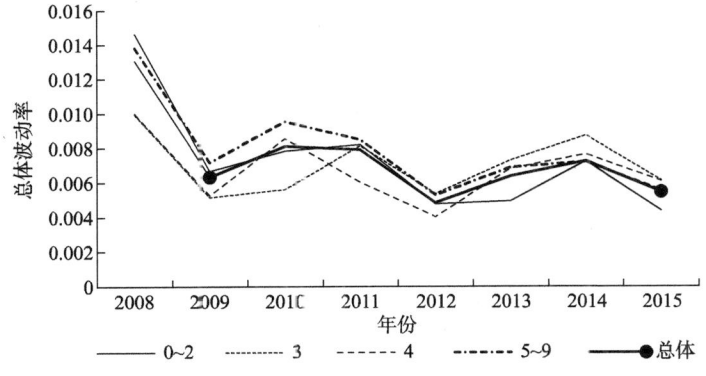

（a）2008~2015年在不同数量契约条款下总体波动率的变化趋势

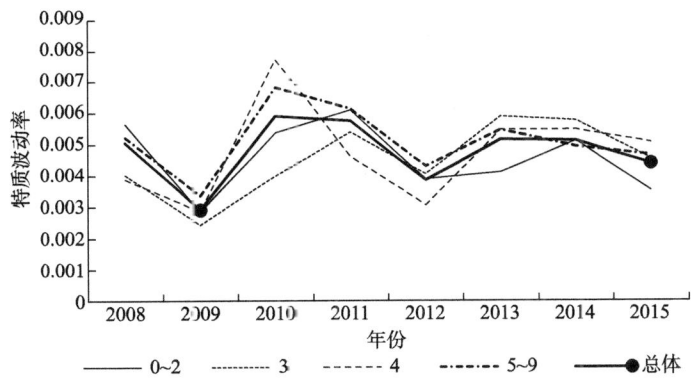

（b）2008~2015年在不同数量契约条款下特质波动率的变化趋势

图6.2　2008~2015年在不同数量契约条款下债券价格波动率的变化

图6.2描述了不同数量契约条款下债券价格波动率的变化，在上文已经划分成四个债券组合的基础之上，对于每一个债券组合，计算出每年的年度平均波动率。图6.2（a）表示在含有不同数量的契约条款下，债券价格的总体波动率在2008~2015年的变化趋势，图6.2（b）则表示在含有不同数量的契约条款下，债券价格的特质波动率在2008~2015年的变化趋势。由于6.3节已经表明采用主成分方法得到的残差标准差所度量的特质波动率最准确，并且通过三个定价模型得出的特质波动率相关性都在90%以上，故图6.2（b）中债券价格的特质波动率选用主成分方法下的残差标准差作为代理变量。

很明显，契约条款对债券价格总体波动率和特质波动率的影响大致都可以分为两个相同的阶段。第一个阶段为2012年之前，契约条款与债券价格的两种波动率并没有呈现出多大的相关性，契约条款的多少对债券价格的两种波动率在截面上的影响没有展现出一致的规律。例如，对于总体波动率，在2009年之前，波动率最低的是含有三个和含有四个条款的债券；在2010年，含有三个条款的债券对应的总体波动率却最低；而到了2011年，具有最低波动率的却是含有四个条款的债券。债券价格的特质波动率对契约条款数量的变化同样也出现了这种不规律的变动。第二个阶段是2012年之后，基于契约条款数量上的变动，债券价格的总体波动率与特质波动率逐渐呈现出如理论预期一样的截面差异。具体而言，除了包含两个条款以下的债券之外，包含三个条款的债券所对应的总体波动率与特质波动率一直保持最大，其次是包含四个条款的债券所对应的波动率，而至少包含五个条款的债券所对应的总体波动率与特质波动率却始终最低。尽管债券价格的总体波动率与特质波动率在时间上会不断变化，但是由契约条款的差异所导致横截面上的债券价格波动率的差异却在2012年之后始终保持一致，契约条款越少的债券所对应的价格波动越大，相反契约条款越多的债券所对应的价格波动越小。

  图6.2中契约条款与债券价格波动率在2012年前后表现出两种不同关系的现象并不难理解。中国公司债券在2007年底才允许发行，市场制度和投资者认识均不成熟，市场对契约条款保护投资者的重要性不清楚，而且初期试点阶段机构投资者多为公司债券的主要交易者，因其具有搜集和分析信息的巨大优势而不会过多关注契约条款的真正价值，甚至部分债券交易的形成也是机构与机构之间提前商定的。所以，在2012年之前，契约条款的价值并没有充分体现，契约条款对债券的市场交易价格也没有产生实质的影响。随着中国债券市场的发展，公司债券发行数量的增加，债权人的投资意识不断增强，市场交易制度和规则也逐一完善，契约条款的作用开始被市场认识，契约条款对投资者权益的保护也逐渐反映到债券的交易价格之中，并且将这种影响传递到债券价格的波动之中。如果排除2012年之前市场发展阶段制约导致契约条款与波动率之间关系错乱的情形，图6.2明显可以表明契约条款在一定程度上能够降低债券价格的波动率。

  尽管已经初步探明契约条款与债券价格的波动率呈反向关系，但这种反向关系有多大仍然不明确。下面通过构建契约条款与波动率之间的回归模型，并引入一系列变量以控制其他因素对债券价格波动率的影响，进一步分析契约条款对债券价格波动率的影响效应。值得注意的是，存在三个残差标准差代理债券价格的特质波动率。6.3节的分析结果可以表明，主成分模型下计算得到的债券特质波动率最为准确合理，故而在接下来的经验分析中，选用主成分模型下计算得到的残差标准差代理公司债券价格的特质波动率。因为考虑到作为核心解释变量的契约条款，其代理变量契约条款指数具有时不变性，固定效应回归则会将所有没有时变性的个体效应予以剔除，所以采用面板模型回归并不合适。针对非平衡面板数据结构，本章拟采用Fama-Macbeth估计方法对模型进行估计，并且在时间序列上将参数估计值的标准误进行Newey-West调整，避免序列自相关的影响，从而得到稳健有效的参数估计量，估计结果见表6.5。

表 6.5 Fama-Macbeth 方法估计结果

解释变量	volatility	IV
常数项	0.416 2* (1.96)	0.426 7 (1.16)
covenant_index	−0.085 6*** (−2.77)	−0.077 9** (−2.3)
maturity	0.328 6*** (5.19)	0.363 8*** (4.38)
age	0.040 0*** (3.22)	0.063 5*** (3.27)
size	0.000 5* (1.81)	0.001 1*** (3.17)
rating	0.014 5 (0.46)	0.066 4* (1.98)
duration	−0.236 2*** (−7.26)	−0.271 5*** (−4.65)
convexity	−0.013 1** (−2.44)	−0.015 5*** (−3.24)
logvolume	−0.016 3*** (−3.57)	−0.015 8*** (−4.03)
β	0.083 5*** (3.52)	0.040 7** (2.49)
illiquidity	0.459 5*** (4.39)	0.355 6*** (3.53)
mb	−0.003 7** (−2.54)	−0.002 0 (−1.35)
cap	0.009 8** (2.12)	−0.001 9 (−0.16)
stock_β	−0.008 0 (−0.81)	−0.010 1 (−1.06)
indu	控制	控制
观测值/个	1 772	1 772

*、**和***分别表示在 10%、5%和 1%的显著性水平下显著

注：括号中是经过 Newey-West 调整之后的稳健 t 统计量

在表 6.5 中，第二列是债券价格总体波动率对契约条款及控制变量的回归结果，第三列是债券价格特质波动率对契约条款及控制变量的回归结果。从回归结果可以发现，不论是总体波动率，还是特质波动率，在控制一系列影响债券价格波动率的其他因素之后，尤其是控制发行主体的行业之后，契约条款仍然对债券价格的两种波动率存在显著的影响。

具体而言，对于债券价格总体波动率的回归结果，契约条款指数的系数估计值为−0.085 6，且在 1%的水平下显著。契约条款增加一大类，契约条款指数则增加 0.2，这将会导致债券价格的总体波动率降低 0.017 1；相对于总体波动率 0.006 4 的平均水平，这一系数估计值意味着契约条款对债券价格的总体波动率会产生非常大的影响。此外，部分控制变量也对债券价格的总体波动率具有显著的

影响效应。作为债券个体特征的剩余期限与债券年龄均在 1%的水平下显著为正,表明债券的剩余期限越长,债券上市的年龄越老,债券价格的总体波动就越大。因为剩余期限越长,未来的不确定性就越大,债券面临的潜在风险便越大,从而债券价格波动越大;从债券上市的年龄来看,新发行的债券(on-the-run)往往比老的债券(off-the-run)更受投资者偏爱,价格更高且流动性更好(Goldreich et al., 2005; Pasquariello and Vega, 2009),大量资金会从老债券上转移到新债券上,因此年龄较老的债券在供需不平衡的情况下则会出现价格波动幅度的扩大。与债券上市年龄具有类似经济含义的是债券久期,债券久期代表收回投资金额的平均期限,与债券的年龄呈反向关系,久期越大则说明收回投资金额的期限越长,债券越新,其交易成本越低,流动性越好,风险越低,故而债券价格的波动较小。即使从债券久期的一般意义上来讲,久期反映了债券价格对利率变动的一阶敏感度,久期较大的债券对利率变动的敏感度较大,通常被视为风险对冲的上佳选择,因而市场需求旺盛,市场价格也能够保持稳定,所以,债券的久期越大,债券价格的总体波动率反而越小。债券凸性和久期一样,也反映了债券价格对利率的敏感程度,但是债券的凸性是债券价格对利率变动的二阶变化。二阶变化的好处是不论利率朝什么方向变动,债券价格却总是朝一个方向变动,而且债券凸性导致的价格变动对投资者有利,因此,债券的凸性越大,对投资者则越有利,债券风险越小,从而债券价格的波动越小。另外,债券交易量的系数估计值显著为负,表明交易量越大的债券,其价格的总体波动率越小。不难理解,交易量大说明流动性好,债券交易便捷容易,价格波动小。根据债券市场模型估计的 β 值,其系数为 0.083 5,意味着债券的 β 增加 1,债券价格的总体波动率会显著提高 0.083 5。β 值表示相对市场组合的波动程度,通常反映了债券的风险数量,毫无疑问,β 值越大,债券风险越大,价格波动就越大。对于非流动性水平,其系数为 0.459 5,这一系数值相对于债券价格总体波动率的水平非常大;很显然,非流动性越高(即流动性越低)会导致债券价格的总体波动率大幅的提升,反之亦反。流动性好的债券交易成本低,市场流通快,投资风险小,从而价格波动小,这一结果也完全符合经济直觉。作为债券发行主体个体特征的成长能力也具有一定的作用,其系数估计值显著为负,说明发行主体的成长能力越强,债券价格的总体波动越小。因为债券的价值本质上依靠发债主体的经营和业绩支撑,而成长能力强说明公司未来的发展和业绩都较好,债券的基本面好,债券的信用风险则会减小,所以债券价格的总体波动率小。

对于债券价格特质波动率的回归结果,契约条款指数的系数估计值显著为 −0.077 9,意味着契约条款的增加,即对投资者保护程度的增加,会导致债券价格的特质波动率显著降低。契约条款是债券的个体特征,且具有保护投资者、缓解股东与债权人代理冲突的作用,那么,契约条款的多少会导致债券的特质风险发生变化,从而影响债券价格的特质波动率。与总体波动率一样,债券的剩余期限和债券上市的年龄对债券价格的特质波动率也都具有显著的正影响,即债券剩余期限越长,上市年龄越大,债券价格的特质波动率便越大。债券发行量的系数估计值显著为正,说明发行量大的公司债券所对应的特质波动率也较大。发行量大意味着发行主体的债务多,从而未来违约的可能性相对较大,故而债券价格的特质波动率也会较大。除此之外,从特质波动率的回归结果来看,债券的久期和凸性、债券的交易量、债券的 β 值及债券的非流动性水平对特质波动率和对总体波动率有着大致相同的影响,而且经济含义也与上文的解释基本一致,也符合理论预期;两者之间的区别仅仅是参数估计值的微小差异和显著程度的不同。

不论债券价格总体波动率与特质波动率的回归结果有何不同,契约条款对债券两种波动率的影响却是一致的。契约条款通过保护投资者权益,限制股东掏空债权人利益,缓解股东与债权人的代理冲突,从而影响债券所面临的风险,导致债券价格波动的变化。如果引入债券的契约条款增多,对投资者保护的程度则增强,那么对债券风险的覆盖和补偿就更加充分,债券价格便更加平稳,其波动率则会降低。尽管契约条款对债券价格的两种波动率会产生相同方向的影响,但影响程度却大不相同。如果增加一条具有独立作用的契约条款,根据估计的系数值可以计算得到契约条款对总体波动率和特质波动率的影响效应分别是 -0.0171 与 -0.0156,但这两个影响效应的绝对值分别是总体波动率和特质波动率各自平均水平(0.0066 和 0.0049)的 2.6 倍和 3.2 倍。也就是说,契约条款增加一条,债券价格的总体波动率平均会降低 260%,特质波动率平均会降低 320%;显然,契约条款对债券价格特质波动率的影响大于其对总体波动率的影响。在其他变量中,债券的个体特征变量和债券的交易特征变量对两种波动率均有显著影响。

6.5 稳健性检验

为了检验上述估计结果的稳健性,下面将非平衡面板数据以 pool 型进行 OLS 估计。由于 pool 型的 OLS 估计没有考虑变量在时间上的变动,故进行稳健性估计时,除了沿用 Fama-Macbeth 估计所使用的变量之外,还加入了时间虚拟变量,以控制时间效应;并且在估计中通过控制单只债券在时间上的聚集效应,还给出了参数估计值的稳健 t 统计量。表 6.6 是按照 pool 型数据结构通过 OLS 估计得到的结果。

表 6.6　稳健性分析的估计结果

解释变量	volatility	IV
常数项	1.052 1*** （2.73）	0.189 7 （0.40）
covenant_index	−0.129 1*** （−4.03）	−0.095 1** （−2.54）
maturity	0.395 6*** （5.55）	0.482 7*** （9.66）
age	0.046 7*** （5.57）	0.055 6*** （7.98）
size	−0.000 2 （−0.22）	0.000 5 （1.13）
rating	0.017 8 （0.38）	0.066 9** （2.06）
duration	−0.217 2*** （−3.51）	−0.332 7*** （−9.72）
convexity	−0.020 1*** （−3.13）	−0.024 0*** （−6.65）
logvolume	−0.005 3 （−0.80）	−0.014 5*** （−3.29）
β	0.010 0 （0.91）	0.001 3 （0.3）
illiquidity	0.233 2*** （6.16）	0.155 9*** （5.21）
mb	−0.006 4*** （−4.08）	−0.003 7*** （−4.28）
cap	0.006 8 （0.56）	0.010 1 （0.75）
stock_β	−0.019 3 （−0.72）	−0.022 2 （−1.03）
year effect	控制	控制
indu	控制	控制
观测值/个	1 910	1 910

和*分别表示在 5%和 1%的显著性水平下显著

注：括号中是考虑时间聚集效应之后的稳健 t 统计量

从稳健性分析的结果来看，可以发现，变量估计结果几乎和实证分析的结果完全一致。契约条款对债券价格的总体波动率和特质波动率仍然存在显著的负影响，契约条款的增加会导致公司债券在二级市场中的价格波动显著降低。另外，债券的剩余期限、上市年龄、债券久期和凸性及债券的流动性如理论预期一样，都能够显著地影响债券的总体波动率和特质波动率。稳健性分析也出现了新的结果，债券评级对特质波动率具有显著的正向影响，即评级越高的债券其特质波动率反而越大。这可能是由于中国公司债券都为投资级以上证券，其评级均在 AA−之上，评级的差异性不突出，从而估计结果无法与理论相符。总之，稳健性分析和 6.4 小节中的实证结果得出了非常一致的结论，债券契约条款能够有效降低债券价格的总体波动率和特质波动率。同时，这也意味着本章对债券契约条款与债券价格波动率之间关系的经验分析结果具有较强的稳健性。

6.6 本章小结

本章基于契约条款保护投资者从而能够降低债券风险的逻辑，分析了契约条款对债券价格波动率的影响效应，并且将特质波动率从债券价格总体波动率中剥离出来，分别探讨了契约条款对债券价格总体波动率与特质波动率的影响。利用中国公司债券构成的样本，并通过Fama-Macbeth方法对模型参数进行估计，最终得出以下结论：契约条款由于可以保护投资者权益，缓解股东与债权人的代理冲突，从而改变债券所面临的风险，尤其是债券的特质风险，故能够显著影响债券价格的总体波动率和特质波动率；并且契约条款越多，债券价格的总体波动率与特质波动率越小。从实证结果中还发现，债券的剩余期限越长或者债券上市的年龄越大，债券价格的波动率就越大；但是债券久期和凸性越大，债券价格的波动率就越小。另外，债券的流动性对债券价格波动的影响非常大，公司债券流动性的增加可以促使债券价格的总体波动率和特质波动率显著且大幅下降。

本章还将非平衡面板数据视为pool型，重新采用OLS方法对模型进行估计，以检验实证结果的稳健性。稳健性分析的结果与实证结果完全一致，仍然得出契约条款与债券价格的两种波动率呈显著的负相关关系。最终表明本章结果的稳健和有效，即契约条款的引入能够显著降低债券价格的波动率。

第 7 章 债券契约条款与债券融资成本的实证分析

债券市场在降低企业成本,支持实体经济快速稳健发展方面发挥了积极的作用。在中国债券市场存量中,政府债券、金融债券和企业信用债券各占三分之一,结构较为合理。从企业信用债券这一类别来看,仍存在较大的改进空间。虽然发行主体在不断扩展,但是仍相对有限,以大中型企业为主,中小型企业债券融资虽有探索,但仍需破题。同时,中国债券市场信息严重不对称,投资者保护机制不完善,这在很大程度上降低了中国公司债券的融资效率。因此,降低公司债券融资成本、保护投资者利益、提高债券融资效率成为中国债券市场发展的必然要求。

7.1 引 言

债券融资不同于股权融资,债权人不享有公司的剩余索取权,因此发行人很可能为了自身利益最大化,做出损害债权人权益的投资经营决策(Jensen and Meckling, 1976; Smith and Warner, 1979)。在信息不对称的市场环境中,投资者的利益往往得不到有效保护,发行人与投资人之间存在着严重的代理冲突,在这种情况下,公司只有付出高昂的成本才能获得债券融资。因此,债券发行方往往在契约中引入一系列特殊契约条款,如"设置担保"、"可回售"以及"限制股东分红"等,给予投资者一定的承诺和保障,以此降低信息不对称导致的较高的代理成本,使债券顺利发行。

债券契约条款通常是基于发行主体及债券未来的不确定性,对发行方的投资行为及经营决策加以限制,缓解债券投资者的信息劣势,降低投资者的风险,实现对债券投资者未来权益的保护。显然，契约条款实质上降低了债券投资者所面临的投资风险。根据风险收益相匹配的原理，投资风险因契约条款发生变化，相应投资者要求的投资收益也会随之改变。在债券投资中，发行主体每期支付的利息费用是投资者的主要收益，由此可知，息票率的大小体现了投资者的收益水平，同时也代表了债券发行方融资成本的高低。因此，本章将基于债券票面利率展开对债券融资成本的相关研究。

7.2 理论分析

债券的票面利率作为债券的发行主体定期向投资者支付的费率，具有不可撤销性，直到债券到期时再将本金偿还给投资者，因此，票面利率通常被理解为债券发行的实际成本。票面利率越高，发行主体支付给投资者的利息就越多，从而债券发行的成本就越大；反之，债券发行的成本就越小。因此债券融资成本在本质上也属于契约条款，只不过是标准化条款，也就是在任何债券中都应该且必须存在的条款。正因与其他保护投资者的特殊条款一样，融资成本也是债券契约的内容，那么公司在发行债券拟定契约条款的过程中，必定同时考虑融资成本和其他契约条款。换句话讲，债券的发行主体在设计契约时，面对债券融资成本和特殊契约条款，理性发行主体势必会权衡各种特殊条款的设置及票面利率的大小，即债券融资成本的高低。当发债主体希望降低票面利率、减少融资成本时，发行人往往选择设置较多的契约条款，给予投资人更多的承诺及保障，以此吸引投资人购买债券；相反，若发债主体不希望后续的投资融资策略被契约条款限制，设置了较少的契约条款，那么为了顺利发行债券获得资金，发行方就不得不提高票面利率，给予投资人较高的收益率。因此，基于债券发行人的视角，债券契约条款与债券的融资成本是被联合决定，存在内生性的，并且两者之间存在替代效应，且相互抑制。

票面利率对发债主体来说是融资成本，对债券投资人来说却是一份最重要的稳定收益。作为理性投资人，在投资债券时，会同时考虑债券的收益及债券所具有的风险。由于债券投资人不能直接参与到公司的经营决策当中，故没有索取公司剩余价值的权利。由于信息的不对称，发行主体有动机通过资产变卖、过度投资、投资不足等行为转移或攫取债券投资人的财富和利益，最大化自身利益，并将风险转移给债券投资人，最终导致债券投资人承担了更大的风险。因此为了补偿信息不对称带来的额外风险，债券投资人通常会索要较高的投资收益。契约条款通过限制发行人行为，降低债券未来风险，使得投资人获得更为安全和稳定的现金流。由于契约条款在整体上是以保护投资人利益免受损失为目的的，故债券中的契约条款都并非免费，需要作为受益者的投资人支付相应的成本，因此投资人所要求的收益率也随之降低。这一分析结果与 Jensen 和 Meckling（1976）、Smith 和 Warner（1979）提出的契约具有成本的理论基本一致。因此从投资人的角度考虑，契约条款与债券融资成本之间也是具有相互作用的反向替代关系。

事实上，契约条款与融资成本同属债券契约内容的本质特征就已经预示了两者相互影响、联合共生的关系。契约条款由于能够保护投资人，降低了投资人在未来面临的各种风险，同时契约条款限制了发行人的行为，降低了发行人收益，那么投资人必须以牺牲回报率为代价获得契约条款的保护，而投资人收益即票面利率的降低，同时代表了发行主体融资成本的降低。所以，契约条款越多，对投资者的保护越大，对发行人行为的约束和限制就越强，债券的票面利率就应该越小，债券融资成本就越低，反之则越高。总之，债券的契约条款与融资成本之间存在着此消彼长的相关关系。

一方面，当投资人偏好较低风险的债券时，就会要求发行人设置较多的契约条款，以此保障利息收益，此时投资人往往不会要求较高的票面利率；另一方面，发行人在发行债券时，希望通过契约条款设计缓解代理冲突，降低债券票面利率，从而降低债券融资成本。如果发行主体愿意以限制公司投资经营决策为代价在债券契约中纳入条款，必然有以下不等式成立：

$$P(无条款债券) - P(有条款债券) \geq \text{Cost}(契约条款) \quad (7.1)$$

其中，P（无条款债券）表示不含有任何承诺性或限制性条款的债券融资成本；P（有条款债券）表示含有以保护投资者为主的承诺性或限制性条款的债券融资成本；Cost（契约条款）表示因增加契约条款所造成的公司利益的损失。显然，只有在契约条款所降低的融资成本大于契约条款限制造成的利益损失时，公司才会在发行债券时引入契约条款，因此提出研究假设 7.1。

研究假设 7.1：契约条款与债券融资成本呈显著的反向关系。

债券融资作为公司一项重要的经营决策，融资成本和债券条款的设定必定会受到公司产权性质的影响。相比于非国有企业，国有企业通常需要承担更多的社会性负担，当其陷入经营或财务困境时，更容易获得政府的救济，因此国有企业往往具有"预算软约束"。政府作为国有企业发行的公司债券的隐性担保人，可以在企业无法偿还到期债务时，向其输送资金以保障投资者的权益。国有产权能够通过发挥隐性担保作用，降低投资者面临的违约风险，从而使公司债券获得较低的融资成本（方红星等，2013）。因此，非国有企业面临着更高的违约风险以及更高的融资成本，更需要通过设置债券条款降低信息不对称程度，以实现融资成本的降低和债权人利益的保护。由此推测，债券条款与债券融资成本的相互替代作用在非国有公司中可以得到更好的发挥,而在国有公司中则相对较弱。据此,提出研究假设7.2。

研究假设 7.2:债券条款与债券融资成本的相互替代关系在非国有公司中更为明显。

基于上述关于债券条款与公司融资成本的理论分析,我们进一步考察两者关系的具体作用机制。理论上认为,债券条款的设置是为了限制发行人攫取债权人的行为,降低发行人的破产风险,缓解债权人与发行人的信息不对称以及代理冲突,从而对债权人的利益加以保护。基于此,本章从公司破产风险和信息不对称程度的视角来寻求债券条款与融资成本之间的作用途径。当公司具有较高的破产风险时,一方面,公司未来现金流的不确定性增加,债权人投资债券面临的风险大大增加,必定会要求更高的投资回报,即债券发行人需要承担更高的融资成本,因此债券发行人只能通过增加更多的债券条款,实现融资成本的下降。另一方面,公司为了减少条款的设置,必须承诺给投资者更高的收益率。同理,当公司的信息不对称程度较高时,债券发行人要增加更多的条款(承诺更高的息票利率),以实现融资成本的下降(债券条款使用的减少)。因此本章认为,相对于破产风险较低和信息不对称程度较低的公司,债券条款与债券融资成本的相互抑制作用在破产风险越高、信息不对称程度越高的公司中更强,据此,提出本章的研究假设7.3。

研究假设 7.3:公司的破产风险越高、信息不对称程度越高,债券条款与债券融资成本的相互替代关系越强。

7.3 变量与数据

7.3.1 数据来源与样本筛选

本章以2007~2018年中国上市公司发行的1 305只上市公司债券为初始研究样本,考虑到港股上市的企业与在沪深上市的企业数据结构可能存在差异,因此本章剔除121只港股上市企业发行的上市公司债券,最终获得1 184个观测值用于实证分析。财务相关数据取自CSMAR数据库和Wind数据库。公司债券限制性条款数据来自债券募集公告书和上市公告书中手工整理的公司债券条款数据库。根据现有研究常用的做法,本章对连续变量进行上下1%的Winsorize缩尾处理,以避免极端异常值对研究结果的影响。

7.3.2 变量构建

债券条款保护指数。由于本章考察的债券契约条款是文本形式的特殊条款,不利于建模分析,故本章借鉴 Billett 等(2007)的方法,构建契约条款保护指数。首先,对于任意一只公司债券,将所有契约条款分成四大类,每一大类中存在一项以上的条款则记为 1,一项条款都不存在则记为 0,因此四类契约条款均成为 0-1 二元变量。其次,将四类契约条款数求和,并除以类别总数即为四,最终得到每一只债券的契约条款保护指数(covenant_index)。由上述计算可知,债券契约条款指数在[0,1],不含有任何条款的契约条款保护指数为 0,而四大类条款都含有的债券契约条款保护指数为 1。本章参考 Billett 等(2007)方法处理条款是因为,同一大类中的契约条款在功能上具有重复性,那么在包含同一大类中一个契约条款的基础之上,再增加该类的一个其他条款,其边际贡献通常较小,所以同一大类中的契约条款不应该被重复计算。

融资成本。本章参考朱松(2013)、方红星等(2013)、王博森和施丹(2014)的方法,采用公司债券票面利率衡量融资成本。考虑到债券票面利率通常与债券发行时的市场平均融资成本有关,为了反映债券真实的融资成本,需要剔除债券票面利率中包含的市场平均融资成本,Shibor 利率和国债到期收益率通常可以代表市场平均融资成本。因此本章将债券票面利率减去债券上市当日的 6 个月期 Shibor 利率,以度量公司债券真实的融资成本。此外,为保证研究结果的稳健性,我们在稳健性检验中,利用债券票面利率减去对应期限的国债到期收益率衡量公司债券的融资成本。

破产风险。借鉴姜付秀等(2009)的做法,本章利用 Z 指数(Altman,1968)度量企业的破产风险。该值直接取自 Wind 数据库,根据其计算方法可知,Z 指数值越大,说明企业财务状况越好,越不容易陷入财务困境,破产风险越小。

信息不对称程度。基于肖土盛等(2017)的研究,我们选择分析师预测准确度衡量公司的信息不对称程度。我们参考 Easterwood 和 Nutt(1999)对分析师预测准确度的度量方法,计算分析师盈余预测的准确度。如式(7.2)所示,其中 $\text{EPS}_{i,t}^{\text{Forecast}}$ 表示 t 期股票 i 每股收益预测值的平均值;$\text{EPS}_{i,t}^{\text{Actual}}$ 表示 t 期股票 i 的实际每股收益;$P_{i,t-1}$ 表示 $t-1$ 期股票 i 的收盘价,即分析师预测的每股收益预测值平均值减去该年该股票实际每股收益的差值,取绝对值再除以该股票上期的收盘价后取负值。这样得到的分析师预测准确度指标越大,表示预测的质量越高。

$$\text{ACCURACY}_{i,t} = -1 \times \frac{\left| \text{EPS}_{i,t}^{\text{Forecast}} - \text{EPS}_{i,t}^{\text{Actual}} \right|}{P_{i,t-1}} \quad (7.2)$$

控制变量。公司债券条款和融资成本通常受到公司财务特征与债券个体特征两个方面的影响，本章为了控制发行主体公司财务信息的影响，主要选取了以下控制变量：公司规模、杠杆比率、公司成长性、流动比率、利息保障倍数及是否为国有企业，全部财务指标均选取于发行债券前一年。此外，债券个体特征信息包括债券的发行规模、发行期限、评级及主承销商资质。其中，本章利用有序变量衡量债券评级。考虑到中国目前所有的公司债券均在 AA-级以上，因此以 AA 级为基准，从1开始，评级上调1级，数字增加1；若评级中含有"+"或"-"则将数字上调 0.25 或下调 0.25。主承销商资质为虚拟变量，若该承销商在债券发行当年属于前十大承销商则为1，否则为0。此外，考虑到公司债券条款还会受到如通货膨胀等宏观经济形势变化的影响，本章引入期限价差来控制宏观经济因素及市场因素的变动。期限价差是根据以往文献（Fama and French, 1993）计算所得，即发行当日 10 年期国债到期收益率与 6 个月期国债到期收益率之差。

表 7.1 对本章涉及的所有变量进行了说明。

表 7.1 变量的描述

变量名	变量含义	变量描述
Index	公司债券条款指数	具体见文中
Cost	债券融资成本	公式债券票面利率减去 6 个月期 Shibor
Z	破产风险	基于 Z-score 模型计算
Accuracy	信息不对称程度	具体见式（7.2）
Maturity	债券期限	债券发行日至到期日的期限/年
Issue_size	债券发行规模	债券发行的总额/亿元
Rating	债券评级	债券发行时的评级
State	控制权属性	国有控制权取1，否则取0
Underwriter	主承销商资质	主承销商是否为当年前十大承销商
Coverage	利息保障倍数	息税前利润与利息费用之比
Current	流动比率	流动资产/流动负债
BM	账面市值比	总资产/总市值
Size	公司规模	总资产取自然对数
Lev	资产负债率	总负债/总资产
Regulated	是否公用事业单位	公共事业单位为1，否则为0
Term_premium	期限价差	10 年期与 6 个月期国债收益率之差

7.3.3 数据描述性统计

表 7.2 展示了描述性统计结果。从表 7.2 可知，公司债券条款指数的平均值为

0.792 4，最小值为 0.25，表明公司债券均采用了一定数量的条款对发行人的行为加以限制，这说明债券条款越来越受到发行人和债券投资人的重视，并且被普遍使用。债券的票面利率（Coupon）平均值为 5.542 2，债券的发行期限平均在 5 年左右，发行规模平均为 13 亿元。破产风险（Z）的平均值为 3.066 3，最小值为 0.258 6，最大值为 62.087 8，标准差为 3.834 6，这表明样本中各公司的破产风险具有显著的差异。信息不对称（Accuracy）变量的平均值为 -0.029 6，产权性质与主承销商资质的均值分别为 0.534 7 和 0.505 9，说明两个变量中 0 和 1 的数量相当。

表 7.2 变量的描述性统计

变量	样本数/个	平均值	标准差	最小值	中位数	最大值
Index	1 180	0.792 4	0.169 8	0.25	0.75	1
Coupon	1 180	5.542 2	1.273 5	2.84	5.50	9.90
Z	1 177	3.066 3	3.834 6	0.258 6	1.960 3	62.087 8
Accuracy	1 158	-0.029 6	0.030 7	-0.169 3	-0.019 9	-0.000 5
Maturity	1 180	4.978 8	1.677 7	2	5	15
Issue_size	1 180	12.960 9	11.981 7	1	10	72
Rating	1 180	1.445 1	0.453 8	0.75	1.25	2
State	1 180	0.534 7	0.499 0	0	1	1
Underwriter	1 180	0.505 9	0.500 2	0	1	1

7.4 研 究 设 计

理论分析表明，票面利率作为标准化的契约条款反映了债券的融资成本，其他契约条款限制了发行人转移资产和转嫁风险的行为，并向投资人承诺了更为安全的偿还方式，从而实现了保护债券投资人利益、降低投资人风险的目的。一方面，契约条款既会对债券融资成本的大小产生影响，同时债券融资成本的大小也会影响契约条款的选择过程。另一方面，债券融资成本与契约条款对于发行人和债券投资人来说都是此消彼长的关系。因此本章推断，两者的最终确定是发行人和债券投资人博弈的均衡结果，契约条款与债券融资成本是被联合决定的、相互共生的，两者具有的双向因果关系导致了较为明显的内生性。考虑到契约条款与债券融资成本的联合内生特性，单方程线性模型并不能很好地刻画两者之间的共生关系，故而本章采用联立方程模型对其进行建模，以描述契约条款与债券融资成本之间存在的相互选择机制。

$$\begin{cases} \text{Index} = \beta_0 + \beta_1 \text{Cost} + X\lambda_1 + \varepsilon_1 \\ \text{Cost} = \alpha_0 + \alpha_1 \text{Index} + Y\lambda_2 + \varepsilon_2 \end{cases} \quad (7.3)$$

上述联立方程模型由两个方程构成,其中,Index 表示债券契约条款指数;Cost 表示债券票面利率减去 6 个月期 Shibor 利率之后的债券真实融资成本。公司债券条款指数(Index)与债券融资成本(Cost)是模型中唯一的两个内生变量,同时出现在方程的左边和右边。其他变量均为外生变量,存在于 X 和 Y 之中,因此 X 和 Y 是由控制变量构成的观测矩阵,而 λ_1 与 λ_2 则是各变量对应的参数向量。由于联立方程模型的估计需要满足识别条件,即对于每一个方程,排除的外生变量个数要大于或等于所包含内生变量的个数,否则,联立方程模型无法得到参数的有效估计量。因此,本章根据经济含义设定公司债券条款指数与债券融资成本的影响因素,同时结合方程识别的要求,最终确定 X 和 Y 的变量集合。对于联立方程模型中的控制变量,X 和 Y 可以存在交集,但不能完全重合,每一个方程必须包含其他方程没有的独特信息。其中,X 变量集包含债券期限、发行规模、评级、控制权属性、利息保障倍数、账面市值比、资产负债率、是否公用事业单位、期限价差。Y 变量集包含债券期限、发行规模、评级、控制权属性、利息保障倍数、主承销商资质、流动比率、账面市值比、公司规模、资产负债率、是否公用事业单位。在 X 和 Y 的变量集合中,大部分控制变量均相同,即对债券契约条款及融资成本均产生影响。同时模型中均控制了行业变量。

为检验研究假设 7.3,本章在式(7.3)中分别加入破产风险(信息不对称程度)、破产风险哑变量(信息不对称程度哑变量)与债券条款和债券融资成本的交乘项,构建如下两个模型[式(7.4)、式(7.5)]以检验债券条款与融资成本之间替代关系在不同破产风险和信息不对称程度间的差异。

$$\begin{cases} \text{Index} = \beta_0 + \beta_1 \text{Cost} + \beta_2 \text{Cost} \times D\_Z + \beta_3 Z + X\lambda_1 + \varepsilon_1 \\ \text{Cost} = \alpha_0 + \alpha_1 \text{Index} + \alpha_2 \text{Index} \times D\_Z + \alpha_3 Z + Y\lambda_2 + \varepsilon_2 \end{cases} \quad (7.4)$$

$$\begin{cases} \text{Index} = \beta_0 + \beta_1 \text{Cost} + \beta_2 \text{Cost} \times \text{Accurary} + \beta_3 \text{Accurary} + X\lambda_1 + \varepsilon_1 \\ \text{Cost} = \alpha_0 + \alpha_1 \text{Index} + \alpha_2 \text{Index} \times \text{Accurary} + \alpha_3 \text{Accurary} + Y\lambda_2 + \varepsilon_2 \end{cases} \quad (7.5)$$

7.5 实 证 结 果

7.5.1 基本结果分析

本章首先采用三阶段最小二乘法(three-stage least squares,3SLS)对联立方程模型进行估计,表 7.3 呈现了联立方程模型的估计结果①。由回归结果可知,在第二列债券条款指数(Index)的方程中,融资成本(Cost)的系数估计值为 -0.093 8,且在 5%的水平下显著,这表明债券条款指数会随着债券融资成本的提高而下降。发行期限对债券条款指数也具有显著的影响,期限每增加一年,债券条款指数平均增加 0.011 4。债券发行人的产权性质对债券条款的使用也具有显著的影响,其系数估计值为 -0.114 6,说明国有公司相对于非国有公司,在发行公司债券时可以使用更少的债券条款。由此推断,国有公司发行的公司债券实际上存在着政府的隐形担保,这对债券条款产生了显著的替代作用,减少了债券条款的使用,并且,中国债券市场中投资者对政府的隐形担保也非常重视。此外,债券发行人资产负债率的估计系数在 1%的水平下显著为正,表明债券发行人资产负债率越高,使用的债券条款就越多。因为资产负债率高的发行人面临的风险较高,因此需要使用更多的条款来保护债券投资者的利益。

表 7.3 债券条款指数与融资成本的联立方程估计结果

解释变量	式(7.3)	
	Index	Cost
Cost	-0.093 8** (-2.23)	
Index		-20.311 0*** (-4.43)
Maturity	0.011 4*** (3.35)	0.238 8*** (3.03)
Issue_size	-0.002 3** (-2.46)	-0.034 6*** (-2.84)
Rating	-0.047 7 (-1.56)	-0.525 3* (-1.67)
State	-0.114 6*** (-3.05)	-1.577 7*** (-4.98)
Coverage	0.000 0 (0.14)	0.003 3 (0.72)
Underwriter		0.202 7 (0.91)
Current		0.020 3 (0.66)
BM	0.000 0 (0.64)	-0.000 0 (-0.29)
Lev	0.158 9*** (3.00)	2.845 3** (2.40)
Size		0.070 5 (0.92)
Term_premium	0.052 2 (0.98)	

---

① 考虑到已有研究发现难以确保联立方程模型估计得到的 R^2 落在 0 和 1 之间;而且目前为止也没有一个被广泛接受的关于联立方程模型的拟合优度,因此本章的回归结果没有报告方程的拟合优度。

续表

解释变量	式（7.3）	
	Index	Cost
Regulated	0.001 8 (0.02)	-0.007 5 (-0.00)
常数项	0.853 9*** (7.46)	14.262 8*** (4.49)
行业效应	控制	控制
样本数/个	1 091	1 091

*、**和***分别表示在 10%、5%和 1%的显著性水平下显著

对于第三列的债券融资成本方程，债券条款指数的参数估计值为-20.311 0，且在 1%的水平下显著，表明债券条款指数增加会降低债券融资成本，这证明保护投资者权益的债券条款在债券契约中的重要性，其对债券投资者权益的保护能够有效降低公司债券的融资成本。与债券条款指数的方程一样，债券发行期限对债券融资成本同样存在显著的影响，其系数估计值在 1%的水平下显著为正。期限越长的债券，债券投资者面临的风险就越大，则会需要更高的投资收益。债券评级的估计系数为-0.525 3，并在 10%的水平下通过显著性检验。表明评级越高的债券，融资成本越低。债券发行人的产权属性对债券融资成本具有显著的抑制效应，由于政府对国有企业发行公司债券具有隐形担保，使其风险降低，故国有企业发行的债券具有更低的融资成本。债券发行人资产负债率估计系数在 5%的水平下显著为正，表明债券发行人资产负债率越高，债券的融资成本就越高。

综合联立方程模型的估计结果，一方面，由于债券条款能够在一定程度上保护投资者权益，降低其承担的风险，从而使债权人愿意牺牲一部分的利息收入，即债券发行人的债券融资成本下降。另一方面，发行人可能通过提高债券的息票利率，给予债权人更多的利息补偿，以换取较少的债券条款，降低债券条款对公司的限制，提高经营管理的灵活度。因此，债券条款与债券融资成本呈反向关系，两者分别作为债券契约的标准条款和特殊条款，具有联合决定、相互替代的特征。

7.5.2 稳健性检验

为进一步验证本章结论的稳健性，本章分别从以下三个方面进行稳健性检验[①]：

一是采用广义矩估计（generalized method of moments，GMM）方法对联立方程模型进行估计。在使用 GMM 方法估计时，将所有外生变量作为工具变量，并

---

① 篇幅所限，未给出全部回归结果，如需要可向作者索取。

且两个方程采用的工具变量一致。根据表 7.4 的回归结果可知，3SLS 与 GMM 两种不同方法估计得到的结论一致，因此本章的结论保持稳健。

表 7.4　稳健性检验

解释变量	GMM 回归结果		更换融资成本度量方法	
	Index	Cost	Index	Cost
Cost	-0.093 8** (-2.23)		-0.048 0* (-1.70)	
Index		-20.310 8*** (-4.44)		-4.990 9*** (-3.31)
Maturity	0.011 4*** (3.35)	0.238 8*** (3.04)	0.010 4*** (3.05)	0.017 9 (0.69)
Issue_size	-0.002 3** (-2.46)	-0.034 6*** (-2.85)	-0.001 4** (-2.01)	-0.012 7*** (-3.06)
Rating	-0.047 7 (-1.50)	-0.525 1* (-1.67)	-0.031 6 (-1.08)	-0.644 8*** (-5.98)
State	-0.114 6*** (-3.05)	-1.577 8*** (-4.99)	-0.070 3*** (-2.98)	-0.891 6*** (-8.57)
Coverage	0.000 0 (0.14)	0.003 3 (0.73)	0.000 2 (0.94)	-0.000 4 (-0.26)
Underwriter		0.203 1 (0.91)		-0.106 3* (-1.66)
Current		0.020 4 (0.67)		-0.005 6 (-0.31)
BM	0.000 0 (0.64)	0.000 0 (0.29)	0.000 0 (0.26)	0.000 2*** (4.21)
Lev	0.158 9*** (3.00)	2.846 6** (2.41)	0.128 1*** (2.72)	1.046 1** (2.54)
Size		0.070 2 (0.92)		-0.149 6*** (-3.66)
Term_premium	0.052 2 (0.98)		-0.044 9*** (-2.74)	
Regulated	0.001 8 (0.02)	-0.007 7 (-0.00)	-0.024 6 (-0.31)	-0.584 6 (-1.12)
常数项	0.853 9*** (7.46)	14.267 8*** (4.50)	0.891 2*** (6.14)	10.686 6*** (8.95)
行业效应	控制	控制	控制	控制
样本数/个	1 091	1 091	1 091	1 091

*、**和***分别表示在 10%、5%和 1%的显著性水平下显著

二是更换融资成本的度量方式。本章参考方红星等（2013）的做法，利用债券票面利率与同期限国债收益率之间的差额计算公司债券的融资成本，并重新回归联立方程模型，得到回归分析结果如表 7.4 所示，与此前结论一致。

三是计算债券条款指数时考虑保护发行人权益的债券条款影响。债券条款中的"可提前偿还"及"可赎回"条款实则有利于债券发行人，因此在计算债券条

款指数时，将含有这两项条款的债券进行反向扣减，得到新的契约条款指数，代入联立方程模型中重新进行回归，得到的回归结果与此前一致。

7.5.3 异质性检验

考虑到中国资本市场发展的独特环境，上市公司大体可分为国有企业与非国有企业两种，而产权性质的不同给企业本身带来了差异。为了检验研究假设7.2，本章按照公司债券发行人的性质将总样本分成国有子样本和非国有子样本，对模型再次进行回归分析，回归结果见表7.5。由表7.5可知，在国有子样本中，债券融资成本的估计系数为-0.0100，且没有通过显著性检验，而在非国有子样本中，债券条款指数和融资成本的估计系数分别为-13.3420和-0.2854，并在1%和5%的水平下通过了显著性检验。这表明，相对于国有企业而言，债券条款与债券融资成本的相互替代作用在非国有企业中更强。

表 7.5 产权异质性分组检验

解释变量	国有子样本		非国有子样本	
	Index	Cost	Index	Cost
Cost	-0.0100 (-0.22)		-0.2854** (-2.39)	
Index		-27.8108*** (-2.81)		-13.3420*** (-3.97)
Maturity	0.0124*** (3.41)	0.3499** (2.42)	0.0037 (0.29)	0.1776* (1.84)
Issue_size	-0.0009 (-1.06)	-0.0320* (-1.81)	-0.0110** (-2.12)	-0.0540*** (-3.18)
Rating	0.0111 (0.33)	-0.0139 (-0.02)	-0.1580* (-1.89)	-0.7496** (-2.49)
Coverage	0.0002 (0.70)	0.0050 (0.52)	-0.0007 (-1.02)	0.0004 (0.12)
Underwriter		-0.1997 (-0.50)		0.3236 (1.61)
Current		-0.0226 (-0.23)		-0.0597 (-0.88)
BM	-0.0000* (-1.82)	-0.0003 (-1.37)	0.0000** (2.08)	0.0001 (0.96)
Lev	0.1938*** (2.66)	5.4277 (1.59)	0.2177* (1.68)	-0.1517 (-0.14)
Size		-0.0467 (-0.32)		0.3915** (1.97)
Term_premium	-0.0326 (-0.52)		0.2221 (1.64)	
Regulated	-0.0379 (-0.22)	-0.9985 (-0.20)	-0.1175 (-0.70)	-1.6659 (-1.27)

续表

解释变量	国有子样本		非国有子样本	
	Index	Cost	Index	Cost
常数项	0.683 3*** (3.82)	20.623 7** (2.10)	1.262 8*** (4.31)	3.794 2 (1.27)
行业	控制	控制	控制	控制
样本数/个	607	607	484	484

*、**和***分别表示在10%、5%和1%的显著性水平下显著

为验证这一研究结果的稳健性，我们利用公司的融资约束程度［参考 Kaplan 和 Zingales（1997）的做法构建 KZ 指标］进行分组，将总样本分成高融资约束子样本和低融资约束子样本，再次对模型进行回归分析，回归结果如表 7.6 所示。在高融资约束子样本中，债券条款指数和融资成本的估计系数分别在 1%和 5%水平下显著为负，而在低融资约束子样本中，融资成本的系数不再显著。因此，债券条款与债券融资成本的相互替代关系在高融资约束公司中更为明显，这一结论进一步验证了本章的研究假设。

表 7.6 融资约束分组检验

解释变量	高融资约束子样本		低融资约束子样本	
	Index	Cost	Index	Cost
Cost	−0.126 6** (−2.19)		−0.014 9 (−0.15)	
Index		−18.666 2*** (−3.34)		−25.038 1*** (−2.68)
Maturity	0.010 2* (1.69)	0.222 2* (1.86)	0.011 6*** (2.97)	0.295 3** (2.30)
Issue_size	−0.002 1 (−1.43)	−0.020 9 (−1.18)	−0.001 5 (−0.85)	−0.047 8** (−2.52)
Rating	−0.108 0** (−2.23)	−1.206 2*** (−2.77)	0.009 8 (0.20)	0.032 0 (0.05)
State	−0.127 2*** (−2.68)	−1.308 0*** (−3.92)	−0.034 8 (−0.39)	−1.390 4** (−2.33)
Coverage	0.000 1 (0.16)	0.004 1 (0.75)	0.000 1 (0.20)	0.000 3 (0.03)
Underwriter		0.295 3 (1.07)		−0.075 6 (−0.19)
Current		0.063 2 (0.94)		−0.012 0 (−0.13)
BM	0.000 0 (1.43)	0.000 1 (0.41)	0.000 0 (−1.09)	−0.000 2 (−1.00)
Lev	0.161 8** (2.11)	2.613 6* (1.87)	0.122 3* (1.77)	3.064 2 (1.14)
Size		0.134 4 (0.82)		−0.026 5 (−0.14)

续表

解释变量	高融资约束子样本		低融资约束子样本	
	Index	Cost	Index	Cost
Term_premium	0.078 2 (1.15)		-0.033 1 (-0.24)	
Regulated	-0.015 9 (-0.12)	-0.488 5 (-0.22)	0.032 3 (0.32)	0.763 7 (0.30)
常数项	0.964 6*** (5.36)	12.358 4*** (3.99)	0.701 3*** (3.59)	19.139 7** (2.11)
行业	控制	控制	控制	控制
样本数/个	582	582	509	509

*、**和***分别表示在10%、5%和1%的显著性水平下显著

7.6 机制检验

本章构建了模型（7.4）、模型（7.5）以检验研究假设7.3，回归结果如表7.7所示。由表7.7的第2、3列可知，债券条款指数和融资成本的估计系数均在1%水平下显著为负，同时，债券条款指数和融资成本与破产风险的交乘项均在1%水平下显著为正，这表明，破产风险越高，债券条款与债券融资成本的相互替代作用越强。此外，破产风险的回归系数均在1%水平下显著为负，这说明，破产风险越低，债券条款指数越低、融资成本越低。根据表7.7的第5、6列可知，债券条款指数和债券融资成本与信息不对称程度的交乘项均在1%水平下显著为正，这表明，信息不对称程度越高，债券条款指数与债券融资成本的相互替代作用越强。同时，信息不对称程度的回归系数均在1%水平下显著为负，这说明，信息不对称程度越低，债券条款指数越低、融资成本越低。因此，相对于破产风险较低和信息不对称程度较低的公司，债券条款指数与债券融资成本的相互抑制作用在破产风险越高、信息不对称程度越高的公司中更强，与7.2节的假设一致。

表7.7 机制检验

解释变量	破产风险		解释变量	信息不对称程度	
	Index	Cost		Index	Cost
Cost	-0.202 6*** (-6.31)		Cost	-0.272 9*** (-8.85)	
Index		-14.070 0*** (-8.22)	Index		-12.721 0*** (-10.56)
Z	-0.019 2*** (-3.14)	-0.175 4*** (-2.92)	Accuracy	-3.325 2*** (-6.66)	-27.591 5*** (-6.72)
Cost×D_Z	0.074 7*** (4.88)		Cost×D_Accuracy	0.133 5*** (6.96)	

续表

解释变量	破产风险		解释变量	信息不对称程度	
	Index	Cost		Index	Cost
Index×D_Z		1.805 7*** (4.59)	Index×$D\_Accuracy$		2.492 2*** (7.06)
Maturity	0.011 7*** (2.77)	0.173 6*** (3.63)	Maturity	0.009 6** (2.01)	0.128 5*** (3.16)
Issue_size	-0.003 8*** (-4.48)	-0.028 5*** (-3.87)	Issue_size	-0.003 9*** (-4.61)	-0.023 0*** (-3.57)
Rating	-0.122 8*** (-4.32)	-0.726 2*** (-3.44)	Rating	-0.114 9*** (-4.43)	-0.595 7*** (-3.17)
State	-0.175 6*** (-6.33)	-1.207 2*** (-6.61)	State	-0.193 4*** (-7.47)	-1.253 4*** (-7.59)
Coverage	0.000 0 (0.03)	0.001 8 (0.57)	Coverage	-0.000 3 (-0.82)	0.000 4 (0.14)
Underwriter		0.001 8 (0.57)	Underwriter		0.229 1*** (3.03)
Current		0.028 0 (0.94)	Current		0.021 8 (0.80)
BM	0.000 0** (2.24)	0.000 1 (0.80)	BM	0.000 0* (1.86)	0.000 1 (1.14)
Lev	0.226 2*** (3.00)	2.590 4*** (2.89)	Lev	0.197 5*** (2.72)	1.808 5*** (2.78)
Size		0.046 3 (1.08)	Size		0.001 1 (0.03)
Term_premium	0.121 7*** (3.78)		Term_premium	0.083 2*** (3.98)	
Regulated	-0.021 4 (-0.20)	0.033 5 (0.03)	Regulated	-0.034 5 (-0.29)	-0.008 0 (-0.01)
常数项	1.078 8*** (8.23)	10.341 0*** (5.75)	常数项	1.036 6*** (8.11)	8.915 8*** (6.30)
行业	控制	控制	行业	控制	控制
样本数/个	1 090	1 090	样本数/个	1 074	1 074

*、**和***分别表示在10%、5%和1%的显著性水平下显著

7.7 本章小结

债券契约条款与债券票面利率同属于债券契约的基本内容,但两者的功能却大不一样。债券契约条款限制了发行人攫取债权人利益的行为,对债券投资人的利益加以保护,从而降低投资人与发行人的代理冲突,而债券票面利率是发债主体为了补偿投资人购买债券所承担的风险而支付给投资人的利息率。对于发行人,债券票面利率即债券融资成本和契约条款,都是需要负担的成本,同时对于

投资人则都是收益，因此在债券契约设计的过程中，发行人与投资人都会在这两者间进行权衡，使得自身效用最大化。如果设置较多的契约条款，发行人被限制的行为就越多，公司经营弹性就越小，导致发行人在契约条款上付出的机会成本非常大；但对于投资人来说，较多的契约条款带来的是风险的大大降低，导致了效用的增加。所以在这种情况下，发行人的最优策略是降低债券票面利率以减少利息成本，投资人由于从较多的契约条款保护获得了更多的效用，故愿意牺牲一部分利息收入，接受较低的债券票面利率。按照同样的逻辑，较少的契约条款使投资人承担了更多的风险，此时投资人则会通过要求较高的债券票面利率加以弥补。本章利用 2007~2018 年中国上市公司发行的上市公司债券进行实证分析，将债券契约条款和债券融资成本视为联合内生变量，利用联立方程模型考察债券契约条款与债券融资成本之间的相互关系。实证结果发现：第一，债券契约条款通过降低债券风险，有效保护了投资者的利益，成为发债主体的隐性成本，与债券融资成本呈显著的反向关系，并且两者存在很强的替代效应。第二，在区分发行人的产权性质和融资约束程度时，两者的替代效应只存在于非国有企业和融资约束较高的企业。第三，发行人破产风险水平越高，信息不对称程度越高，两者的替代效应越强。

考虑到中国当前公司债券市场的发展现状，根据本章的研究结论，提出以下两点建议：第一，债券契约条款的作用是缓解发债主体与投资人之间的信息不对称，保护债券投资者，在一定程度上可以弥补当前中国公司债券市场的缺陷，因此，大力倡导公司在发行债券时加大对债券契约条款设计的重视，以保障投资者利益，推动公司债券市场的快速发展，提高债务融资的效率。第二，当公司发行债券时，应该考虑到债券契约条款与债券融资成本的反向关系，根据公司自身的特征权衡债券的融资成本与潜在风险，鼓励发债主体合理运用各种类型的契约条款降低自身的融资成本。通过设计出最优的契约条款，保护投资者利益，扩大市场供给和需求，推动中国债券市场的良性发展，也为中国的供给侧结构性改革和经济转型提高创新资本。

第8章 债券契约条款与资本结构调整速度的实证分析

基于资本结构动态权衡理论，公司存在一个最优或目标资本结构可以最大化公司价值，当资本结构偏离这一最佳比率时，公司将调整回到目标资本结构值。但是，这种调整不是无成本的。有些成本或企业特征可能会影响企业向目标资本结构调整的速度，使资本结构调整本质上具有动态性。因此本章将研究债券契约条款对资本结构调整速度的影响。

8.1 引　言

近年来，随着公司债券发行条件的放松和发行主体的扩大，中国公司债券市场迅速发展。公司债券市场的发展为资本市场提供了新的融资工具，拓宽了融资渠道。然而，债券融资与股权融资不同，债权人不具有剩余收益索取权，再加上中国债券投资者保护机制的不健全、证券市场发行和交易制度的不完善等因素，公司债券市场的发展加剧了股东与债权人之间的代理冲突。因此，债券发行方通过在债券中引入契约条款，约束着发行方和债券持有方双方的权利与义务。

债券契约条款除债券期限、息票率等一些标准化条款之外，部分公司债券还包含了一些如"可回售"、"限制出售资产"、"限制收购兼并"以及"加速清偿"等特殊条款。这些债券契约条款通过对发行方施加限制来保护债权人权益，能够缓解双方的代理冲突，降低融资成本。然而，违反债券契约条款会使公司的控制权转移到债权人手中，这可能会严重影响发行公司的投融资政策。债券契约条款的存在降低了发行方发行新债务的灵活性及其调整资本结构的灵活性，从而对资本结构调整速度产生影响，给公司的融资政策带来额外成本。

资本结构动态调整是近年来资本结构领域的一个研究热点。基于资本结构动态权衡理论，公司存在一个最优或目标资本结构可以最大化公司价值，当资本结构偏离这一最佳比率时，公司将调整回到目标资本结构值（Fischer et al., 1989）。但是，这种调整不是无成本的。有些成本或企业特征可能会影响企业向目标资本结构调整的速度，使资本结构调整本质上具有动态性。在此背景下，学者们开始重视资本结构动态调整速度的决定因素。

本章通过手工收集 2007~2018 年沪深上市公司发行的公司债券特殊契约条款，对债券契约条款对资本结构调整速度的影响及其影响机制进行研究。本章的主要创新之处在于：首先，本章将债券契约条款与资本结构调整速度联系到一起，试图分析中国公司债券契约条款对资本结构调整速度的影响及作用机制。尽管许多研究调查了资本结构和债券契约，但很少有文献研究债券特殊契约条款可能对调整速度产生的影响。其次，不同于以往的公司债券一般条款研究，本章基于手工收集的债券契约条款数据，研究特殊契约条款对资本结构调整速度的影响。最后，为解决自选择问题，本章采用 PSM 进行发债公司的匹配样本选择。本章研究可能存在的贡献如下：其一，本章丰富了资本结构动态调整的研究。本章发现公司债券特殊契约条款的签订影响了资本结构调整速度，契约的强度和类型是影响资本结构调整速度的主要原因，并且分析了公司调整速度的异质性，从而丰富了企业内部特征影响资本结构动态决策的研究。其二，本章从企业资本结构动态调整的视角丰富了债券契约条款影响公司行为的文献。本章通过手工搜集整理债券契约条款数据，不仅研究了签订契约对资本结构调整速度的影响，还将公司债券特殊契约条款分类为期权类、限制资产转移类、限制投资类和偿付保障类条款，并分析不同类型条款的影响，从而研究了契约对公司融资政策的影响，有利于更加多元全面地评价债券契约条款的经济影响。

8.2 理论分析

债券契约条款除债券期限、息票率等一些标准化条款之外，部分公司债券还包含一些如"可回售"、"限制出售资产"、"限制收购兼并"以及"加速清偿"等特殊条款。这些契约条款通过对发行方施加限制来保护债权人权益，能够缓解双方的代理冲突，降低融资成本。然而，违反债券契约会使公司的控制权转移到债权人手中，这可能会严重影响发行公司的投融资政策。债券契约条款的存在降低发行方发行新债务的灵活性及其调整资本结构的灵活性，从而对资本结构调整速度产生影响，给公司的融资政策带来额外成本。此外，基于资本结构动态权衡理论，公司存在一个最优或目标资本结构可以最大化公司价值，当资本结构偏离这一最佳比率时，公司将调整回到目标资本结构值（Fischer et al.，1989），但是，这种调整不是无成本的。有些成本或企业特征可能会影响企业向目标资本结构调整的速度，使资本结构调整本质上具有动态性。在此背景下，学者们开始重视资本结构动态调整速度的决定因素。

已有大多数债券契约条款的相关研究局限在从公司金融层面对契约条款做比较静态分析，并未发现有文献对债券契约条款对资本结构调速度的影响进行研究。除 Devos 等（2017）发现贷款契约能够降低资本结构调整的速度外，国内外也几乎没有文献研究契约对资本结构调整速度的影响。我国债券市场正处于初级发展阶段，债券数据不易获得，国内学者对债券契约条款的研究大多局限在描述性分析或一般契约条款。基于此，本章利用手工收集的公司债券特殊契约条款数据，对债券契约条款对公司资本结构调整速度的影响进行研究。

由于债权人不具有剩余收益索取权，再加上中国债券市场机制仍不完善，股东与债权人之间存在严重的代理冲突问题，故债券发行方通过在债券中引入契约条款，约束发行人与债权人双方的权利和义务。债券契约条款除债券期限、息票率等一些标准化条款之外，部分公司债券还包含了一些如"可回售"、"限制出售资产"以及"限制收购兼并"等特殊条款。这些契约条款通过对发行方施加限制来保护债权人权益，能够缓解双方的代理冲突，降低融资成本。然而，违反债券契约会使公司的控制权转移到债权人手中，这可能会严重影响公司的投融资政策。债券契约条款的存在降低了发行方发行新债务的灵活性及其调整资本结构的灵活性，从而对资本结构调整速度产生影响。鉴于契约确实对公司及其管理人员的行为产生严重影响（因为他们有能力阻碍包括债务发行在内的许多活动），在贷款合同中签订契约条款能够降低公司资本结构调整的速度（Devos et al.，2017）。基于此，本章推测债券特殊契约条款是阻碍资本结构调整速度的重要调整成本，提出假设 8.1：

假设 8.1：债券特殊契约条款与资本结构调整的速度负相关。

债权人没有权利参与公司的经营，只能通过签订债券契约条款的形式限制管理者的机会主义行为。一旦公司出现违约的情况，股东的控制权需要及时转移给债权人（Beatty et al.，2008）。根据动态权衡理论，企业存在目标资本结构可以最大化公司价值，当资本结构偏离目标时将调整回到目标资本结构值时，调整速度的快慢取决于调整成本的大小（Fischer et al.，1989）。中国正处于经济发展新常态时期，上市公司需要通过优化资本结构来有效地配置资源，从而实现可持续发展。但是，债权人与发债公司签订的特殊契约条款越多，对发债公司的约束越强，发债公司调整资本结构的灵活性就越差。本章预计随着债券特殊契约条款数量的增加，或者换言之，契约条款强度越大，其影响就越大。基于此，本章提出假设8.2：

假设8.2：契约条款强度与资本结构调整的速度负相关。

在中国，公司债券特殊契约条款主要分为四类：期权类、限制资产转移类、限制投资类和偿付保障类。期权类条款赋予了债务人或债权人远期期权，如债务人调整利率、在约定期限内偿还本金或赎回债券，以及债权人回售债券；限制资产转移类条款主要限制出售资产、关联交易、对外担保、质押资产等方面，且只有当公司无法按期偿还本金利息时，即面临重大财务困境时才生效；限制投资类条款的限制力主要体现在限制公司对外投资、收购或兼并等资本性支出，而这些都是调整资本结构的重要途径；偿付保障类条款旨在弥补债权人面临违约风险时承受的损失，当公司不能按期还本付息时，公司承诺调减或停发高管薪酬、不向股东分配利润以及主要责任人不得调离等，其对资本结构调整的影响相对较小。虽然四种类型的契约条款都是调整资本结构时的调整成本，但本章推测限制投资类条款对调整速度的影响更大。因此，我们提出假设8.3：

假设8.3：限制投资类条款与资本结构调整的速度更为负相关。

Faulkender等（2012）发现公司的现金流量对调整速度有一定影响，现金流较低的公司调整速度较慢。由于债券条款阻碍了资本结构的调整，而财务状况不佳的公司面临更大的违约风险，特殊契约条款对发债公司的约束作用更强，这可能会产生复合效应，严重影响调整资本结构的灵活性。本章预计对财务状况较差的公司来说，债券特殊契约条款对资本结构调整速度的阻碍作用更为明显。因此，提出假设8.4：

假设8.4：债券条款与财务状况相对较差的公司的资本结构调整速度更为负相关。

关于啄食顺序理论的资本结构研究表明，与杠杆率较低的公司相比，过度杠杆公司的资本结构调整速度更快，因为其公司成本更高。这些成本包括缺乏财务灵活性，过度杠杆的公司可能因为发行债务的成本高或向债权人转移财富而产生高额的股权成本而不得不放弃有吸引力的投资机会。由于过度杠杆化公司违反契约条款的可能性较高，这些公司面临着使用现金减少债务的更高交易成本，故可能选择保持过度杠杆或进一步远离目标杠杆。因此，本章提出假设8.5：

假设8.5：债券条款与过度杠杆公司的资本结构调整速度更为负相关。

8.3 变量与数据

8.3.1 数据来源与样本筛选

本章以 2006~2018 年沪深证券市场 A 股上市公司为样本，并剔除以下样本：①金融类上市公司；②ST 类上市公司；③无连续 2 年观测数据；④数据缺失，最后得到 14 658 个观察样本。本章所涉及的数据主要包括公司债券信息和财务信息两个部分，其中公司债券样本包含从 2007 年 9 月中国公司债券开始发行以来，至 2018 年 12 月 31 日中国 623 家非金融上市公司发行的 1 305 只公司债券，研究样本中并不包含私募债券和可转换债券，发行总规模为 17 882.26 亿元。公司债券特殊契约条款数据根据《公司债券发行公告书》和《公司债券募集说明书》通过手工搜集整理得到。除了公司债券信息以外，本章的财务信息全部来源于 CSMAR 数据库。为避免异常值的影响，本章对连续变量进行 1%和 99%的 Winsorize 处理，以下分析结果均基于处理后的样本分析得到。

我们首先研究是否签订特殊契约条款对企业资本结构调整速度的影响。由于未发行债券的公司数量远多于发债公司，发债公司的规模更大，营利能力更强，为控制内生性的影响，本章采用 PSM 选择样本：①借鉴国内外债券契约条款相关的文献（陈超和李镕伊，2014；钟宇翔和李婉丽，2016；Nikolaev，2010；Haw et al.，2014），选取进行匹配的变量；②采用 Logit 回归法，按照模型（8.1），以 2007~2018 年的发债公司为处理组，从未发债公司在相同年份相同行业中选择倾向值得分最接近的公司进行匹配。

$$\begin{aligned}\text{CovDummy}_{i,t} = &\ \alpha_0 + \alpha_1 \text{Size}_{i,t} + \alpha_2 \text{Age}_{i,t} + \alpha_3 \text{Roa}_{i,t} + \alpha_4 \text{Growth}_{i,t} + \alpha_5 \text{Cf}_{i,t} \\ &+ \alpha_6 \text{Dcf}_{i,t} + \alpha_7 \text{Current}_{i,t} + \alpha_8 \text{Aturn}_{i,t} + \alpha_9 \text{Fasset}_{i,t} \\ &+ \alpha_{10} \text{Dfasset}_{i,t} + \alpha_{11} \text{Lev}_{i,t} + \alpha_{12} \text{Dlev}_{i,t} + \alpha_{13} \text{State}_{i,t} + \text{Year} \\ &+ \text{Industry} + \varepsilon_{i,t}\end{aligned}$$

（8.1）

8.3.2 变量定义

为了量化文本形式的特殊契约条款强度，本章借鉴 Billett 等（2007）的方法，构建契约条款指数。首先，在条款分类的基础上，对于任意的公司债券，每一类契约条款中至少存在一个条款则记为 1，否则记为 0；其次，按类求和后除以类别数即 4，得到每只债券的契约条款指数 Cindex。显然，债券契约条款指数在 0 到 1 之间。表 8.1 报告了本章的变量定义和变量度量。

表 8.1 变量定义和变量度量

变量		变量定义	变量度量
被解释变量	Dis	资本结构实际调整量	$=Lev-Lev^p$
解释变量	Dev	杠杆偏差	$=Lev^*-Lev^p$
	CovDummy	是否包含契约条款	有契约条款则定义为 1，否则为 0
	Cindex	标记契约年的条款总指数	d_1-d_4 标记契约年的条款类虚拟变量；Cindex 是 d_1-d_4 的平均值
	$C_1 \sim C_4$	标记契约年的条款类变量	C_1 表示期权类条款数量；C_2 表示限制资产转移类条款数量；C_3 表示限制投资类条款数量；C_4 表示偿付保障类条款数量
调节变量	KZ	融资约束代理变量	$KZ=-1.002\times Cash-39.368\times DIV/L.A-1.315\times C/L.A+3.139\times Lev+0.283\times tobinq^{1)}$
	Cash	现金流比率	公司自由现金流/总资产
	OverLevDummy	过度杠杆虚拟变量	若 $Lev^*<Lev^p$，即目标杠杆小于实际杠杆，则 OverLevDummy 为 1，否则为 0
控制变量和匹配变量	EBIT	营利能力	息税前利润/总资产
	MB	成长性	（股票市场价值+负债账面价值）/（总资产年个股总市值+总负债合计）
	DEP	非债务税盾	固定资产折旧/总资产
	Size	公司规模	总资产的自然对数
	FA	抵押能力	固定资产净额/总资产（净额=固定资产原值-折旧-减值）
	IndLev	行业杠杆率中位数	公司所在行业年度中位数
	Age	公司年龄	公司成立以来的年龄
	Roa	资产收益率	净利润/总资产
	Growth	成长能力	公司的营业收入同比增长率
	Cf	现金流	经营活动现金流量净额
	Dcf	现金流变化	（t期经营活动现金流-$t-1$期经营活动现金流）/平均总资产
	Current	流动比率	流动资产/流动负债
	Aturn	资产周转率	总资产周转率，销售收入/平均总资产
	Fasset	固定资产	固定资产/总资产
	Dfasset	固定资产变化	（t期固定资产-$t-1$期固定资产）/平均总资产
	Lev	资产负债率	总负债/总资产
	Dlev	偿债能力变化	（t期总负债-$t-1$期总负债）/平均总资产
	State	产权性质	虚拟变量，国有为 1，非国有为 0
	Year	年份	年份虚拟变量

变量	变量定义		变量度量
控制变量和匹配变量	Industry	行业	行业虚拟变量
	ROA	企业营利能力	营业利润/总资产
	GROWTH	总资产增长率	总资产同比增长率
	SHRCR1	第一大股东持股比例	第一大股东的持股比例

*表示目标杠杆

1) DIV 为现金分红，L.A 为总资产，C 为现金水平

8.4 研究设计

本章的研究设计主要参考已有文献的做法，采用两阶段的部分调整模型来估计债券契约条款对企业资本结构调整速度的影响（Faulkender et al., 2012；黄继承和姜付秀，2015；Devos et al., 2017）。研究思路如下：首先，明确资本结构调整模型；其次，选取一系列企业特征变量来对目标资本结构进行估计，并将目标资本结构代入资本结构调整模型；最后，将债券条款变量作为影响资本结构调整速度的一个变量，得到系数的估计值。具体做法如下。

首先，参考已有文献，本章通过模型（8.2）来估计资本结构动态调整速度，模型设定下：

$$\text{Lev}_{i,t} - \text{Lev}_{i,t-1} \equiv \frac{D_{i,t}}{A_{i,t}} - \frac{D_{i,t-1}}{A_{i,t-1}} = \lambda \left(\text{Lev}_{i,t}^* - \text{Lev}_{i,t-1} \right) + \varepsilon_{i,t} \quad (8.2)$$

其中，$D_{i,t}$ 为 i 公司 t 年末的有息负债（短期借款与长期借款之和）；$A_{i,t}$ 为 i 公司 t 年末的总资产；$\text{Lev}_{i,t}$ 和 $\text{Lev}_{i,t-1}$ 分别为 i 公司 t 年末和 $t-1$ 年末的资本结构；$\text{Lev}_{i,t}^*$ 为 i 公司在 t 年的目标资本结构；$\varepsilon_{i,t}$ 为残差项。模型（8.2）的被解释变量为前后两期实际资本结构的差值，解释变量为上期实际资本结构与目标资本结构的差值，系数 λ 为企业资本结构向目标资本结构调整的速度。

同时，考虑到企业经营利润的实现会改变所有者权益，从而导致企业资本结构发生机械性的调整，这样即使公司没有采取如发行或回购股票、现金分红、增加或偿还银行贷款等行为对资本结构进行主动调整，年末资本结构相对年初资本结构来说仍旧会发生改变。我们通过模型（8.2）观测到的调整速度包含机械调整和主动调整两个部分，本章主要研究债券特殊契约条款对企业主动调整行为的影响，因此本章借鉴 Faulkender 等（2012）的做法，将模型（8.2）修正为模型（8.3），其中各变量详细定义见表 8.1。

$$\text{Lev}_{i,t} - \text{Lev}_{i,t-1}^{p} = \gamma\left(\text{Lev}_{i,t}^{*} - \text{Lev}_{i,t-1}^{p}\right) + \varepsilon_{i,t} \tag{8.3}$$

其中，$\text{Lev}_{i,t-1}^{p} = D_{i,t-1} / (A_{i,t-1} + NI_{i,t})$，$NI_{i,t}$ 为 i 公司在 t 年末的净利润；$\text{Lev}_{i,t-1}^{p}$ 为假设在 $t-1$ 年没有净资本市场活动的情况下（在资本市场上的净融资额为零），i 公司在 $t-1$ 年末的资本结构；γ 为企业资本结构主动调整的速度，且 $0 < \gamma < 1$。

其次，本章采用模型（8.4）对目标资本结构值进行估计。

$$\text{Lev}_{i,t}^{*} = \beta X_{i,t-1} \tag{8.4}$$

其中，β 为回归系数向量；$X_{i,t-1}$ 为一系列决定资本结构的企业特征变量，详细定义见表 8.1。依据现有文献（Faulkender et al.，2012；黄继承和姜付秀，2015）以及中国的实际情况，本章选取以下影响资本结构的企业特征变量：息税前利润（EBIT）、市值账面比（ME）、非债务税盾（DEP）、企业规模（Size）、抵押能力（FA）和公司所在行业杠杆率的中位数（Ind_Lev）及公司和年度固定效应。在估计出 β 后就能通过模型（8.4）得到 i 公司 t 年的目标资本结构。

考虑到调整成本的存在，本章采用同时估计目标资本结构和资本结构调整速度的方法，将模型（8.4）代入模型（8.3），整理后得到模型（8.5）。

$$\text{Lev}_{i,t} - \text{Lev}_{i,t-1}^{p} = \gamma\left(\text{Lev}_{i,t}^{*} - \text{Lev}_{i,t-1}^{p}\right) + \varepsilon_{i,t} \tag{8.5}$$

在估计资本结构动态面板模型时，本章采用公司固定效应（FE）来估计模型（8.5）。在后面的稳健性检验中，本章也采用了修正最小二乘虚拟变量法模型（leat squares dummy variables correction，LSDVC）、系统广义矩估计法以及 Fama-MacBeth 横截面回归来估计模型（8.5）。本章将模型（8.5）估计得到的参数向量 β 代入模型（8.4），就可以得到目标资本结构 $\text{Lev}_{i,t}^{*}$，然后将目标资本结构 $\text{Lev}_{i,t}^{*}$ 代入模型（8.3），采用 OLS 回归来估计主动调整速度。此外，考虑到面板数据回归分析可能存在残差项横截面依赖和时间序列依赖，本章对标准误差进行公司和年度层面的聚类处理。

最后，在模型（8.3）的基础上，加入债券契约条款变量和偏离程度 $\left(\text{Lev}_{i,t}^{*} - \text{Lev}_{i,t-1}^{p}\right)$ 的交互项，建立模型（8.6）来检验债券契约条款对资本结构调整速度的影响。

$$\text{Lev}_{i,t} - \text{Lev}_{i,t-1}^{p} = (\gamma_0 + \gamma_1 \text{CovDummy})\left(\text{Lev}_{i,t}^{*} - \text{Lev}_{i,t-1}^{p}\right) + \varepsilon_{i,t} \tag{8.6}$$

其中，CovDummy 用来衡量企业是否签订债券特殊契约条款，有契约条款定义为 1，否则为 0。估计得到的系数 γ_1 为特殊契约条款对资本结构调整速度的影响，如果 $\gamma_1 < 0$，表示签订特殊契约条款阻碍了企业的资本结构调整。如果 $\text{Lev}_{i,t-1}^{p}$ 小于 $\text{Lev}_{i,t}$，则属于低于目标资本结构值的样本，否则为高于目标资本结构值的样本。本章按此方法给样本分组以考察条款是否对称地影响资本结构的调整速度。

为了方便列示结果，下面将模型（8.6）简化为模型（8.7）。其中，Dev 为目标杠杆比率与实际杠杆比率之间的差异(即杠杆偏差);CovDummy 为虚拟变量,若存在任何类型的特殊条款则取值为 1(否则为 0),其余变量均为控制变量。由于签订债券特殊条款会对融资政策施加限制,本章预计债券条款虚拟变量和杠杆偏差之间相互作用的系数为负($\gamma_1<0$)。

$$\text{Dis}_{i,t} = (\gamma_0 + \gamma_1 \text{CovDummy}) \text{Dev}_{i,t} + \sum \alpha_k \text{Controls}_{i,t} + \varepsilon_{i,t} \quad (8.7)$$

8.5 实证结果

8.5.1 描述性统计

表 8.2 列示了研究公司债券特殊契约条款的签订对资本结构调整速度影响的主要变量描述性统计结果。1 305 只债券根据债券发行期限进行拓展确定 4 328 个观测值,由于本章可供使用的债券样本有限,运用近邻匹配取 $K=3$ 得到 1 644 个对照组观测值。PSM 倾向值各年度具体匹配情况如表 8.2 的 Panel A 所示。

表 8.2 基于 PSM 匹配样本的变量描述性统计

Panel A:PSM 倾向值匹配后样本公司的描述性统计												
组别	2007 年	2008 年	2009 年	2010 年	2011 年	2012 年	2013 年	2014 年	2015 年	2016 年	2017 年	2018 年
处理组(Contract=1)公司数	5	20	60	81	155	321	405	448	542	728	738	837
对照组(Contract=0)公司数	0	5	11	36	41	89	182	259	289	246	243	243

Panel B:变量描述性统计						
变量名称	总样本均值	总样本中位数	对照组		处理组	
			均值	中位数	均值	中位数
Lev*	0.533 6	0.479 1	0.527 6	0.467 3	0.535 8	0.482 3
Dev	0.341 1	0.306 4	0.345 2	0.313 5	0.339 5	0.300 6
Dis	0.000 0	0.000 0	0.004 8	0.002 7	−0.001 9	−0.000 1
EBIT	0.049 2	0.047 3	0.045 7	0.046 2	0.050 1	0.047 4
MB	0.561 8	0.569 1	0.507 7	0.500 4	0.582 4	0.587 0
DEP	0.021 7	0.018 0	0.022 7	0.018 8	0.021 4	0.017 8
Size	23.657 7	23.393 0	22.985 6	22.790 3	23.912 0	23.704 5
FA	0.261 1	0.218 9	0.257 8	0.211 4	0.262 3	0.220 5
IndLev	0.151 2	0.155 6	0.144 6	0.139 8	0.153 7	0.155 6

*表示目标杠杆

从表 8.2 的 Panel B 可知：①总样本中，目标杠杆的均值（中位数）为 0.533 6（0.479 1），签订特殊契约条款的公司，其目标杠杆的均值和中位数均高于未签订特殊契约条款的公司。②签订债券契约条款的公司，杠杆实际调整的均值为 −0.001 9，而未签订债券契约条款的公司，其均值为 0.004 8，前者的资产负债率低于后者。

接下来，本章进一步研究发债公司的特殊契约条款影响资本结构调整的基本机制。通过构造债券契约指数以研究契约强度对发债公司资本结构调整速度的影响，并研究不同类型特殊契约条款的数量对调整速度的影响。最后本章分析企业资本结构调整速度的异质性，分别研究财务状况对债券契约与调整速度之间关系的影响以及契约条款对调整速度影响的非对称性。

表 8.3 为假设 8.2~假设 8.5 主要变量的描述性统计结果。描述性统计结果显示：样本总体目标杠杆的均值（中位数）为 0.571 2（0.520 4），杠杆偏差的均值（中位数）为 0.354 6（0.318 2），契约指数的均值（中位数）为 0.219 8（0）。

表 8.3　基于特殊条款数量、债券评级与会计稳健性样本的变量描述性统计

变量名称	均值	中位数	标准差	最大值	最小值
Lev	0.571 2	0.520 4	0.305 2	2.006 2	−0.202 1
Dev	0.354 6	0.318 2	0.358 9	6.137 8	−14.862 4
Dis	0.004 8	0.003 4	0.208 4	7.816 4	−14.833 0
EBIT	0.058 6	0.055 0	0.053 7	0.243 9	−0.294 4
MB	0.561 5	0.577 1	0.184 8	1.159 7	0.054 8
DEP	0.021 8	0.018 1	0.017 2	0.074 0	0.000 5
Size	23.222 0	23.146 5	1.596 9	25.789 2	19.081 4
FA	0.265 3	0.224 5	0.209 8	0.743 4	0.002 1
IndLev	0.170 1	0.184 5	0.049 5	0.275 4	0.069 1
Cindex	0.219 8	0	0.366 5	1	0
C_1	0.529 9	0	1.033 6	5	0
C_2	0.240 8	0	0.742 5	4	0
C_3	0.517 3	0	0.875 1	2	0
C_4	1.525 0	0	2.561 5	7	0
CovDummy	0.276 4	0	0.447 3	1	0
Cash	0.121 0	0.025 4	0.487 0	1.340 0	−0.785 0
KZ	0.748 6	0.694 4	6.131 5	631.034 9	−50.279 5

8.5.2　债券特殊条款与资本结构调整的基本结果

本章采用 Rosenbaum 和 Rubin（1985）的做法来验证主要变量在匹配前后的平衡性，匹配后变量的标准偏差的绝对值若显著小于 20%，则认为匹配效果较

好。表 8.4 列示了本章的最近邻匹配平衡检验结果，主要变量的标准偏差的绝对值均在 20% 以下，因此本章的倾向值得分匹配结果比较可靠。

表 8.4　最近邻匹配平衡检验结果

变量名称	平均值		标准偏差
	处理组	对照组	
Size	24.179 0	24.133 0	3.2%
Age	16.149 0	15.827 0	6.9%
Roa	0.024 3	0.021 5	2.3%
Growth	0.152 4	0.160 9	−0.2%
Cf	16 000 000 000	9 100 000 000	15.7%
Dcf	0.006 9	0.005 8	1.5%
Current	1.295 0	1.329 6	−1.1%
Aturn	0.600 4	0.616 8	−3.5%
FA	0.292 7	0.284 8	4.2%
Dfasset	0.030 8	0.028 9	2.3%
Lev	0.198 5	0.198 7	−0.1%
Dlev	0.000 0	0.000 0	0
State	0.561 6	0.582 4	−4.4%

本章用模型（8.7）检验了债券特殊条款的签订对资本结构调整的影响，回归结果如表 8.5 所示。结果表明，相互作用的系数在 5% 的水平下显著且为负，系数 −0.014 5 表明契约降低了资本结构调整速度，在经济上，调整速度的降低约为 42%（0.014 5/0.034 9）。加入控制变量后结果保持一致，这些结果证实了假设 8.1，即与没有债券特殊条款的公司相比，签订特殊条款的发债公司的资本结构调整速度较低。

表 8.5　债券特殊条款的签订对资本结构调整速度的影响

变量名称	回归系数
Dev	0.034 9*** （5.79）
CovDummy	−0.001 5 （−0.49）
Dev×CovDummy	−0.014 5** （−2.04）
常数项	−0.007 3*** （−2.74）

和*分别表示在 5% 和 1% 的显著性水平下显著

注：回归系数的标准误为稳健标准误

8.5.3 机制检验

1. 债券条款强度与资本结构调整

本章构建了契约条款指数来衡量条款强度，并且估计契约条款强度对资本结构调整速度的影响。契约条款指数在条款分类的基础上构建，对于任意的公司债券，如果特定年份每一类契约条款中至少存在一个条款则记为 1，否则记为 0，然后按类求和后除以类别数即 4，得到每只债券的契约条款指数 Cindex。显然，债券契约条款指数在 0 到 1 之间。

本章将模型（8.7）中的条款虚拟变量替换为契约条款指数，并重新估计模型（8.7）以检验契约条款强度对资本结构调整的影响：

$$\text{Dis}_{i,t} = (\gamma_0 + \gamma_1 \text{Cindex}) \text{Dev}_{i,t} + \sum \alpha_k \text{Controls}_{i,t} + \varepsilon_{i,t} \quad (8.8)$$

本章假设更高的契约条款指数会降低调整速度并通过在回归模型中引入契约指数与杠杆偏差的交互项来验证这一假设。由于有更多的契约条款阻碍资本结构的调整，本章预计交互项系数为负。结果报告在表 8.6 中。

表 8.6 契约条款强度与资本结构调整速度的检验结果

变量名称	回归系数
Dev	0.655 7*** (147.27)
Cindex	0.040 6*** (8.79)
Dev×Cindex	-0.184 3*** (-18.10)
EBIT	0.334 9*** (14.31)
MB	0.300 8*** (37.33)
DEP	-8.612 4*** (-71.45)
Size	-0.000 5 (-0.63)
FA	-0.044 5*** (-5.11)
IndLev	-0.846 6*** (-34.44)
常数项	-0.061 1*** (-3.39)

***表示在 1%的显著性水平下显著

注：回归系数的标准误为稳健标准误

结果显示与预期一致，Dev 与条款指数之间的相互作用项为负且显著，相互作用项的系数为-0.184 3，意味着调整速度降低 28%（0.184 3/0.655 7）。这些结果表明，更高强度的契约保护降低了资本结构调整的速度，与假设 8.2 相符。

2. 契约条款的类型与资本结构调整

本章将模型（8.7）中的条款虚拟变量分别替换为四类特殊契约条款的数量，并重新估计模型（8.7）以检验不同类型的特殊契约条款对资本结构调整的影响。

$$\text{Dis}_{i,t} = (\gamma_0 + \gamma_1 Cx)\text{Dev}_{i,t} + \sum \alpha_k \text{Controls}_{i,t} + \varepsilon_{i,t} \qquad (8.9)$$

本章预计交互项的系数都是负数，因为任何一类契约条款都会阻碍资本结构调整过程。此外，本章预计限制投资类条款的阻碍作用会更大，结果报告在表 8.7 中。

表 8.7 契约条款类型与资本结构调整速度的检验结果

变量名称	期权类条款	限制资产转移类条款	限制投资类条款	偿付保障类条款
Dev	0.653 4*** (146.75)	0.644 3*** (144.82)	0.655 5*** (147.22)	0.656 0*** (147.34)
$C_1 \sim C_4$	0.012 7*** (7.93)	0.006 9*** (3.03)	0.018 1*** (9.32)	0.006 1*** (9.31)
Dev×($C_1 \sim C_4$)	-0.061 8*** (-16.55)	-0.035 9*** (-7.41)	-0.078 3*** (-18.12)	-0.027 0*** (-18.49)
EBIT	0.341 3*** (14.57)	0.364 9*** (15.50)	0.344 0*** (14.73)	0.336 2*** (14.38)
MB	0.304 4*** (37.72)	0.307 2*** (37.75)	0.302 6*** (37.56)	0.301 4*** (37.41)
DEP	-8.767 7*** (-73.09)	-8.839 3*** (-72.99)	-8.662 2*** (-72.09)	-8.608 5*** (-71.48)
Size	-0.001 6* (-1.93)	-0.001 3 (-1.62)	-0.000 9 (-1.15)	-0.000 7 (-0.86)
FA	-0.042 1*** (-4.82)	-0.046 5*** (-5.28)	-0.042 3*** (-4.86)	-0.045 4*** (-5.22)
IndLev	-0.833 6*** (-34.05)	-0.815 3*** (-33.15)	-0.851 2*** (-34.45)	-0.849 9*** (-34.45)
常数项	-0.038 9** (-2.16)	-0.046 6** (-2.56)	-0.052 2*** (-2.90)	-0.057 1*** (-3.17)

*、**和***分别表示在 10%、5% 和 1% 的显著性水平下显著
注：括号内为 t 值，回归系数的标准误为稳健标准误

根据表 8.7 的结果可知，Dev 与各类契约条款之间的相互作用项均为负且显著。其中，限制投资类条款的抑制作用最强，偿付保障类条款的抑制作用最弱，与假设 8.3 相符。期权类条款赋予了债务人或债权人远期期权，其交互项系数为 -0.061 8，意味着调整速度将降低约 9%（0.061 8/0.653 4）；限制资产转移类条款主要限制出售资产、关联交易、对外担保、质押资产等方面，其交互项系数为 -0.035 9，暗示着调整速度将降低约 6%（0.035 9/0.644 3）；限制投资类条款的限制力主要体现在限制公司对外投资、收购或兼并等资本性支出上，而这些都是调整资本结构的重要途径，限制投资类条款的交互项系数为 -0.078 3，表示调整速

度将降低约 12%（0.078 3/0.655 5）；偿付保障类条款旨在弥补债权人面临违约风险时承受的损失，其对资本结构调整的影响相对较小，交互项系数为-0.027 0，调整速度将降低约 4%（0.027 0/0.656 0）。

8.5.4 异质性检验

1. 财务状况、契约条款与资本结构调整

本章首先使用公司的自由现金流量来衡量财务状况。本章分别对高自由现金流量和低自由现金流量的模型（8.7）进行估计。为此，本章将样本按现金流比率中位数进行拆分，如果现金流量约束对契约条款与调整速度之间的关系产生影响，本章预计对于低自由现金流子样本来说，LevDev 和契约虚拟变量之间的交互作用更为负向且显著，结果报告在表 8.8 中。

表 8.8 财务状况、契约条款强度与资本结构调整速度的检验结果

变量名称	企业自由现金流量		KZ 指数	
	低自由现金流	高自由现金流	高 KZ 指数	低 KZ 指数
Dev	0.728 8*** (133.12)	0.400 9*** (50.33)	0.761 1*** (147.71)	0.149 0*** (24.54)
Cindex	0.037 7*** (6.72)	0.022 5*** (4.85)	0.019 9*** (3.97)	-0.012 7*** (-3.96)
Dev×Cindex	-0.235 8*** (-16.01)	-0.081 0*** (-8.90)	-0.160 6*** (-14.67)	0.008 1 (1.16)
EBIT	0.303 3*** (8.42)	0.157 4*** (5.63)	0.283 0*** (9.32)	0.147 9*** (7.14)
MB	0.323 0*** (26.41)	0.170 8*** (17.12)	0.346 1*** (30.42)	0.034 9*** (5.23)
DEP	-10.093 4*** (-44.89)	-4.974 9*** (-33.84)	-10.488 8*** (-63.48)	-1.688 9*** (-15.71)
Size	0.003 0** (2.29)	-0.002 8*** (-2.76)	0.002 2** (1.99)	0.003 2*** (4.73)
FA	-0.013 9 (-0.83)	-0.026 8*** (-3.01)	-0.058 3*** (-4.96)	-0.058 4*** (-7.55)
IndLev	-0.904 3*** (-24.16)	-0.511 7*** (-16.77)	-1.041 5*** (-30.24)	-0.209 1*** (-10.41)
常数项	-0.138 0*** (-4.88)	0.020 2 (0.85)	-0.073 4*** (-3.01)	-0.082 6*** (-5.46)

和*分别表示在 5%和 1%的显著性水平下显著

注：括号内为 t 值，回归系数的标准误为稳健标准误

从表 8.8 可以看出，情况确实如此。对于高自由现金流子样本，相互作用的系数显著但较小，为-0.081 0，而对于低自由现金流子样本，交互项系数显著为负，为-0.235 8。对于低自由现金流子样本，契约条款的经济意义约为 32%

（0.235 8/0.728 8）。对于高自由现金流子样本，契约条款的经济意义约为 20%（0.081 0/0.400 9）。由此本章得出结论，对于自由现金流量低的公司，债券特殊契约条款对资本结构调整速度的阻碍作用更大，与假设8.4一致。

企业的融资约束也可能阻碍资本结构的调整。受融资约束的公司在通过发行债务或股权筹集外部资金方面面临困难，因此受融资约束的公司进行资本结构调整的步伐可能较慢。因此，本章预计受融资约束的公司中债券契约对资本结构调整速度的影响更加明显。本章使用 KZ 指数（Kaplan and Zingales，1997）作为融资约束的代理，预期融资约束较高的公司对交互变量具有显著的负系数，结果报告在表 8.8 中，实证结果表明，对于融资约束较低的公司，其交互项系数为正且不显著，而对于融资约束较高的公司，交互项的系数为负（-0.160 6）且显著，调整速度降低约21%（0.160 6/0.761 1），与假设8.4一致。

2. 契约条款对资本结构调整速度影响的非对称性

本章使用以下模型来分析过度和欠杠杆企业间资本结构调整速度的差异。

$$\begin{aligned}\text{Dis}_{i,t} = &\beta_0 + \beta_1 \text{Dev}_{i,t} + \beta_2 \text{CovDummy}_{i,t} + \beta_3 \text{Dev}_{i,t} \times \text{CovDummy}_{i,t} \\ &+ \beta_4 \text{OverLevDummy}_{i,t} + \beta_5 \text{Dev}_{i,t} \times \text{OverLevDummy}_{i,t} \\ &+ \beta_6 \text{CovDummy}_{i,t} \times \text{OverLevDummy}_{i,t} + \beta_7 \text{Dev}_{i,t} \\ &\times \text{CovDummy}_{i,t} \times \text{OverLevDummy}_{i,t} + \sum \alpha_k \text{Controls}_{i,t} + \varepsilon_{i,t}\end{aligned} \quad (8.10)$$

其中，因变量是杠杆的变化。Dev 是目标杠杆比率与实际杠杆比率（即杠杆率差距）之间的差额。如果公司年度观察有任何类型的条款，CovDummy 等于 1，否则为 0。Dev 的正（负）值被认为是缺乏（过度）杠杆。如果实际杠杆大于目标杠杆，则OverLevDummy 等于1，否则为0。本章预计Dev 估计系数的符号为负，过度杠杆会大大阻碍资本结构调整的速度。

如表 8.9 所示，实证结果表明，Dev 估计系数为负（-0.663 6）且显著，表明对于过度杠杆公司，债券特殊契约条款与资本结构调整速度的负向相关更为明显。杠杆不足和过度杠杆的公司之间的调整速度差异可以通过发行债务和股权成本的不对称性来解释。如果股本的调整成本高于债务的调整成本，则过度杠杆化会进一步阻碍资本结构调整的速度。

表 8.9 债券条款与过度杠杆公司的资本结构调整速度的检验结果

变量名称	回归系数
Dev	0.271 7*** （46.28）
CovDummy	0.008 5** （2.43）
Dev×CovDummy	-0.055 4*** （-7.54）

续表

变量名称	回归系数
OverLevDummy	0.103 4*** （27.72）
Dev×OverLevDummy	0.696 7*** （90.66）
CovDummy×OverLevDummy	−0.120 8*** （−12.96）
Dev×CovDummy×OverLevDummy	−0.663 6*** （−10.38）
EBIT	0.120 4*** （6.64）
MB	0.144 9*** （22.63）
DEP	−3.667 9*** （−34.05）
Size	−0.001 8*** （−2.84）
FA	−0.010 5 （−1.56）
IndLev	−0.347 0*** （−17.68）
常数项	0.004 1 （0.29）

** 和 *** 分别表示在5%和1%的显著性水平下显著
注：回归系数的标准误为稳健标准误

8.5.5 稳健性检验

为了保证研究结论的可靠性，本章进行了以下稳健性检验，并得到了一致的结果，限于篇幅，未汇报具体检验结果。

第一，用不同的模型估计目标资本结构。前文以公司固定效应模型（FE）估计模型（8.5），再代入模型（8.4）中计算目标资本结构。除了上述模型外，本章还采用了系统广义矩估计法（黄继承和姜付秀，2015）、修正最小二乘虚拟变量法模型（LSDVC）（黄继承和姜付秀，2015）和 Fama-MacBeth 横截面回归（Devos et al., 2017）重新估计了模型（8.5），得到新的目标资本结构，再重新估计模型（8.7），结论保持一致。

第二，基于资本结构动态权衡理论，在选取模型（8.4）中影响目标资本结构的公司特征变量时，考虑到不同行业税收、治理与隐性担保等因素的影响，本章将模型（8.4）的公司特征变量进行替换，与陆正飞等（2015）的研究一致，通过控制总资产增长率、国有性质和第一大股东持股比例这3个变量来控制不同行业税收、治理与隐性担保等因素的影响。选取新的控制变量组估计模型（8.5），得到新的目标资本结构,并重新估计模型(8.7),结果保持一致。

8.6 本章小结

本章通过手工收集的中国沪深上市公司 2007~2018 年发行的债券契约条款数据,研究了债券特殊契约条款对资本结构调整速度的影响及影响机制。研究发现,与未发债公司相比,发债公司签订的特殊契约条款阻碍了资本结构的调整速度,调整速度降低约 42%;并且特殊契约条款的数量越多,契约强度越大,对资本结构调整速度的抑制作用越强,对于契约强度较高的公司,调整速度降低约 28%。此外,本章在特殊契约条款对资本结构调整的影响机制研究中发现,四类特殊契约条款都会阻碍资本结构调整过程,其中,限制投资类条款对资本结构调整的阻碍作用最强,为 12%(0.078 3/0.655 5),而偿付保障类条款的阻碍作用最弱,为 4%(0.027 0/0.656 0)。最后,本章研究了资本结构调整的异质性,研究发现财务状况越差的公司(即自由现金流较低或受到融资约束),特殊契约条款对资本结构调整速度的抑制作用越强,其中,对于低自由现金流子样本,调整速度降低约 32%(0.235 8/0.728 8),而对于融资约束较高的公司,调整速度降低约 21%(0.160 6/0.761 1)。尽管本章的结果支持资本结构调整的权衡理论,但是也提供了一些与啄序理论相关的发现。结果表明,特殊契约条款对资本结构调整的影响具有非对称性,契约条款对过度杠杆公司的资本结构调整的阻碍作用更强。最后,本章的结果对于不同的目标资本结构估计模型以及公司特征变量的选择都是稳健的。总的来说,本章的研究突出了债券契约条款在资本结构调整过程中的重要性,尤其是限制投资类条款的使用。

中国公司债券市场有关投资者保护的制度和法律法规尚不健全,信息不对称问题阻碍了债券市场的发展,而债券契约条款通过对发行方施加限制来保护债权人权益,能够缓解股东和债权人之间的代理冲突,降低融资成本。然而债券契约条款的存在降低了发行方新债务发行的灵活性及公司调整资本结构的灵活性,从而对资本结构调整速度产生影响,给公司的融资政策带来了额外的成本。本章通过研究债券契约条款对资本结构调整速度的影响及其影响机制,有利于更加多元全面地评价债券契约条款的经济影响。可以反向指导债券发行人对债券契约条款的选择和设计,从而有效保护债权人权益,促进中国债券市场稳定发展的同时提升中国上市公司的目标资本结构意识,鼓励和指导企业优化资本结构。

第9章 债券契约条款与发行利率的实证分析

股东和债券持有人之间代理问题的存在，使债券持有人可能面临的风险加大，从而他们要求更高的风险溢价，这一点就体现在债券发行利率上。代理问题的存在提高了债券的发行利率，加大了发行人的债务融资成本。当发行人设计债券契约条款时，主动加入赋予债券投资者权利的条款和限制发行人转移债券投资者财富行为的条款，以此来缓解股东与债券持有人之间的代理问题，保护投资者免于遭受可能的更大的风险。如此一来债券持有人将放低对风险溢价的要求，从而发行人降低了自身的融资成本。一方面，对债券持有人起保护作用的债券契约条款，赋予了债权人权利，能够降低债权人未来可能面临的各种风险；另一方面，这些条款的采纳，让股东承担了义务，也限制了股东的行为，损害了股东的利益。因此，债券持有人为了得到相应的权利和受到相应的保护，必须以牺牲债券的发行利率为代价；同时股东也因为债券发行利率的降低而得到相应的收益。因此，本章将基于债券契约条款与发行利率的关系展开研究。

9.1 引　　言

近年来，公司债券规模实现了飞跃式增长，据 Wind 资讯数据显示，截至 2016 年 12 月 31 日，中国一般公司债券共发行 1 725 只，发行总额为 25 658.21 亿元，融资规模年均增长 72.19%。公司债券在中国发展迅速，债券融资正在成为中国公司外部融资越来越重要的方式之一。

目前国内文献对于公司债券研究主要集中在市场发展和市场效率（金鹏辉，2010；高强和邹恒甫，2010）、信用评级（晏艳阳等，2016）、流动性风险、融资功能和债券定价等方面，关于债券契约条款的价值及其对发行成本的作用，尤其是对债券发行利率的影响，目前很少有文献做深入地研究和分析。

契约条款作为债券契约的主要内容，在债券发行上市之前就已经形成，约束着发行人与债权人双方的权利和义务。除债券期限、息票率等一些标准化契约条款之外，部分公司债券还包含了一些如"利率可调整"、"限制红利支付"以及"可回售"等特殊契约条款。尤其是在信息不对称且投资者保护机制不充分的情况下，这些契约条款能够有效缓解股东与债权人之间的代理冲突，影响公司的融资成本，从而改变公司价值。

债券发行利率作为公司融资成本的一部分，一方面，由于股东和债权人之间的代理问题，债权人可能面临较大的风险，其要求的风险溢价也会更高，进而推高债券发行利率。另一方面，发行人在发行债券时，除含有标准化的条款以外，还设置有期权类条款和限制性条款等特殊条款，目的是通过减少债权人未来可能面临的风险来降低债券发行利率（融资成本）。那么，债券发行人设置这些特殊条款真正达到了降低融资成本（债券发行利率）的目的了吗？该研究对中国公司债券市场的改革和发展，尤其是对债券契约条款的设计，具有重要理论价值和现实意义。

9.2 理论分析

契约条款作为债券契约的主要内容，在债券发行上市之前就已经形成，约束着发行人与债权人双方的权利和义务。除债券期限、息票率等一些标准化契约条款之外，部分公司债券还包含一些如"利率可调整"、"限制红利支付"以及"可回售"等特殊契约条款，尤其是在信息不对称且投资者保护机制不充分的情况下，这些契约条款能够有效缓解股东与债权人之间的代理冲突，影响公司的融资成本，从而改变公司价值。

债券发行利率作为公司融资成本的一部分，一方面，由于股东和债权人之间的代理问题，债权人可能面临较大的风险，其要求的风险溢价也会更高，进而推高债券发行利率；另一方面，发行人在发行债券时，除含有标准化的条款以外，还设置有期权类条款和限制性条款等特殊条款，目的是通过减少债权人未来可能面临的风险，来降低债券发行利率。

债券发行利率，即债券息票率，是发行人在债券契约条款中约定的定期向债券投资者支付的费率，它能够反映债券发行人真实的融资成本。发行利率越高，则发行人定期向债券持有人支付的利息越高，相应的债务融资成本就越大。

股东（债券发行人）和债券持有人之间存在代理问题。债券持有人作为公司的债权人，不能直接参与到公司的生产经营活动中，发行人可能会通过资产变卖和极端的投融资等行为来最大化股东的利益，导致债券持有人面临较大的风险。为了弥补自身可能承担的风险，债券持有人会要求较高的债券发行利率。因此，股东和债券持有人之间代理问题提高了债券的发行利率，加大了发行人的债务融资成本。

为了避免因代理问题而导致的融资成本上升，债券发行人在设计债券契约条款时，会主动加入保护债券投资者权利和限制发行人行为等特殊条款，以此来缓解股东与债券持有人之间的代理问题。债券持有人得到了相应的权利和保护，进而对发行利率的要求会有所降低。保护性和限制性条款的设置给债券发行人带来收益（降低了自身的融资成本）的同时，也限制了其行为，有可能损害股东的利益。只有当债券契约条款所能降低的发行利率（即债务融资成本支出的减少）大于设置这些条款的成本（给发行人带来的额外成本）时，发行人才会选择采用这些特殊契约条款（Smith and Warner，1979；Tirole，2006）。

基于以上理论分析，本章提出假设 9.1：保护性条款和限制性条款的引入能够降低债券的发行利率，这些特殊条款的采用程度和债券发行利率之间是负相关关系。

9.3 变量与数据

本章选取了自 2007 年 9 月 1 日（公司债券开始发行）至 2016 年 12 月 31 日在中国债券市场公开发行的一般公司债券，根据债券的募集说明书，手工搜集了债券条款，剔除了部分不能获得条款数据的债券后，得到由 570 家上市公司公开发行的共计 944 只债券[①]。

为了反映债券发行上市时资本市场的真实融资成本，本章采用债券息票率利差作为融资成本的代理变量，即用债券发行利率（息票率）减去债券发行上市时同期限国债发行利率的差作为被解释变量。表 9.1 给出了本章使用的主要变量及其简单说明。

---

① 自 2007 年 9 月 1 日至 2016 年 12 月 31 日，中国共发行 1 725 只一般公司债券，其中，952 只上市公司债券，上市公司债券中 8 只不能获得条款信息。

表 9.1 变量符号及含义

变量名	代表含义	释义
Y	息票率利差	被解释变量，债券息票率减去债券上市时段同期限国债发行利率
t_1	国债利率	债券发行上市时段，同期限国债的利率
rating	发行人主体评级	根据发行人主体评级相应赋值
LU	主承销商承销能力	主承销商当年市场占有率≥1%，赋值1；否则，赋值0
TS	期限利差	债券发行上市时段，10年期国债利率与3年期国债利率的差
AR	股票收益	债券发行上市前180个交易日股票日收益率的平均值
SDR	股价的波动	债券发行上市前180个交易日股票日收益率的标准差
MB	公司成长能力	公司股票市值/账面价值
SDC	公司环境波动	发行人债券发行上市前12个季度的现金及现金等价物净增加额的标准差
Ownership	企业性质	若发行人为国有企业，则赋值1；否则，赋值0
lnasset	总资产	发行人总资产取自然对数
leverage	杠杆	总负债/总资产
Tangible	资产有形性	有形资产/总资产
ROA	总资产收益率	净利润/总资产
AT	总资产周转率	营业收入/总资产
secured	担保	含担保，则赋值1；否则，赋值0
new	政策影响	公司债券于《公司债券发行与交易管理办法》颁布之后上市发行，则赋值1；否则，赋值0
Big10	审计质量	中国注册会计师协会公布会计事务所综合排名前10，则赋值1；否则，赋值0

注：SDC: standard deviation of cash, 现金等价物净增加额的标准差

本章将公司基本特征和财务信息作为影响公司债券发行利率的主要解释变量。公司的信用评级是影响债券发行利率的主要因素，选取债券发行时发行人主体的信用评级作为解释变量。这里没有采用本期债券的信用评级，是考虑到本期债券的信用评级可能会受到契约条款设置的影响，而发行人主体的信用评级不受契约条款的影响，并且能够反映发行人的信用。

$$\text{rating} = \begin{cases} 4, & \text{评级为AAA} \\ 3, & \text{评级为AA+} \\ 2, & \text{评级为AA} \\ 1, & \text{其他} \end{cases} \quad (9.1)$$

主承销商的承销能力对债券发行利率也有很大的影响。如果主承销商承销能力强，在债券市场上承销金额大，那么相应的机构投资者资源更加丰富，承销的债券更加受到认可，进而会在债券的发行利率上有所体现。参照史永东和田渊博（2016）的观点，本章考虑了主承销商的承销能力，用虚拟变量 LU（lead underwriter)来表示。

利率期限结构对债券的融资成本也有影响。参照 Campbell 和 Taksler（2003）的观点，将债券发行上市时，10 年期国债利率与 3 年期国债利率的差 TS（term spread）作为解释变量来控制宏观或市场因素的变动。

Merton（1974）认为，股价波动比较大的公司更有可能出现违约情况，同时，Campbell 和 Taksler（2003）实证表明，发债公司股票价格的波动是决定债券发行利率的重要因素。因此，本章将债券发行上市前 180 个交易日，债券发行人股票日收益率的平均值 AR 和标准差 SDR 作为影响债券发行利率的解释变量。

考虑到中国大型企业以国有企业为主，其背后有政府信用作为隐形担保，投资者对其认可程度相对于非国有企业更高一些，在一定程度上会影响债券的融资成本。因此，本章将是否国有作为解释变量。具体地，构造二元虚拟变量，若发债主体为国有企业，则赋值1，否则赋值0。考虑到债券是否含有担保对债券的信用和融资成本影响较大。因此我们引入了债券是否担保（secured）这一虚拟变量。另外，发行人所处的行业也会影响到债券的发行利率。有些行业债券发行较多，有些行业鲜有通过发行公司债券的方式来进行融资，因此，本章将行业作为控制变量。

Kahan 和 Yermack（1998）指出，债券特殊条款的存在限制了公司投资机会，对公司成长有一定的影响，对发行人本身成长来说是一种隐形成本。Gilson 和 Warner（1998）指出，高速成长公司不愿意采用这些条款，发行人宁愿选择对其限制性较少的银行贷款，以此来保持公司的成长性。Anderson（1999）发现，在巴西发行的公司债券中，很少采用限制分红、投资及融资等契约条款。对于高成长性和公司环境波动较大的企业，由于采用这些特殊条款的成本太高，公司通常会选择放弃使用这些条款。本章用市账比 MB（公司股票市值/账面价值）来刻画公司的成长能力，公司股票市场价值和账面价值均使用发行人债券发行上市前一年末的数据。参照 Reisel（2014）的观点，本章选择发行人现金流波动来刻画公司环境的波动，采用发行人债券发行上市前 12 个季度现金及 SDC 来刻画公司环境的波动。本章同时采用 MB 和 SDC 来刻画债券条款的成本。

2015 年 1 月 15 日正式公布实施的《公司债券发行与交易管理办法》，取代了过去实施的《公司债券发行试点办法》。这两个政策法规相比，《公司债券发行与交易管理办法》强化了债市监管，扩大了公司债券发行主体范围，放宽了发行条件，降低了公司债券的发行门槛和发行成本。本章用变量 new 刻画《公司债券发行与交易管理办法》颁布前后政策变动的影响，构造二元虚拟变量，公司债券于《公司债券发行与交易管理办法》颁布之后发行上市为 1，否则为 0。

财务报表是公司内部人和外部人订立契约时的重要参考，审计的鉴证作用可以减少财务数据实际值和会计值之间的差距，保证会计信息的真实可靠性，降低公司内外部的信息不对称程度，从而降低代理成本。好的会计事务所审计标准会更严格，审计质量更高，信息更可靠。本章参考中国注册会计师协会公布的年度会计事务所综合排名，用变量 Big10 刻画审计质量，排名前十的会计事务所表示高的审计质量，赋值 1，否则赋值 0。

最后是财务类指标，参照 Bradley 和 Roberts（2004）的观点，公司规模、杠杆、资产有形性会影响债券的发行利率。另外，考虑公司的盈利和营运能力、总资产收益率、总资产周转率也会影响债券的发行利率。因此，将公司规模、杠杆、资产有形性、总资产收益率、总资产周转率作为回归方程的控制变量。上述用到的财务数据均来自债券发行上市前一年的年度审计报告。

9.4 研究设计

由于债券契约条款是主要解释变量，为保证该变量的随机性，以及解决发行人的资产规模和财务情况等诸多因素可能会影响债券契约条款选择所导致的内生性问题，本章采用处理效应模型研究债券契约条款对债券发行利率的影响。在使用处理效应模型时，参照覃家琦和邵新建（2015），采用估计对残差项进行稳健性调整，同时加入稳健性标准误处理异方差问题。处理效应模型由两个方程构成。

首先，契约条款选择方程（简化的 Probit 模型）：

$$\text{cvn} = \alpha_0 + \alpha_1 X' + \alpha_2 C + \varepsilon' \quad \varepsilon' \sim N(0, \delta'^2) \quad (9.2)$$

其中，cvn 表示条款虚拟变量，选择债券条款是由收益和成本联合决定的，只有当采用该条款的收益大于成本时，发行人才会选择这一条款；X' 表示选择该类契约条款产生的收益，X' 由公司的主要特征、财务状况和宏观经济环境来进行刻画；C 表示选择该条款产生的成本。

其次，债券定价方程：

$$Y = \beta_0 + \beta_1 X + \text{cvn} + \varepsilon \quad \varepsilon \sim N(0, \delta^2) \quad (9.3)$$

其中，Y 表示息票率利差；X 表示影响债券息票率的因素；cvn 表示解释变量放到定价方程中。

仿照 Reisel（2014），对定价方程的回归分两步进行，第一步对条款选择方程进行回归，令 $\delta' = 1$，然后统计得到 IMR（γ），当 cvn=1 时，$\gamma = \phi(\tilde{a}\Pi) / \Phi(\tilde{a}\Pi)$；当 cvn=0 时，$\gamma = -\phi(\tilde{a}\Pi) / [1 - \Phi(\tilde{a}\Pi)]$。其中，$\phi$ 为标准正态

随机变量密度函数；IMR（p）为其分布函数。

第二步，将 IMR（γ）引入债券定价方程，对方程进行极大似然估计（maximum likelihood estimation，MLE），便可得到结果。为了使模型估计的显著性结果更加稳健，本章采用了稳健性标准误。

9.5 实证分析

9.5.1 描述性统计

表 9.2 给出了本章所使用的主要变量的描述性统计，从中可以看出，公司环境波动（SDC）、公司杠杆（leverage）和资产有形性（Tangible）的标准差较大，分别为 9.397、17.028 和 19.208，这说明不同公司之间财务情况差别比较大。股票平均日收益率（AR）的中位数为 0.02%，最大值为 0.9%，股价波动（SDR）的中位数为 2.75%，最大值为 6.45%，标准差为 1.062，说明股票平均日收益率的波动不大。期限利差（TS）的中位数为 0.42%，最大值为 1.5%，最小值为 −0.39%，标准差为 0.276，这说明国债利率出现了"倒挂"。市账比（MB）的中位数为 1.98，最大值为 24.49，标准差为 2.115，市账比是影响发行成本的重要因素。与美国发行公司债券的上市公司相比（Reisel，2014），中国发行公司债券的上市公司的公司杠杆、资产有形性、公司平均日收益率、股价波动、市账比等指标标准差要大得多，这是由于中国的资本市场处于转轨时期，相关法律、制度尚需完善，政府干预、大幅波动是中国股市的明显特征。

表 9.2 主要变量的描述性统计

变量	均值	25 分位	中位数	75 分位	最大值	最小值	标准差	样本量
Y	2.269	1.385	2.125	3.06	6.53	0.18	1.209	944
rating	2.664	2	2	4	4	1	0.977	944
TS	0.481%	0.31%	0.42%	0.62%	1.5%	−0.39%	0.276	944
AR	0.041%	−0.11%	0.02%	0.16%	0.9%	−1.19%	0.227	944
SDR	2.932%	2.19%	2.75%	3.55%	6.45%	0.74%	1.062	944
SDC	7.575	3.08	4.92	8.51	94.72	0.32	9.397	944
MB	2.563	1.29	1.98	3.125	24.49	0.23	2.115	944
lnasset	23.638	22.49	23.45	24.67	28.5	20.37	1.524	944
leverage	55.891	43.85	57.43	68.86	92.68	4.35	17.028	944

续表

变量	均值	25 分位	中位数	75 分位	最大值	最小值	标准差	样本量
Tangible	33.419	20.915	32.445	45.26	94.92	−41.36	19.208	944
AT	0.623	0.26	0.49	0.81	5.11	0	0.527	944
ROA	4.668	2.165	3.62	6.17	21.11	−3.43	3.597	944

9.5.2 条款选择

条款选择方程的结果见表 9.3。由表 9.3 可以看出，除限制资产转移类条款之外，在债券发行当期，同期限国债利率对债券条款的选择有显著影响，且系数均为正数。表明当同期基准利率高的时候，发行人更加倾向使用这些条款来降低融资成本。《公司债券发行与交易管理办法》颁布前后，政策性变动对债券发行的条款选择的影响显著，在《公司债券发行与交易管理办法》颁布之后，发行人倾向多采用期权类条款，较少采用限制类条款来降低融资成本。同时，对于主承销能力较强、公司规模较大、国有企业、采用担保的债券发行人，倾向少采用期权类条款降低融资成本，而杠杆较高的企业则有与之相反的选择。发行主体信用评级较高的公司，倾向使用限制资产转移类和限制投资类条款来降低融资成本；在宏观环境波动比较大时，债券发行人倾向增加使用限制融资类条款降低融资成本，营利能力强的发行人倾向减少限制融资类条款的使用。

表 9.3 条款选择方程的结果

变量	cvn_1	cvn_2	cvn_3	cvn_4
rating	−0.069 9 （−0.78）	0.184 0** （2.20）	0.199 4** （2.39）	0.143 6 （1.36）
t_{-1}	0.503 6*** （3.87）	0.196 3 （1.62）	0.364 6*** （2.99）	0.540 1*** （3.74）
LU	−0.183 4* （−1.68）	0.075 0 （0.72）	−0.052 5 （−0.49）	0.032 6 （0.23）
TS	−0.714 9*** （−3.78）	−0.107 2 （−0.63）	0.057 5 （0.33）	0.564 0*** （2.93）
AR	−0.002 6 （−0.01）	0.093 5 （0.45）	0.050 6 （0.24）	−0.212 8 （−0.75）
SDR	−0.079 5 （−1.38）	−0.035 0 （−0.61）	0.038 6 （0.63）	0.019 5 （0.21）
SDC	0.002 0 （0.40）	−0.004 6 （−0.81）	−0.005 4 （−0.90）	−0.004 3 （−0.65）
MB	−0.018 1 （−0.65）	−0.001 8 （−0.06）	−0.013 3 （−0.44）	0.006 9 （0.23）
Ownership	−0.244 0** （−2.02）	−0.076 2 （−0.67）	−0.137 1 （−1.18）	0.097 3 （0.63）
lnasset	−0.288 9*** （−4.21）	0.035 4 （0.60）	0.049 4 （0.82）	−0.035 3 （−0.52）

续表

变量	cvn_1	cvn_2	cvn_3	cvn_4
leverage	0.012 2** (2.04)	0.008 9 (1.51)	0.001 1 (0.16)	−0.006 1 (−0.91)
Tangible	0.003 8 (0.90)	0.002 8 (0.66)	−0.001 4 (−0.29)	−0.004 7 (−1.04)
AT	−0.167 5 (−1.55)	0.139 6 (1.45)	0.145 9 (1.43)	0.110 1 (0.94)
ROA	0.004 1 (0.24)	−0.026 0 (−1.64)	0.000 5 (0.03)	−0.055 4*** (−2.74)
secured	−0.326 8*** (−2.89)	−0.093 0 (−0.90)	−0.118 0 (−1.08)	−0.056 4 (−0.43)
new	0.799 0*** (4.85)	−0.492 3*** (−3.22)	−0.576 0*** (−3.51)	−0.896 2*** (−3.64)
Big10	−0.100 1 (−1.09)	−0.109 1 (−1.19)	−0.122 4 (−1.30)	−0.052 1 (−0.44)
Cons	5.728 0*** (4.09)	−2.046 2 (−1.61)	−3.247 5** (−2.52)	−1.300 7 (−0.85)
Ind	控制	控制	控制	控制
样本量/个	944	944	944	944
伪判定系数 (Pseudo R^2)	0.191 1	0.069 4	0.075 1	0.152 6

*、**和***分别表示在10%、5%和1%的显著性水平下显著

注：括号中的数字为 Z 统计量。cvn_1代表保护性期权类条款，cvn_2代表限制资产转移类条款，cvn_3代表限制投资类条款，cvn_4代表限制融资类条款

9.5.3 条款定价

条款定价方程的结果见表 9.4。正如我们所预料的，保护性债券契约条款能够起到降低发行人债务成本的作用。

表 9.4 条款定价方程的结果

变量	cvn_1	cvn_2	cvn_3	cvn_4
条款的影响	−1.240 5*** (−8.68)	−0.676 7*** (−4.63)	−0.742 6*** (−4.75)	−0.682 3*** (−3.71)
rating	−0.649 0*** (−11.50)	−0.565 3*** (−11.40)	−0.556 6*** (−11.46)	−0.582 8*** (−11.99)
LU	−0.238 0*** (−3.42)	−0.164 5*** (−2.69)	−0.191 6*** (−3.20)	−0.185 7*** (−3.14)
TS	−0.222 9* (−1.87)	0.052 3 (0.49)	0.076 1 (0.71)	0.154 7 (1.41)
AR	−0.046 3 (−0.32)	−0.081 7 (−0.62)	−0.063 0 (−0.48)	−0.128 0 (−1.00)
SDR	0.015 4 (0.40)	0.040 2 (1.19)	0.056 0* (1.65)	0.052 1 (1.57)

续表

变量	cvn_1	cvn_2	cvn_3	cvn_4
MB	−0.0212 (−1.24)	−0.0156 (−0.89)	−0.0137 (−0.73)	−0.0125 (−0.71)
Ownership	−0.7661*** (−9.84)	−0.7211*** (−10.36)	−0.7287*** (−10.44)	−0.7019*** (−10.31)
lnasset	−0.1104*** (−2.96)	0.0102 (0.32)	0.0131 (0.41)	−0.0054 (−0.18)
leverage	0.0104*** (2.75)	0.0084** (2.32)	0.0064* (1.68)	0.0057* (1.65)
Tangible	0.00149 (0.55)	0.0010 (0.37)	−0.0001 (−0.03)	−0.0004 (−0.13)
AT	−0.1371* (−1.89)	−0.0475 (−0.76)	−0.0419 (−0.67)	−0.0656 (−1.21)
ROA	−0.0116 (−1.10)	−0.0235** (−2.50)	−0.0195** (−2.09)	−0.0239** (−2.48)
secured	−0.1293* (−1.74)	0.0187 (0.30)	0.0112 (0.17)	0.0190 (0.30)
new	−0.7066*** (−7.95)	−1.0337*** (−13.13)	−1.0857*** (−12.80)	−1.0309*** (−12.56)
Big10	−0.2010*** (−3.34)	−0.1482*** (−2.69)	−0.1545*** (−2.82)	−0.1281** (−2.39)
Cons	8.0597*** (9.67)	−0.6767*** (−4.63)	4.3369*** (6.55)	4.7787*** (7.56)
Ind	控制	控制	控制	控制
残差相关性 $ath(\rho)$	0.9865*** (6.36)	0.5575*** (4.86)	0.5400*** (4.50)	0.5681*** (3.90)
残差协方差 $\ln(\delta)$	−0.1403*** (−2.84)	−0.2279*** (−5.66)	−0.2383*** (−6.04)	−0.2620*** (−7.48)
瓦尔德独立性检验 (Wald test of indep. Eqns)	20.89***	4.58**	5.02**	7.23***
对数伪似然值(Log pseudo likelihood)	−1 543.8873	−1 592.2844	−1 554.1478	−1 333.3149
IMR(λ)	0.6569	0.4030	0.3885	0.3955
样本量/个	944	944	944	944

*、**和***分别表示在10%、5%和1%的显著性水平下显著

注：括号中的数字为 Z 统计量。cvn_1 代表保护性期权类条款，cvn_2 代表限制资产转移类条款，cvn_3 代表限制投资类条款，cvn_4 代表限制融资类条款

由表 9.4 可知，Wald 内生性检验，除限制资产转移类条款和限制投资类条款是在 5%的显著性水平，其他类契约条款都是在 1%的显著性水平下拒绝了条款选择方程与债券定价方程相互独立的原假设。残差相关性为正数，且都在 1%的显著性水平下显著，这说明样本存在正的选择性偏差，而正的选择性偏差意味着简单地进行 OLS 估计会低估债券契约条款对债券发行利率的影响作用。同时残差协方差都在 1%的显著性水平下显著，这说明对样本数据使用处理效应模型分析是正

确的。

由表 9.4 可知，保护投资者的期权类条款能够降低债券发行利率约 124 个基点，为各类条款中最高，因为可回售期权类条款同时带有缩短债券年限的作用，故而影响更大一些。限制资产转移类条款能够降低债券发行利率约 68 个基点，限制投资类条款能够降低债券发行利率约 74 个基点。限制融资类条款能够降低债券发行利率约 68 个基点，但因为采用该类条款的债券较少，尤其是 2015 年之后，发行人发行公司债券时很少（样本 428 只债券中只有 12 只）使用该类契约条款，样本量较小，该类条款的作用并未完全体现出来。

这一结果也验证了代理问题理论。保护投资者的期权类条款和限制性条款的设定在一定程度上给予了债券持有人权利，限制了发行人的行为，从而减轻了代理问题。从结果来看，这些契约条款的设置能够降低债券的发行利率，也就是说代理问题确实导致了债券融资成本的上升。

其他影响债券发行利率的因素。首先，我们可以看出，发债主体的信用评级对债券发行利率有显著影响，信用评级变量系数为负，表明发行人信用级别越高，债券发行利率就越低。其原因为，信用评级能够提供真实可靠的公共信息，降低投资者与债券发行人之间的信息不对称程度，减轻股东和债权人之间的代理问题。其次，参照史永东和田渊博（2016），将主承销商的承销能力作为影响债券发行利率的因素考虑进来，可以发现，主承销商的承销能力对债券的发行利率有显著影响，且相关系数均为负数。说明主承销商的债券承销能力越强，债券的发行利率就越低，承销能力强的券商能够降低债券发行利率 16~24 个基点，这与现实情况也是吻合的。较高承销能力的券商承销债券数量大，投资者资源相对来说更加丰富，除去债券本身的因素，发行的利率相对更低。Campbell 和 Taksler（2003）指出，发债公司股票价格的波动是决定债券发行利率的重要因素。本章选取发债主体在发行债券前 180 个交易日股票日收益率的平均值和标准差作为影响债券发行利率的两个因素。表 9.4 结果表明，发债主体股票日收益率的平均值和股票日收益率标准差对债券发行利率并没有影响，其原因主要是中国的债券投资者对发债主体股价的波动情况并不敏感，故而股价的波动对债券发行利率没有影响。

从回归结果来看，公司的成长能力（MB）对债券发行利率没有影响。可能对于高成长性公司，债券特殊条款的存在限制了公司的高速发展，因此，高成长性公司不愿意采用债券融资，更愿意采用限制更少的银行贷款进行融资。再者，中国上市公司特殊的二元股权结构，即同一上市公司股份分为流通股与非流通股，导致公司市值的计算非市场化，这也是市账比对债券发行利率没有影响的原因之一。我们也发现，企业性质对债券发行利率的影响显著为负。说明国有企业债券发行利率相对要更低一些。相比于非国有企业，国有企业能够降低 70~77 个基点。这一点比较符合中国国情，国有企业背后有政府的隐形担保，因此投资者可能考虑更多的不是发行人本身，而是政府股东的影响力，如若出现经营不善等情况，政府会通过行政手段对发行人进行援助。对于民营企业来说，一旦出现经营问题，很难寻求到庇护。

表9.4也显示，高的审计质量能有效降低债券的发行利率13~20个基点，因为审计质量反映了信息透明度，财务的审计质量越高，信息透明度也就越高，股东与债权人之间的信息不对称就能够得到缓解，降低了股东和债券持有人之间的代理成本。政策变动对债券发行利率具有显著影响。《公司债券发行与交易管理办法》颁布之后，公司债券发行流程得到简化，审核工作透明度得到提高；在持有人保护方面，完善受托管理人制度，完善持有人会议，完善增信机制；加强债券市场监管方面，专章规定信息披露，提高信息评级透明度，系统规范承销行为防范利益输送。表明《公司债券发行与交易管理办法》的出台，大大降低了企业的融资成本。

通过表9.4结果发现，杠杆对债券发行利率影响显著为正，但系数较小。表明杠杆越高，发行人负债规模越大，债券发行利率也就越大，但总的影响较小；宏观环境波动、公司规模、总资产周转率与债券担保等都能够显著降低使用期权类条款公司债券的发行利率，对引入限制性条款债券的发行利率没有影响；与之相对，总资产收益率对使用限制性条款债券发行利率有显著影响；资产有形性对期权类条款和限制类条款的债券发行利率都没有影响。

9.5.4 稳健性检验

为了检验结果的稳健性，考虑加入公司治理因素、地区差异因素、债券基本特征、知名度因素、分红因素等其他影响债券发行利率的因素作为控制变量进行回归分析。

首先，公司治理水平。研究股东与债券持有人之间代理问题的文献都假定，管理层在进行决策时考虑股东的利益，很少关注债券持有人的利益。由于中国特殊的产权制度背景，中国的上市公司多数是由国有企业改制过来的，造成法人治理制度的不完善和经理股票期权等机制的缺乏，使得公司高管不是以企业的价值最大化为目标，往往是追求自身利益的最大化。这种公司管理层利益与股东利益的不一致，使得股东与债券持有人之间的代理问题可能没有想象的那么严重。再者，在这种特殊背景下，中国上市公司存在着"一股独大"，独立董事"不独立"等现象，中国上市公司缺乏有效的市场监督机制，而机构投资者由于拥有较多的股权，为了提高自己的利益有意愿并且有能力增加对公司的监督，故公司治理因素可能是影响债券契约条款价值实现的重要因素。其中，管理层激励机制和管理与股东之间的权利分配是债务成本的决定性因素。本章选择发行人管理层的持股比例表示管理层激励，管理层持股比例越高，管理层与股东利益越趋于一致，股东与债券持有人之间的代理成本问题越严重。另一指标选择发行人机构投资者持股比例表示管理层与股东之间的权利分配，机构投资者持股比例越高，机构投资者越有能力对大股东进行制衡，从而股东与债权人之间的代理成本会越低。管理层持股比例数据来源于国泰安数据库，机构持股比例数据来源于 Wind 数据库。

另外，中国各地区之间发展不平衡，债券市场的发展更是参差不齐。有些地区债券发行量较大，市场趋于成熟，各项政策法规比较健全，投资者比较认可。相对于这些地区，很多地方债券发行量较少，政策法规和市场环境等各方面尚需完善。因此，这两类地区债券条款的选择可能存在较大的差异，地区因素是影响债务成本的重要变量。本章在考虑地区因素时，除了相应省份的地理位置外，也考虑了上市公司公司债券的发行总量。经过整理发现，东部沿海地区经济发展较快，债券发行总量较大，其他地区债券发行总量较小。因此，本章将上市公司债券分为两组，债券发行总额超过 400 亿元（包括 400 亿）为 A 组，包括北京、上海、广东省、山东省、江苏省、河北省、浙江省，以及湖北省与福建省，其他为 B 组。当债券发行省份属于 A 组时，赋值 1，当属于 B 组时，赋值 0。以此来体现地区差异因素对债券条款的选择以及债券发行利率的影响。参照 Billett 等（2007），他们指出债券的基本特征（如本期债券的发行金额、发行期限）与条款的选择存在内生关系，前面的研究没有考虑这些因素。这些债券的基本特征也可能是与发行人的特征有所关联，进而影响债券条款的选择和发行利率。Stohs 和 Mauer（1996）指出，一只债券的发行期限可能与公司的资产性质有关，企业债务融资期限是与它相应的资产期限相匹配的，因此债券期限可能是一个外生的变量，应该直接放到回归方程当中。在中国的特殊背景之下，公司债券的发行额度与发行期限要报证监会审批，债券发行额度与期限可能不是公司最优的债券额度与期限，在这种情况下，债券基本特征对债券发行利率的影响作用较大。因此，需要将债券的基本特征作为控制变量加到回归方程中，来进一步检验上述结果的稳健性。

Merton（1974）指出公司的知名度可能会影响到一家公司的融资成本。如果一家公司的知名度比较高，在资本市场上的威望就更高一些，投资者对公司比较熟悉，对公司也就会比较认可，进而对其投资力度会更大一些。为了检验公司知名度是否会影响到本章的结果，设置了一个虚拟变量来反映公司的知名度，当发行人是沪深 300 指数标的公司时，赋值 1，否则，赋值 0。沪深 300 指数选取的是流动性强和规模大的代表性股票，在指数标的内的企业知名度会相对高一些。因此本章将知名度变量作为控制变量加入方程中，来检验结果是否稳健。

考虑到契约条款中含有限制发行人分红的条款,那么,发行人以往的分红比例是否会影响到债券条款的选择。为了验证发行人分红比例对债券条款选择的影响,本章将发行人上市以来分红占净利润的比例,作为分红变量加入回归方程中。由于港股和 B 股的相关分红数据无法获得,故将其剔除,共剩余 836 只债券。表 9.5 是分别把公司治理因素、地区差异因素、债券基本特征、发行人知名度和发行人上市以来分红情况作为控制变量加到回归方程后得到的结果。

表 9.5 稳健性检验结果

变量	cvn_1	cvn_2	cvn_3	cvn_4
考虑公司治理因素	-1.268*** (-7.65)	-0.728*** (-5.03)	-0.785*** (-4.75)	-0.699*** (-3.09)
考虑地区差异因素	-1.213*** (-8.16)	-0.684*** (-4.59)	-0.735*** (-4.60)	-0.670*** (-3.46)
考虑债券基本特征	-1.111*** (-6.12)	-0.612*** (-3.57)	-0.604*** (-2.97)	-0.597*** (-2.81)
考虑知名度因素	-1.237*** (-9.08)	-0.687*** (-4.59)	-0.725*** (-4.47)	-0.671*** (-3.46)
考虑分红因素	-1.193*** (-6.56)	-0.680*** (-4.35)	-0.749*** (-4.28)	-0.719*** (-3.35)

***表示在 1%的显著性水平下显著

注:括号中的数字为 Z 统计量。cvn_1 代表保护性期权类条款,cvn_2 代表限制资产转移类条款,cvn_3 代表限制投资类条款,cvn_4 代表限制融资类条款

从表 9.5 可以看出,期权类条款和限制类条款对债券发行利率的影响依然是显著的,只是相应的影响系数有细微的变化。通过上述检验,说明 9.5.4 小节得到的结果是稳健的。

9.6 本章小结

债券保护性期权类条款和限制类条款能够减少股东和债券持有人之间的代理问题,从而可以降低债券发行利率。一方面,保护性债券契约条款赋予了债券持有人权利,能够降低债权人未来可能面临的风险;另一方面,这些条款也限制了股东行为,使股东承担了应有的义务。本章基于这一理论背景,使用中国上市公司发行的公司债券数据,运用处理效应模型分类研究了保护性契约条款对债券发行利率的影响。

主要结论显示:期权类条款和限制类条款能够显著地降低债券的发行利率。其中,期权类条款能够降低债券发行利率 111~127 个基点,限制资产转移类条款

能够降低债券发行利率 61~73 个基点，限制投资类条款能够降低债券发行利率 60~78 个基点，限制融资类条款能够降低债券发行利率 60~72 个基点。本章考虑了公司治理因素和地区差异因素对债券条款选择的特殊影响，得到结果依然显著。然后将债券基本特征、发行人知名度和发行人上市以来的分红情况作为控制变量加到回归方程中，得到的结果同样显著，这说明本章结果是稳健的。美国的研究（Reisel, 2014）发现，债券契约条款能够降低发行成本 35~75 个基点，而中国债券保护性条款能够降低公司债务发行成本 60~127 个基点，这表明中国债券契约保护条款的作用在降低债务融资成本方面比美国债券契约条款的作用大得多。这主要是因为：①中国债券契约保护性条款含有期权类保护条款，而期权类保护条款中的"可回售"条款，具有缩短债券期限的作用，故而期权类契约条款能够大大降低债券融资成本。②中国公司债券与美国公司债券相比，中国公司债券的发展时间较短。中国公司债券从 2007 年才开始出现，相关法律制度还不健全，引入债券契约条款是公司债券发行利率的重要增信机制。所以中国公司债券的契约条款对债券持有人的保护作用更大，在降低债券发行成本方面能够发挥更大的作用。

  针对以上结论，本章的政策建议如下：①鼓励债券发行人综合考虑自身资产和经营情况合理设置债券契约条款，对于主承销能力较强、公司规模较大、国有企业、采用担保的债券发行人，由于其具有很好的偿债能力与信誉，可以少选择期权类条款、多采用限制类条款来降低债券的发行利率。对于高杠杆性企业，由于其公司负债较大，公司违约的风险增加，为了降低发行成本需要采用具有缩短债券期限的期权类条款降低债务融资成本。②各机构在预估债券发行利率时，充分考虑债券契约条款的影响，引入适合债券发行人自身情况的债券契约条款，达到最大降低债券发行人发行成本的效果。

第10章　债券契约条款与会计稳健性的实证分析

债券契约条款对发行方的投资行为及经营决策加以限制，其目的是缓解债券投资者的信息劣势，降低投资者的风险，实现对债券投资者未来权益的保护。同时，债券评级作为债券市场的"守门人"，为保护债券投资者设定了债券市场的进入"门槛"。债券契约条款和债券评级在一定程度上能够缓解信息不对称，督促发债公司稳健处理会计信息，一旦公司出现违约迹象，控制权能够及时从股东转移到债权人手中。因此本章研究债券契约条款与会计稳健性之间的关系。

10.1　引　　言

证监会于 2007 年 8 月 14 日颁布实施的《公司债券发行试点办法》，标志着中国公司债券市场的正式建立，发行公司债券开始成为中国企业获取外部融资的重要手段。2015 年 1 月 15 日《公司债券发行与交易管理办法》的实施进一步规范了公司债券的发行、交易和转让行为，公司债券规模呈飞跃式增长，截至 2016 年 12 月 31 日，融资规模年均增长 72.19%（史永东等，2018）。公司债券市场在降低企业融资成本、支持实体经济快速稳健发展方面发挥了积极的作用。债券市场仍然存在很多问题，尤其是，近几年中国公司债券市场深受偿付危机与违约事件的困扰。2015 年 4 月 7 日，"ST 湘鄂情"成为首只本金出现违约的公募债券，打破了中国债券市场刚性兑付与政府斡旋的潜规则，债券市场恐慌情绪蔓延。因此，如何防范债券违约风险，治理违约事件，提高债券融资效率，进而有效保护债券投资者利益，已成为理论界与实务界亟待解决的问题。

债券融资不同于股权融资，债权人不享有公司的剩余索取权，在债券契约签订之后，债权人无权获得除本息外的超额利益，只承担资产减值的风险，而债券发行人为了自身利益最大化，有可能做出损害债权人权益的投资决策（Jensen and Meckling，1976；Smith and Warner，1979）。为了缓解债权人和债务人之间的代理冲突，降低代理成本，一种常用的做法是债券发行方在债券契约中引入契约条款，约束发行人与债权人双方的权利和义务。这些契约条款除发行额度、债券期限、息票率等一些标准化条款之外，部分公司债券还包含了一些如"设置担保"、"可回售"以及"限制股东分红"等特殊条款，对发行方的投融资行为及经营决策加以限制，其目的是缓解债券投资者的信息劣势，降低投资者风险，实现对债券投资者未来权益的保护。

随着中国公司债券市场的逐步完善以及利率市场化改革的全面推进，中国债券市场迎来了重大的发展契机。然而，债券契约条款设计的不完善、债券持有人利益保护手段的缺失仍然是限制中国债券市场发展的重要障碍。在这种情况下，如何通过债券契约条款设计来降低债券持有人的投资风险，通过市场化与法治化的手段保护债券持有人的利益，就显得尤为重要。

然而，单独使用债券契约条款并不能够有效阻止债券持有者的价值被侵占，债券契约的有效执行需要会计稳健性的支持和保障（Watts and Zimmerman，1986）。会计稳健性是关于会计盈余确认和计量的一项重要原则，其基本含义是不预计任何不确定的收益，但预计所有可能的损失，这一计量方法对会计理论与实务的影响至少有500年的历史（Basu，1997）。现有研究发现，会计稳健性能够缓解股东和债权人之间的利益冲突，有效降低代理成本，提高债券契约执行过程的效率（Watts，2003a，2003b），尤其是在降低股东和债权人在股利发放政策上的冲突与债务成本方面，会计稳健性发挥着重要作用（Ahmed et al.，2002）。因此，会计稳健性有利于保护债券持有人的利益（Watts and Zimmerman，1986）。

债券契约条款和会计稳健性之间具有天然的联系。其一，债券契约中通常包含与会计指标相关的特殊条款，如当债务人发生资产替代行为、发行更高级别的债务、投资于净现值为负的项目（Jensen and Meckling，1976；Myers，1977；Smith and Warner，1979），会计稳健性对经济损失的及时确认机制会很快将这种风险揭示出来，债权人能够及时识别信号，估计违约概率，采取有效措施来规避风险（Zhang，2008），因此，引入债券契约条款在一定程度上能够缓解信息不对称，督促发债公司稳健处理会计信息，一旦公司出现违约迹象，控制权能够及时从股东转移到债权人手中（Beatty et al.，2008）。其二，管理层出于提高个人薪酬和避免触及特殊条款的动机，可能对会计信息进行向上的盈余管理，这就需要对不利信息的及时确认，以保证契约条款的实际约束力，抑制管理者的机会主义行为。因此，为了提高债券契约条款的执行效率，需要稳健的会计信息系统作为保障，二者的有效结合才能够切实发挥保护债权人利益的作用。

尽管会计稳健性是备受关注的理论，然而，极少有经验证据表明一个给定公司对债券契约的依赖性与会计稳健性水平有关。中国公司债券市场则为此提供了一个有价值的检验机会。与作为委托监管者的银行不同，债券持有人数量众多，比例分散，出于"搭便车"心理，缺少激励去监督债券发行主体的行为，而且由于无法及时获取内部信息，也不能有效约束发债公司管理者的行为。这些区别意味着公司债券持有人比银行和其他私人贷款者更加需要对损失的及时确认（会计稳健性），以保障债券持有人的利益。

10.2 理论分析

债券评级作为债券市场的"守门人"，能够缓解债券市场的信息不对称，反映公司基本面风险（吴健和朱松，2012；Zhu，2013），保障债券市场健康发展。信用评级机构做出的信用评级具有补充市场公开信息的作用，当机构评级高于市场预期时，债券价值会增加。不仅如此，债券评级还能够衡量发债公司质量（Kisgen，2006），当评级面临调整时，负债比率显著下降，当面临评级下调时更加明显（Kisgen，2009）。Jewell 和 Livingston（1998）研究发现，信用评级越高越容易获得投资者的认可。

债券契约是会计稳健性存在的主要原因（Watts，2003a，2003b）。一方面，发债前，会计稳健计量提升会计信息的可靠性，降低投资者的投资风险和信息获取成本，从而降低债务融资成本（Ahmed et al.，2002）；另一方面，发债后，会计稳健计量能够提高债券契约的执行效率，保护债权人的利益（Zhang，2008）。现有研究认为，债务比重越高（Watts，2003a，2003b；饶品贵和姜国华，2011）、债务期限越长（刘运国等，2010；Khurana and Wang，2015）、债权人与股东代理冲突越严重（魏明海和陶晓慧，2007；Haw et al.，2014），债权人对债务人的会计稳健性水平要求越高；被银行起诉的公司相比未被银行起诉的公司，其信息不确定性更大、破产风险更高，会计稳健性水平更高（祝继高，2011）；国有企业由于预算软约束的存在相比民营企业会计稳健性水平更低（刘运国等，2010）；声誉较好的公司容易赢得债权人的信任、管理层以退休金及递延薪酬形式持有的内部债务降低了管理层投机性行为的动机（Wang et al.，2017）、公司治理通过降低管理者的盈余管理行为提高会计信息质量（Basu，1997；Watts，2003a，2003b；Lafond and Watts，2008），为了达到债券发行条件，上市公司盈余管理行为也会降低债务公司的会计稳健性水平（钟宇翔和李婉丽，2016）。

现有学者分别从委托代理理论和不完全契约理论的角度研究债券契约条款与会计稳健性之间关系。委托代理理论认为，会计稳健性通过识别债务主体的违约迹象，即是否发生技术违约，及时将公司的控制权从股东转移给债权人，提高债券契约的效率（Watts，2003a；Watts，2003b；Ball and Shivakumar，2005；Zhang，2008；Christensen and Nikolaev，2012）。不完全契约理论认为，债券契约条款根据未来可能发生的状况，规定了公司控制权重新分配的条件，会计稳健性作为会计信息质量的一个方面，通过提供债务人真实可靠经济状况的信号方式，提高债券契约效率（Christensen et al.，2016）。在严重信息不对称的情况下，债券契约中的业绩条款与会计稳健性能够互相补充发挥信号传递作用，会计稳健性水平高而且选择严格业绩条款的借款人能够获得更低的借款利率（Callen et al.，2016）。出于保护债权人利益与承担违约风险的权衡，债务特殊条款越多或者越严格的发债公司往往选择谨慎处理会计信息（Nikolaev，2010）。有学者认为同时采用债券契约条款和稳健的会计政策是最优的债权人保护机制（Callen et al.，2016），也有学者发现债券契约条款与会计稳健性之间并无统计显著的关系（Begley and Chamberlain，2006；Frankel and Litov，2007）。

通过上述文献梳理，可以发现：第一，对债券契约条款的研究主要集中在影响契约条款设计的因素、契约条款降低代理冲突的有效性，以及降低债券融资成本的作用三个方面，涉及债券契约条款与会计稳健性关系的研究很少见到。第二，基于债券契约视角的研究主要集中在是否签订债券契约和债券契约中的基本条款（期限、债务比重等）对会计稳健性的影响，鲜有文献研究债券契约条款对会计稳健性的影响，研究二者之间作用机理的更少。

债券契约是解释稳健性存在的一个重要原因（Watts，2003a，2003b），债券契约条款的使用提高了对会计稳健性（会计盈余中及时确认经济损失）的需求（Watts and Zimmerman，1986）。发债公司制定的债券契约条款数量越多，对债券持有人的保护程度越高，债券持有人通过受托管理人、债券持有人会议及"用脚投票"等机制，倒逼发行人采取增信机制，提高会计稳健性水平，保护债券持有人的利益。发债公司出于维护声誉和避免审计诉讼风险的考虑，需要提高自身会计稳健性以满足债券持有人的需求。Nikolaev（2010）研究发现债权人与发债公司签订的特殊条款越多，对发债公司会计稳健性的需求越大。Callen等（2016）也认为出于保护债权人利益与承担违约风险的权衡，签订债券特殊条款越多的发债公司往往选择更谨慎地处理会计信息。

第一，发债公司需要维护市场信誉和规避审计诉讼风险。一方面，债券融资属于长期融资，信誉对于企业融资至关重要。不及时确认可能发生的损失，会损害一个公司在信用市场的声誉，管理者的从业信誉也会因此受到不良影响，进而影响公司在债券市场的融资难度，提高融资成本。因此，发债公司的管理者有动机选择提高会计稳健性以满足债权人的需求，进而提高债券契约条款的执行效率。另一方面，在公司的公开报表中及时披露公司经营中全部的潜在风险是公司和审计机构共同的法律义务。审计机构对于企业披露的会计信息质量负有直接责任，当公司出现违约时，审计机构将面临很高的诉讼风险。此外，债务融资方的审计机构须在债券存续期间每年都出具公开声明，声明企业在该会计年度未发生任何违反债券契约条款的事件。因此，一家公司如果未能及时披露潜在风险并确认可能发生的损失，不仅增加公司本身的诉讼风险，还会导致审计机构面临相应的诉讼风险。因此，债券契约条款所引发的诉讼风险会使得审计机构要求发债公司采取更加谨慎的会计计量方法，提高公司的会计稳健性水平。

第二，债券契约条款的有效执行需要会计稳健性的支持。债券契约中通常包含与会计指标相关的特殊条款，如果债务人发生资产替代行为、发放超额股利、发行更高级别的债务、投资于净现值为负的项目（Jensen and Meckling，1976；Myers，1977；Smith and Warner，1979），会计稳健性对经济损失的及时确认机制会很快将这种风险揭示出来，债权人能够及时识别信号、估计违约风险，采取有效措施来规避风险（Zhang，2008）。因此，限制债务人机会主义行为的契约条款只有在会计系统确认一个公司经营业绩或者财务状况恶化的时候才会变得有约束力。

第三，发债公司会计稳健计量能够限制管理层的机会主义行为。管理层出于提高个人薪酬和避免触及特殊条款的动机，可能对会计信息进行向上的盈余管理（Watts and Zimmerman，1986），这就需要对不利信息的及时确认，以保证契约条款的实际约束力，抑制管理者的机会主义行为。因此，为了提高债券契约条款的执行效率，需要稳健的会计信息系统作为保障，二者的有效结合才能够切实发挥保护债权人利益的作用。

第四，相比一般债务的债权人，公募债券持有人对发债公司的会计稳健性水平更加关注。公募债券契约不同于一般债券契约，债权人对会计稳健性的需求程度更高（Nikolaev，2010）。与作为委托监管者的银行以及私募债券的持有人不同，公募公司债券持有人集体行动困难，导致一般债券契约中的再谈判机制难以奏效，加之可以"用脚投票"、无法获取及时的内部信息等因素，导致债券持有人对债券发行公司事后行为的约束能力弱于一般债权人。这些区别意味着公募公司债券持有人比银行和私募债券持有人更加关注损失的及时确认（会计稳健性），更需要发债公司稳健的会计计量以保障其自身的利益。

基于此，本章推测，随着债券契约条款数量的增加，发债公司的会计稳健性程度提高。提出研究假设10.1：

假设 10.1：债券契约条款数量越多，会计稳健性水平越高。

债券评级是指针对企业或者公司等经济主体所发行的债券，旨在评估企业按期偿还本息的能力而进行的信用评级。信用评级是衡量债券或者发行主体的违约风险的方式之一，等级越低，信用风险越高（晏艳阳等，2016）。债券评级作为债券市场的"守门人"，能够缓解债券市场的信息不对称状况，反映公司基本面风险（Zhu，2013），其价值已得到市场的基本认可（朱松，2013），其提供的信息兼具真实性和可靠性，信用评级越高越容易获得投资者的认可（Jewell and Livingston，1998），它能够满足投资者的决策需求，降低债权人和债券发行人之间的信息不对称，减少债券持有人和公司股东之间的代理冲突，保护债权人利益（史永东等，2018）。当公司信用评级较低尤其是面临负向评级调整压力时，盈余质量较差（李琦等，2011）、会计稳健性较低（Kim et al.，2013），债权人权益保障存在潜在安全隐患。债券评级机构能够识别发债公司降低会计信息质量的行为，并在评级调整时做出惩罚（Caton et al.，2011）。因此，债券评级在一定程度上揭示了发债公司的会计信息质量（朱松，2013），债券信用评级越低，发债公司的会计信息质量越差，会计信息透明度越低，债权人与股东之间的信息不对称越严重。Lafond 和 Watts（2008）认为随着信息不对称程度的增加，债权人对会计稳健性的要求越高。所以，债券评级越低的公司，随着债券契约条款的增加，会计稳健性水平越高。基于此，提出假设 10.2：

假设 10.2：债券评级越低，特殊条款对发债公司会计稳健性的正效应越大。

10.3 变量与数据

10.3.1 变量

本章研究样本为 2007 年 9 月 1 日（公司债券开始发行）至 2016 年 12 月 31 日中国沪深两市 538 家非金融上市公司发行的 851 只公司债券①，其中，样本数据经过如下筛选：①由于私募债券和非上市公司发行的公司债券的债券契约未要求强制信息披露，数据收集难度大，故本章剔除了此类债券；②剔除可转换债券。由于中国可转换债券的转换概率较高，公司在发行时大都将其视为股权性融资进行战略规划，不符合本章研究内容；③由于金融保险类财务制度的特殊性，故本

---

① 自 2007 年 9 月 1 日至 2016 年 12 月 31 日，中国证券市场共发行 1 728 只一般公司债券，其中，952 只上市公司发行的公司债券，经过筛选之后得到 538 家非金融上市公司发行的 851 只公司债券。

章剔除了金融保险类上市公司发行的公司债券;④剔除被 ST 和*ST 的样本;⑤为避免异常值对研究结果的影响,本章对所有连续变量进行上下 1%的 Winsorize 处理。债券契约条款数据根据债券的募集说明书由手工整理而成,每股收益、股票收盘价及股票收益率(经过市场调整后)等数据来自 CSMAR 数据库。

本章借鉴 Khan 和 Watts(2009)的研究,在 Basu(1997)模型基础上计算指标 C_Score 来衡量会计稳健性。原因如下:该指标在原有研究的基础上,考虑影响会计稳健性的三个主要因素:公司规模、市账比和资本结构,并细化每个公司每个年度的会计稳健性。模型采用 C_Score 表示对"坏消息"确认的及时程度即会计稳健性水平,采用 G_Score 表示对"好消息"确认的及时性程度。

Basu(1997)建立盈余报酬反向回归模型衡量会计稳健性,如模型(10.1)所示。

$$\frac{\text{EPS}_{i,t}}{P_{i,t-1}} = \beta_0 + \beta_1 D_{i,t} + \beta_2 \text{RET}_{i,t} + \beta_3 D_{i,t} \times \text{RET}_{i,t} + \varepsilon_{i,t} \quad (10.1)$$

其中,$\text{EPS}_{i,t}$ 为公司 i 在第 t 年的每股收益;$P_{i,t-1}$ 为公司 i 第 $t-1$ 年的股票收盘价,即第 t 年股票收盘价格;$\text{RET}_{i,t}$ 为 i 公司第 t 年经过市场调整的超额累计股票收益率;$D_{i,t}$ 为虚拟变量,即当 $\text{RET}_{i,t}$ 小于 0 时,取值为 1,否则为 0;β_3 为公司会计稳健性水平,即会计盈余对"坏消息"反应及时性的增加值。

$$G\_Score = \beta_2 = \mu_0 + \mu_1 \text{Size} + \mu_2 \text{MTB} + \mu_3 \text{Lev} \quad (10.2)$$

$$C\_Score = \beta_3 = \lambda_0 + \lambda_1 \text{Size} + \lambda_2 \text{MTB} + \lambda_3 \text{Lev} \quad (10.3)$$

将式(10.2)和式(10.3)代入 Basu(1997)模型整理得

$$\begin{aligned}\frac{\text{EPS}_{i,t}}{P_{i,t}} &= \beta_0 + \beta_1 D_{i,t} + \text{RET}_{i,t}\left(\mu_0 + \mu_1 \text{Size}_{i,t} + \mu_2 \text{MTB}_{i,t} + \mu_3 \text{Lev}_{i,t}\right) \\ &+ D_{i,t} \times \text{RET}_{i,t}\left(\lambda_0 + \lambda_1 \text{Size}_{i,t} + \lambda_2 \text{MTB}_{i,t} + \lambda_3 \text{Lev}_{i,t}\right) \\ &+ \left(\delta_1 \text{Size}_{i,t} + \delta_2 \text{MTB}_{i,t} + \delta_3 \text{Lev}_{i,t} + \delta_4 D_{i,t} \times \text{Size}_{i,t} + \delta_5 D_{i,t} \times \text{MTB}_{i,t} + \delta_6 D_{i,t} \times \text{Lev}_{i,t}\right) \\ &+ \varepsilon_{i,t}\end{aligned}$$

$$(10.4)$$

然后对模型(10.4)分年进行回归,得到系数 $\lambda_0 - \lambda_3$,代入模型(10.3)便得到衡量会计稳健性的 C_Score。

本章的变量定义及度量见表 10.1。

表 10.1 变量定义及度量

变量		变量定义	变量度量
被解释变量	C_Score	会计稳健性	稳健性指数(Khan and Watts,2009),表示反映"坏消息"的及时性
解释变量	Contract	是否包含契约条款	有契约条款则定义为 1,否则为 0

续表

变量		变量定义	变量度量
解释变量	Restrict	条款类变量	Restrict1表示期权类条款；Restrict2表示限制资产转移类条款；Restrict3表示限制投资类条款；Restrict4表示偿付保障类条款；Ovrl表示所有类型契约条款数量总和
调节变量	Rating	债券评级	债券评级小于或等于AA，取值为1，否则为0
控制变量和匹配变量	Size	公司规模	总资产的自然对数
	Lev	资产负债率	总负债/总资产
	Dlev	偿债能力变化	（t期总负债-$t-1$期总负债）/平均总资产
	Roa	资产收益率	净利润/总资产
	Mtb	市账比	股权市场价值/股权账面价值
	State	产权性质	虚拟变量，国有为1，非国有为0
	Top1	第一大股东持股比例	第一大股东的持股比例
	Cf	现金流	经营活动现金流量净额
	Dcf	现金流变化	（t期经营活动现金流-$t-1$期经营活动现金流）/平均总资产
	Age	公司年龄	公司成立以来的年龄
	Aturn	资产周转率	总资产周转率，销售收入/平均总资产
	Current	流动比率	流动资产/流动负债
	Fasset	固定资产	固定资产/总资产
	Dfasset	固定资产变化	（t期固定资产-$t-1$期固定资产）/平均总资产
	Audit	审计质量	虚拟变量，会计事务所为四大则为1，否则为0
	Z_Score	财务质量的Z得分	根据Altman的Z得分模型计算
	Seperation	两权分离度	控制权-现金流权
	Growth	成长能力	公司的营业收入同比增长率
	Year	年份	年份虚拟变量
	Industry	行业	行业虚拟变量

注：本章所选公司债券主要经过大公国际资信评估有限公司、东方金诚国际信用评估有限公司、联合信用评级有限公司、联合资信评估有限公司、鹏元资信评估有限公司、上海新世纪资信评估投资服务有限公司、上海远东资信评估有限公司、中诚信国际信用评级有限责任公司、中诚信证券评估有限公司等进行债券评级，资料来源于CSMAR数据库；选取AA级作为分界点主要是考虑保监会要求保险公司只能投资于AA级以上的债券。

10.3.2 描述性统计

本章研究发债公司的特殊条款数量对会计稳健性水平的影响，并纳入债券评级作为调节变量进行深入分析。由于中国公司债券于2007年开始发行，并且证监会明文规定发行公司债券的条件之一是上市公司"最近三个会计年度的年均可分配利润不得少于公司债券一年的利息"，结合债券存续期将样本区间确定在

2004~2016 年，受变量缺失值的影响，样本量为 4 294 个观测值。

描述性统计结果显示：①样本总体 C_Score 的均值（中位数）为 0.087（0.072）；②分组描述性统计结果显示，评级较低的公司 C_Score 均值（中位数）为 0.077（0.063），评级较高公司的 C_Score 均值（中位数）为 0.112（0.089），单变量分析结果显示，评级较高公司的会计稳健性水平显著高于评级较低的公司；③低债券评级组的期权类条款数量的均值和中位数显著高于高债券评级组，低债券评级组限制资产转移类条款数量的均值显著低于高债券评级组，其他类型公司债券条款数量没有显著的组间差异；④低债券评级组的公司成长性更高，高债券评级组的公司规模更大，第一大股东持股比例、审计质量及国有企业占比更高（表 10.2）。

表 10.2 主要变量描述性统计

变量名称	总样本均值	总样本中位数	评级高		评级低		差异检验	
			均值	中位数	均值	中位数	均值	中位数
C_Score	0.087	0.072	0.112	0.089	0.077	0.063	-13.908***	-10.888***
Restrict1	0.732	0	0.431	0	0.852	0	11.377***	8.760***
Restrict2	1.298	0	1.394	0	1.260	0	-2.399**	-1.002
Restrict3	0.888	0	0.858	0	0.900	0	1.251	1.248
Restrict4	2.621	0	2.667	0	2.603	0	-0.635	-1.186
Ovrl	4.638	0	4.472	0	4.704	0	1.294	1.473
Size	23.43	23.31	24.66	25.01	22.94	22.86	-47.527***	-37.764***
Mtb	1.754	1.408	1.396	1.174	1.897	1.530	13.706***	18.974***
State	0.579	1	0.934	1	0.438	0	-33.374***	-29.741***
Top1	0.416	0.415	0.482	0.480	0.390	0.390	-16.228***	-16.293***
Audit	0.176	0	0.414	0	0.082	0	-28.076***	-25.809***
N	4 294		1 225		3 069		—	

和*分别表示在 5%和 1%的显著性水平下显著

注：均值差异检验的数值是 t 统计量，中位数差异检验的数值是 Z 统计量

10.4 实证分析

10.4.1 债券契约条款数量对会计稳健性的影响

为研究发行公司债券的公司，债券契约中包含的特殊条款数量能否影响其会

计稳健性，构建模型（10.5）：

$$C\_Score_{i,t} = \alpha_0 + \alpha_1 Restrict_{i,t} + \sum \alpha_k Controls_{i,t} + \sum Ind + \sum Year + \varepsilon_{i,t} \quad (10.5)$$

其中，Restrict（Ovrl）代表不同类型的债券契约条款集（总和），控制变量借鉴陈超和李镕伊（2014）、Nikolaev（2010）、陈艳艳等（2013），选取公司规模（Size）、市账比（Mtb）、产权性质（State）、第一大股东持股比例（Top1）、审计质量（Audit）等影响发行主体特征的变量，并控制了年度和行业效应，变量具体定义见表10.1。本章所有估计均采用稳健性标准误进行误差调整。

假设10.1的估计结果见表10.3，由表10.3可知：①对于期权类条款，每增加10个期权类条款，会计稳健性将提高0.02，占总样本均值（0.087）的22.99%。这是由于此类条款赋予了债务人与债权人远期期权，如债务人调整利率、在约定期限内偿还本金或者赎回债券，以及债权人回售债券给发债公司，都需要发债公司储备充足的流动资金，稳健处理会计信息，否则将导致发债公司面临巨大的资金风险。因此，签订期权类条款的数量越多，发债公司的会计稳健性水平越高。②对于限制资产转移类条款，公司每增加10个限制资产转移类条款，会计稳健性将显著提高0.009，占总样本均值的10.34%。这可能是由于限制资产转移类条款主要限制出售资产、限制关联交易、限制对外担保、限制质押资产等方面。从募集说明书中不难发现，限制资产转移类条款只有当公司无法按期偿还本金利息时，即面临重大财务困境时才能生效，其作用力的发挥不如期权类条款更及时、有效。③对于限制投资类条款，回归结果显示每多签订10个限制投资类条款，会计稳健性将提高0.015，占总样本均值的17.24%。其作用主要体现在限制公司投资高风险项目，抑制管理层机会主义投资行为。④对于偿付保障类条款，回归结果同样在1%的水平下显著正相关，每增加10个条款，发债公司会计稳健性将提高0.006。此类条款旨在弥补债权人面临违约风险时承受的损失。例如，当公司不能按期还本付息时，公司承诺调减高管薪酬、不向股东分配利润等，这就促使发债公司的股东与管理者谨慎决策，规避风险，稳健处理会计信息。⑤对于债券契约条款总和，由于不同类型条款的作用可能存在稀释效应，总体上仍与会计稳健性呈显著正相关，但效果弱于单个类型债券契约条款的作用力。这也体现出在签订债券契约条款的过程中，发债主体一般不会盲目签订更多数量的契约条款，避免增加违约风险。

表10.3 债券契约条款数量对会计稳健性的影响

变量名称	Restrict1	Restrict2	Restrict3	Restrict4	Ovrl
	C_Score	C_Score	C_Score	C_Score	C_Score
Restrict	0.0020*** (4.45)	0.0009*** (2.61)	0.0015** (2.53)	0.0006*** (2.90)	0.0004*** (3.33)

续表

变量名称	Restrict1 C_Score	Restrict2 C_Score	Restrict3 C_Score	Restrict4 C_Score	Ovrl C_Score
Size	0.023 3*** (38.61)	0.023 1*** (38.41)	0.023 1*** (38.46)	0.023 1*** (38.43)	0.023 1*** (38.49)
Mtb	0.000 3 (0.34)	0.000 2 (0.24)	0.000 2 (0.25)	0.000 2 (0.26)	0.000 2 (0.30)
State	0.000 6 (0.53)	0.000 4 (0.41)	0.000 4 (0.41)	0.000 4 (0.34)	0.000 4 (0.34)
Top1	0.001 0 (0.34)	0.001 0 (0.33)	0.001 0 (0.35)	0.001 0 (0.34)	0.001 1 (0.37)
Audit	−0.003 7*** (−2.61)	−0.004 0*** (−2.81)	−0.003 8*** (−2.66)	−0.003 8*** (−2.67)	−0.003 8*** (−2.71)
Cons	−0.506*** (−31.19)	−0.499*** (−31.06)	−0.500*** (−31.09)	−0.499*** (−31.07)	−0.500*** (−31.11)
N	4 294	4 294	4 294	4 294	4 294
R^2	0.840	0.840	0.840	0.840	0.840
调整 R^2	0.839	0.839	0.839	0.839	0.839
Year	是	是	是	是	是
Ind	是	是	是	是	是

和*分别表示在5%和1%的显著性水平下显著

注：括号内为 t 值，回归系数的标准误为稳健标准误

总之，对债券契约条款数量与会计稳健性进行回归分析，四种类型的债券契约条款及其总和均与会计稳健性显著正相关，验证了假设10.1。

10.4.2　债券契约条款数量、债券评级对会计稳健性的影响

为检验假设10.2，构建模型（10.6）：

$$C\_Score_{i,t} = \alpha_0 + \alpha_1 Restrict_{i,t} + \alpha_2 Rating_{i,t} + \alpha_3 Restrict_{i,t} \times Rating_{i,t} + \sum \alpha_k Controls_{i,t} + \sum Ind + \sum Year + \varepsilon_{i,t} \quad (10.6)$$

借鉴陈超和李镕伊（2014）设定虚拟变量Rating，若债券评级小于或等于AA则为1，否则为0，其余控制变量与模型（10.5）一致。基于模型（10.6）的回归结果见表10.4。如表10.4所示，相比高债券评级的公司，低债券评级的公司发行的债券契约条款数量越多，会计稳健性水平越高。例如，相比债券评级较高的公司，评级较低的公司每增加10个期权类条款，会计稳健性将进一步提高0.018，占总样本均值的20.69%；而每增加10个限制投资类条款，会计稳健性将进一步增加0.028，占总样本均值的32.18%，回归结果与假设10.2一致。研究结果表明，在债券评级越低的企业，信息不对称越严重，债券投资风险较大，因此要求

发债公司的特殊条款切实发挥保护债券持有人利益的作用，表现为债券特殊条款对发债公司会计稳健性水平的正效应更大。债券评级越高，债券发行人的财务信息越可靠，债券契约条款对会计稳健性的作用可能减弱。

表 10.4 债券契约条款数量、债券评级对会计稳健性的影响

变量名称	Restrict1 C_Score	Restrict2 C_Score	Restrict3 C_Score	Restrict4 C_Score	Ovrl C_Score
Restrict	0.000 4（0.36）	0.000 1（0.11）	−0.000 5（−0.55）	−0.000 01（−0.06）	0.000 0（0.16）
Rating	0.002 0（1.27）	0.002 0（1.13）	0.001 0（0.60）	0.001 3（0.72）	0.001 3（0.73）
Rating×Restrict	0.001 8*（1.72）	0.001 2**（2.00）	0.002 8***（2.66）	0.000 8**（2.43）	0.000 5**（2.28）
Size	0.024 0***（35.79）	0.023 9***（35.74）	0.023 9***（35.71）	0.023 9***（35.68）	0.023 9***（35.70）
Mtb	0.000 4（0.51）	0.000 4（0.47）	0.000 4（0.47）	0.000 4（0.48）	0.000 4（0.51）
State	0.001 2（1.07）	0.001 1（0.97）	0.001 1（0.97）	0.001 0（0.91）	0.001 0（0.89）
Top1	0.001 2（0.41）	0.001 4（0.50）	0.001 7（0.59）	0.001 5（0.52）	0.001 6（0.54）
Audit	−0.004 9***（−3.54）	−0.004 9***（−3.52）	−0.004 8***（−3.45）	−0.004 8***（−3.44）	−0.004 9***（−3.50）
Cons	−0.524***（−28.94）	−0.520***（−28.89）	−0.521***（−28.84）	−0.520***（−28.81）	−0.521***（−28.84）
N	4 294	4 294	4 294	4 294	4 294
R^2	0.84	0.84	0.84	0.84	0.84
调整 R^2	0.84	0.84	0.84	0.84	0.84
Year	是	是	是	是	是
Ind	是	是	是	是	是

*、**和***分别表示在10%、5%和1%的显著性水平下显著

注：括号内为 t 值，回归系数的标准误为稳健标准误

10.4.3 稳健性检验

1. 运用 Basu 模型的稳健性检验

为检验本章结论的稳健性，运用修正的 Basu 模型[模型（10.7）]对样本数据重新估计，估计结果如表10.5和表10.6所示，可以看出估计结果与前文基本一致。

$$\frac{EPS_{i,t}}{P_{i,t}} = \alpha_0 + \beta_1 D_{i,t} + \beta_2 R_{i,t} + \beta_3 D_{i,t} \times R_{i,t} + \beta_4 \text{Restrict}_{i,t} + \beta_5 D_{i,t} \times \text{Restrict}_{i,t}$$
$$+ \beta_6 R_{i,t} \times \text{Restrict}_{i,t} + \beta_7 D_{i,t} \times R_{i,t} \times \text{Restrict}_{i,t} + \beta_8 \text{Control}_{i,t} \quad (10.7)$$
$$+ \beta_9 D_{i,t} \times \text{Control}_{i,t} + \beta_{10} R_{i,t} \times \text{Control}_{i,t} + \beta_{11} D_{i,t} \times R_{i,t} \times \text{Control}_{i,t}$$
$$+ \sum \text{Ind} + \sum \text{Year} + \varepsilon_{i,t}$$

表 10.5　债券契约条款数量对会计稳健性的影响（Basu 模型）

变量名称	Restrict1 EPS/P	Restrict2 EPS/P	Restrict3 EPS/P	Restrict4 EPS/P	Ovrl EPS/P
R	0.016 0 (1.00)	0.022 0 (1.33)	0.021 0 (1.31)	0.023 0 (1.41)	0.022 0 (1.32)
D	0.025 0 (0.65)	0.027 0 (0.71)	0.026 0 (0.68)	0.031 0 (0.81)	0.028 0 (0.73)
$D \times R$	0.178 0 (1.37)	0.214 0 (1.65)	0.213 0 (1.63)	0.223 0* (1.72)	0.204 0 (1.58)
Restrict	-0.001 0 (-1.37)	-0.002 0*** (-3.28)	-0.003 5*** (-3.15)	-0.001 3*** (-3.54)	-0.000 7*** (-3.67)
$D \times$Restrict	-0.002 0 (-1.12)	-0.002 0 (-1.09)	0.000 0 (-0.01)	0.000 0 (0.05)	-0.000 0 (-0.53)
$R \times$Restrict	0.000 0 (0.06)	0.000 0 (0.55)	0.000 0 (0.34)	0.000 0 (0.64)	0.000 0 (0.76)
$D \times R \times$Restrict	0.011 1* (1.69)	0.007 0 (1.48)	0.024 2*** (3.28)	0.008 0*** (3.21)	0.003 6*** (2.64)
Audit	0.003 0 (1.20)	0.004 0 (1.40)	0.004 0 (1.25)	0.004 0 (1.33)	0.004 0 (1.41)
$D \times$Audit	0.003 0 (0.38)	0.004 0 (0.64)	0.004 0 (0.57)	0.004 0 (0.61)	0.004 0 (0.59)
$R \times$Audit	-0.002 0 (-1.01)	-0.002 0 (-0.92)	-0.002 0 (-0.79)	-0.002 0 (-0.87)	-0.002 0 (-0.89)
$D \times R \times$Audit	0.020 0 (0.89)	0.023 0 (1.05)	0.026 0 (1.22)	0.027 0 (1.27)	0.025 0 (1.17)
State	0.003 0 (1.52)	0.003 4* (1.66)	0.003 0 (1.64)	0.003 5* (1.71)	0.003 4* (1.67)
$D \times$State	-0.001 0 (-0.18)	-0.001 0 (-0.20)	-0.001 0 (-0.15)	-0.000 0 (-0.06)	-0.000 0 (-0.09)
$R \times$State	-0.001 0 (-0.29)	-0.000 0 (-0.15)	-0.000 0 (-0.13)	-0.000 0 (-0.10)	-0.000 0 (-0.12)
$D \times R \times$State	0.023 1* (1.65)	0.019 0 (1.40)	0.019 0 (1.38)	0.019 0 (1.40)	0.019 0 (1.41)
Top1	-0.004 0 (-0.68)	-0.005 0 (-0.87)	-0.006 0 (-0.98)	-0.006 0 (-1.05)	-0.005 0 (-0.95)
$D \times$Top1	0.004 0 (0.35)	0.001 0 (0.11)	0.003 0 (0.23)	0.003 0 (0.21)	0.002 0 (0.16)
$R \times$Top1	0.003 0 (0.67)	0.004 0 (0.82)	0.004 0 (0.84)	0.004 0 (0.92)	0.004 0 (0.84)
$D \times R \times$Top1	0.046 0 (1.13)	0.038 0 (0.93)	0.044 0 (1.08)	0.038 0 (0.93)	0.039 0 (0.97)

续表

变量名称	Restrict1 EPS/P	Restrict2 EPS/P	Restrict3 EPS/P	Restrict4 EPS/P	Ovrl EPS/P
Size	0.012 5*** (13.05)	0.013 2*** (13.33)	0.013 0*** (13.22)	0.013 1*** (13.32)	0.012 9*** (13.20)
Mtb	−0.000 (−0.38)	−0.000 (−0.34)	−0.000 (−0.40)	−0.000 (−0.29)	−0.000 (−0.42)
R×Size	−0.001 (−1.53)	−0.001 2* (−1.88)	−0.001 3* (−1.86)	−0.001 4** (−1.97)	−0.001 3* (−1.88)
R×Mtb	0.002 1*** (2.97)	0.002 0*** (2.90)	0.002 0*** (2.87)	0.002 0*** (2.84)	0.002 1*** (2.91)
D×Size	−0.001 (−0.62)	−0.001 (−0.65)	−0.001 (−0.67)	−0.001 (−0.79)	−0.001 (−0.68)
D×Mtb	−0.001 0 (−0.42)	−0.001 0 (−0.30)	−0.001 0 (−0.49)	−0.001 0 (−0.58)	−0.001 0 (−0.53)
D×R×Size	−0.008 (−1.34)	−0.009 0 (−1.58)	−0.009 6* (−1.65)	−0.009 9* (−1.71)	−0.009 0 (−1.56)
D×R×Mtb	−0.021 0*** (−3.56)	−0.020 1*** (−3.39)	−0.021 9*** (−3.56)	−0.022 2*** (−3.62)	−0.021 4*** (−3.56)
Cons	−0.267 7*** (−11.40)	−0.287 5*** (−12.10)	−0.280 3*** (−11.87)	−0.284 3*** (−11.99)	−0.280 5*** (−11.83)
N	4 294	4 294	4 294	4 294	4 294
R^2	0.39	0.40	0.40	0.41	0.41
调整 R^2	0.38	0.39	0.39	0.39	0.39
Ind	是	是	是	是	是
Year	是	是	是	是	是

*、**和***分别表示在10%、5%和1%的显著性水平下显著
注：括号内为 t 值，回归系数的标准误为稳健标准误

表 10.6 不同债券评级下，债券契约条款数量对会计稳健性的影响（Basu 模型）

变量名称	Restrict1		Restrict2		Restrict3		Restrict4		Ovrl	
	高等级	低等级	高等级	低等级	高等级	低等级	高等级	低等级	高等级	低等级
	EPS/P	EPS/P	EPS/P	EPS/P	EPS/P	EPS/P	EPS/P	EPS/P	EPS/P	EPS/P
R	0.035 (1.03)	0.038 (1.62)	0.047 (1.39)	0.038 (1.57)	0.040 (1.19)	0.041 7* (1.77)	0.041 (1.21)	0.042 7* (1.81)	0.041 (1.22)	0.040 8* (1.73)
D	0.074 (0.96)	0.059 (1.00)	0.051 (0.67)	0.063 (1.09)	0.036 (0.47)	0.071 (1.21)	0.034 (0.45)	0.074 (1.25)	0.036 (0.48)	0.067 (1.14)
D×R	0.292 (1.05)	−0.033 (−0.14)	0.228 (0.84)	0.059 (0.27)	0.205 (0.77)	0.082 (0.37)	0.180 (0.69)	0.095 (0.42)	0.193 (0.73)	0.060 (0.27)
Restrict	0.002 (0.99)	−0.001 (−0.62)	−0.004 8*** (−4.01)	−0.000 (−0.28)	−0.009 1*** (−4.01)	−0.001 (−0.90)	−0.003 3*** (−4.37)	−0.001 (−1.41)	−0.001 9*** (−4.23)	−0.000 (−1.16)
D×Restrict	−0.005 (−0.95)	−0.002 (−1.30)	−0.003 (−1.26)	−0.001 (−0.61)	−0.001 (−0.20)	0.000 (−0.00)	0.000 (0.20)	−0.000 (−0.20)	−0.000 (−0.41)	−0.000 (−0.57)
R×Restrict	0.000 (0.29)	−0.000 (−0.40)	0.001 8*** (2.67)	−0.001 (−1.05)	0.003 2** (2.37)	−0.001 (−0.86)	0.001 1*** (2.59)	−0.000 (−0.41)	0.000 7*** (2.82)	−0.000 (−0.57)
D×R×Restrict	−0.002 (−0.10)	0.012* (1.71)	−0.009 (−1.19)	0.012 9** (2.22)	−0.002 (−0.18)	0.032 4*** (3.97)	0.002 (0.38)	0.009 4*** (3.45)	−0.001 (−0.37)	0.004 7*** (3.15)

续表

变量名称	Restrict1 高等级 EPS/P	Restrict1 低等级 EPS/P	Restrict2 高等级 EPS/P	Restrict2 低等级 EPS/P	Restrict3 高等级 EPS/P	Restrict3 低等级 EPS/P	Restrict4 高等级 EPS/P	Restrict4 低等级 EPS/P	Ovrl 高等级 EPS/P	Ovrl 低等级 EPS/P
Audit	−0.000 (−0.05)	−0.002 (−0.56)	0.007 (1.26)	−0.003 (−0.69)	0.004 (0.78)	−0.002 (−0.48)	0.006 (1.21)	−0.002 (−0.60)	0.006 (1.22)	−0.002 (−0.55)
$D×$Audit	0.010 (1.11)	−0.008 (−0.91)	0.012 (1.31)	−0.007 (−0.87)	0.009 (0.98)	−0.007 (−0.78)	0.009 (0.97)	−0.007 (−0.79)	0.010 (1.05)	−0.007 (−0.80)
$R×$Audit	−0.004 (−1.18)	0.004 (1.44)	−0.005 3* (−1.72)	0.004 (1.34)	−0.005 (−1.52)	0.004 (1.38)	−0.005 4* (−1.74)	0.004 (1.46)	−0.005 4* (−1.75)	0.004 (1.40)
$D×R×$Audit	0.054 6* (1.66)	−0.056 7** (−1.99)	0.069 8** (2.15)	−0.054 6** (−1.97)	0.062 7** (1.97)	−0.046 1* (−1.69)	0.065 5** (2.09)	−0.048 4* (−1.76)	0.065 9** (2.06)	−0.049 3* (−1.78)
State	0.013 (1.42)	0.000 (0.12)	0.013 (1.51)	0.000 (0.21)	0.012 (1.29)	0.001 (0.33)	0.013 (1.44)	0.001 (0.33)	0.013 (1.45)	0.001 (0.30)
$D×$State	−0.051 3*** (−2.86)	0.003 (0.74)	−0.044 7** (−2.55)	0.003 (0.61)	−0.044 4** (−2.52)	0.003 (0.58)	−0.043 2** (−2.38)	0.003 (0.67)	−0.044 0** (−2.44)	0.003 (0.68)
$R×$State	−0.015 7** (−2.33)	−0.002 (−1.22)	−0.017 2*** (−2.68)	−0.002 (−1.07)	−0.016 3** (−2.46)	−0.002 (−1.12)	−0.017 5** (−2.56)	−0.002 (−1.10)	−0.017 1** (−2.58)	−0.002 (−1.12)
$D×R×$State	−0.100 8* (−1.84)	0.050 5*** (3.09)	−0.060 (−1.09)	0.044 0*** (2.84)	−0.062 (−1.12)	0.041 8*** (2.71)	−0.047 (−0.85)	0.042 1*** (2.74)	−0.055 (−0.98)	0.043 4*** (2.78)
Top1	−0.006 (−0.37)	−0.003 (−0.43)	−0.005 (−0.29)	−0.003 (−0.43)	−0.003 (−0.18)	−0.003 (−0.49)	−0.007 (−0.39)	−0.003 (−0.59)	−0.005 (−0.27)	−0.003 (−0.49)
$D×$Top1	0.086 3*** (2.93)	−0.013 (−1.03)	0.064 2** (2.25)	−0.013 (−1.02)	0.068 2** (2.41)	−0.013 (−0.97)	0.067 7** (2.41)	−0.013 (−0.99)	0.065 6** (2.31)	−0.013 (−1.02)
$R×$Top1	0.013 (1.14)	0.003 (0.66)	0.013 (1.14)	0.003 (0.65)	0.013 (1.11)	0.003 (0.60)	0.015 (1.24)	0.003 (0.73)	0.013 (1.10)	0.003 (0.65)
$D×R×$Top1	0.326 3*** (3.08)	−0.021 (−0.47)	0.246 8** (2.36)	−0.013 (−0.31)	0.248 8** (2.50)	−0.001 (−0.02)	0.231 8** (2.38)	−0.011 (−0.26)	0.238 7** (2.36)	−0.010 (−0.22)
Size	0.013 1*** (6.09)	0.012 3*** (9.59)	0.013 2*** (6.05)	0.012 5*** (9.39)	0.013 0*** (5.99)	0.012 6*** (9.61)	0.012 7*** (5.89)	0.012 7*** (9.71)	0.012 7*** (5.85)	0.012 6*** (9.56)
Mtb	−0.004 (−1.19)	−0.000 (−0.32)	−0.003 (−1.09)	−0.000 (−0.20)	−0.003 (−1.02)	−0.000 (−0.24)	−0.003 (−0.86)	−0.000 (−0.14)	−0.003 (−0.97)	−0.000 (−0.25)
$R×$Size	−0.002 (−1.10)	−0.002 0** (−2.03)	−0.002 (−1.43)	−0.002 0* (−1.95)	−0.002 (−1.29)	−0.002 2** (−2.15)	−0.002 (−1.30)	−0.002 3** (−2.22)	−0.002 (−1.29)	−0.002 2** (−2.12)
$R×$Mtb	0.004 (1.38)	0.001 8** (2.43)	0.004 (1.48)	0.001 8** (2.33)	0.004 (1.32)	0.001 7** (2.28)	0.004 (1.35)	0.001 7** (2.26)	0.004 (1.42)	0.001 8** (2.33)
$D×$Size	−0.003 (−0.93)	−0.002 (−0.86)	−0.002 (−0.55)	−0.003 (−0.96)	−0.001 (−0.43)	−0.003 (−1.08)	−0.001 (−0.44)	−0.003 (−1.12)	−0.001 (−0.42)	−0.003 (−1.00)
$D×$Mtb	−0.005 (−0.92)	−0.001 (−0.62)	−0.005 (−0.94)	−0.001 (−0.55)	−0.004 (−0.77)	−0.001 (−0.83)	−0.004 (−0.75)	−0.002 (−0.87)	−0.004 (−0.82)	−0.001 (−0.76)
$D×R×$Size	−0.014 (−1.17)	0.003 (0.28)	−0.010 (−0.92)	−0.002 (−0.16)	−0.010 (−0.88)	−0.003 (−0.33)	−0.009 (−0.86)	−0.003 (−0.34)	−0.009 (−0.84)	−0.002 (−0.19)
$D×R×$Mtb	−0.047 7** (−2.24)	−0.019 4*** (−3.30)	−0.048 2** (−2.44)	−0.020 3*** (−3.36)	−0.046 5** (−2.28)	−0.022 7*** (−3.63)	−0.045 4** (−2.29)	−0.023 0*** (−3.70)	−0.047 2** (−2.38)	−0.021 7*** (−3.55)
Cons	−0.261 4*** (−5.30)	−0.195 3*** (−5.18)	−0.275 4*** (−5.48)	−0.202 0*** (−5.26)	−0.269 8*** (−5.37)	−0.201 3*** (−5.30)	−0.270 9*** (−5.39)	−0.205 1*** (−5.41)	−0.267 9*** (−5.33)	−0.202 2*** (−5.32)
N	1 225	3 069	1 225	3 069	1 225	3 069	1 225	3 069	1 225	3 069
R^2	0.475	0.323	0.498	0.324	0.493	0.333	0.499	0.332	0.497	0.331
调整 R^2	0.440	0.299	0.464	0.299	0.459	0.309	0.465	0.308	0.463	0.307

续表

变量名称	Restrict1		Restrict2		Restrict3		Restrict4		Ovrl	
	高等级	低等级	高等级	低等级	高等级	低等级	高等级	低等级	高等级	低等级
	EPS/P	EPS/P	EPS/P	EPS/P	EPS/P	EPS/P	EPS/P	EPS/P	EPS/P	EPS/P
Ind	是	是	是	是	是	是	是	是	是	是
Year	是	是	是	是	是	是	是	是	是	是

*、**和***分别表示在10%、5%和1%的显著性水平下显著

注：括号内为 t 值，回归系数的标准误为稳健标准误

2. 构造契约条款保护指数替代特殊条款数量

10.3 节采用债券契约条款的数量度量债券契约对债务人的约束程度，是目前文献中通用的做法（Miller and Reisel，2012），其优点是包含了最多的原始信息，缺点是默认不同类别条款的约束力是相同的。基于此，参考 Billett 等（2007）、陈超和李镕伊（2014）、史永东和田渊博（2016）等文献，构造契约条款保护指数（Index）替代契约条款总数量，对假设 10.1 和假设 10.2 重新进行估计。

具体构造方法如下：在将所有契约条款分成四大类的基础之上，对于任意的公司债券，每一大类中至少存在一个条款则记为 1，不存在该大类的任何条款则记为 0，每一类条款都变成 0-1 变量。然后，按大类对条款数求和，并除以大类的总数 4，从而得到每一只债券的契约条款保护指数。估计结果见表 10.7，可以看出，采用契约保护指数度量对债务人的约束程度，本章研究结果不发生改变。

表 10.7 构造契约条款保护指数的估计结果

变量名称	假设 10.1	假设 10.2
	C_Score	C_Score
Index	0.003 9*** (3.10)	-0.001 (-0.33)
Size	0.023 4*** (39.34)	0.023 9*** (35.70)
Mtb	0.000 2 (0.30)	0.000 4 (0.49)
State	0.001 (0.46)	0.001 (0.97)
Top1	0.001 (0.31)	0.002 (0.62)
Audit	-0.005 5*** (-3.95)	-0.004 9*** (-3.50)
Rating		0.001 (0.55)
Rating×Index		0.006*** (2.62)
Cons	-0.505 7*** (-31.92)	-0.520 8*** (-28.85)
N	4 294	4 294

变量名称	假设 10.1	假设 10.2
	C_Score	C_Score
R^2	0.840	0.840
调整 R^2	0.839	0.839
Ind	是	是
Year	是	是

***表示在1%的显著性水平下显著

注：括号内为 t 值，回归系数的标准误为稳健标准误

3. 采用连续变量度量债券评级

为了更准确地度量债券评级，参考史永东和田渊博（2016）的做法，采用债券评级的连续变量，进行稳健性检验。当债券评级（Bondrating）为 AA−、AA、AA+、AAA 时，对应赋值为 1、2、3、4。以连续变量 Bondrating 替代虚拟变量 Rating 对模型（10.6）重新进行估计，估计结果如表 10.8 所示。表 10.8 进一步验证了 10.4 节的结论，随着债券评级的提高，债券契约条款对会计稳健性的正效应减弱，验证了假设 10.2。

表 10.8　债券契约条款、债券评级与会计稳健性（债券评级采用连续变量）

变量名称	C_Score	C_Score	C_Score	C_Score	C_Score
Restrict	0.001 6*** (3.53)	0.000 9*** (2.79)	0.001 4** (2.46)	0.000 6*** (3.02)	0.000 4*** (3.25)
Bondrating	−0.002 2*** (−2.81)	−0.002 5*** (−3.10)	−0.002 4*** (−2.99)	−0.002 4*** (−3.02)	−0.002 4*** (−2.95)
Bondrating×Restrict	−0.001 1** (−2.31)	−0.000 5* (−1.70)	−0.001 2** (−2.21)	−0.000 4** (−2.08)	−0.000 2** (−2.06)
Size	0.024 0*** (35.09)	0.024 0*** (35.26)	0.023 9*** (35.10)	0.023 9*** (35.08)	0.023 9*** (35.12)
Mtb	−0.000 (−0.36)	−0.000 (−0.38)	−0.000 (−0.39)	−0.000 (−0.37)	−0.000 (−0.34)
State	0.001 (1.27)	0.002 (1.30)	0.001 (1.29)	0.001 (1.24)	0.001 (1.19)
Top1	0.002 (0.58)	0.002 (0.57)	0.002 (0.65)	0.002 (0.60)	0.002 (0.63)
Audit	−0.004 8*** (−3.42)	−0.004 8*** (−3.42)	−0.004 7*** (−3.34)	−0.004 7*** (−3.34)	−0.004 7*** (−3.39)
Cons	−0.516 1*** (−29.78)	−0.512 7*** (−29.79)	−0.513 4*** (−29.78)	−0.512 9*** (−29.75)	−0.513 4*** (−29.79)
N	4 294	4 294	4 294	4 294	4 294
R^2	0.841	0.840	0.841	0.841	0.841

续表

变量名称	C_Score	C_Score	C_Score	C_Score	C_Score
调整 R^2	0.839	0.839	0.839	0.839	0.839
Ind	是	是	是	是	是
Year	是	是	是	是	是

*、**和***分别表示在10%、5%和1%的显著性水平下显著

注：括号内为 t 值，回归系数的标准误为稳健标准误。

4. 采用主承销商声誉替代债券评级的检验

本部分采用主承销商声誉替代债券评级度量债权人与债务人之间的信息不对称程度。主承销商在资本市场发挥着信息效应和担保效应的作用。在债券发行前，声誉高的主承销商会努力收集各方面信息，制定严格的标准来选择和评估发债公司；在债券发行后，公司债券的主承销商往往在债券存续期间兼任受托管理人，在公司债券的存续期内有责任和义务最大限度地保护债券持有人的利益。因此，高声誉的主承销商能更好地降低发债公司和投资者之间的信息不对称问题（Chen et al.，2013）。参考史永东和田渊博（2016）的做法，采用主承销商在债券发行当年的市场份额度量主承销商声誉，市场份额越大，主承销商声誉越高。具体采用变量 LU 表示主承销商声誉。主承销商在发债当年市场份额大于1%取值为1，否则取值为0。采用模型（10.6）进行估计，回归结果见表10.9。主承销商声誉与特殊条款的交乘项显著为负，主承销商声誉越高，债券契约条款对会计稳健性的边际效应越小，与正文债券评级的回归结果一致。当主承销商声誉较低时，债券投资者与发债公司信息不对称程度较严重，债券投资者认为发债公司的信用风险较高，为防范风险，随着债券契约条款的增加，债券投资者对发债公司会计稳健性的要求越高。反之，高声誉的主承销商在一定程度上提供了信誉担保，因此，随着债券契约条款的增加，债券投资者对发债公司会计稳健性水平提高的需要减弱。

表10.9 主承销商声誉替代债券评级对假设10.2的检验结果

变量名称	Restrict1	Restrict2	Restrict3	Restrict4	Ovrl
	C_Score	C_Score	C_Score	C_Score	C_Score
Restrict	0.002 5*** （5.09）	0.001 7*** （4.71）	0.002 7*** （4.00）	0.001 0*** （4.42）	0.000 6*** （4.92）
LU	0.002 （1.42）	0.003 3** （2.12）	0.003 6** （2.16）	0.003 5** （2.14）	0.003 6** （2.22）
LU×Restrict	-0.002 0** （-2.16）	-0.002 2*** （-3.50）	-0.003 5*** （-3.21）	-0.001 1*** （-3.25）	-0.000 7*** （-3.38）
Size	0.023 5*** （37.59）	0.023 3*** （37.65）	0.023 3*** （37.63）	0.023 3*** （37.65）	0.023 3*** （37.70）

续表

变量名称	Restrict1 C_Score	Restrict2 C_Score	Restrict3 C_Score	Restrict4 C_Score	Ovrl C_Score
Mtb	0.000 2 (0.29)	0.000 2 (0.28)	0.000 2 (0.23)	0.000 2 (0.25)	0.000 2 (0.30)
State	0.001 (0.56)	0.000 (0.40)	0.000 (0.38)	0.000 (0.30)	0.000 (0.31)
Top1	0.001 (0.37)	0.001 (0.30)	0.001 (0.34)	0.001 (0.27)	0.001 (0.34)
Audit	-0.005 4*** (-3.85)	-0.005 3*** (-3.79)	-0.005 3*** (-3.82)	-0.005 3*** (-3.80)	-0.005 3*** (-3.81)
Cons	-0.509 7*** (-31.12)	-0.506 3*** (-31.18)	-0.506 7*** (-31.19)	-0.506 6*** (-31.16)	-0.507 4*** (-31.22)
N	4 294	4 294	4 294	4 294	4 294
R^2	0.840	0.840	0.840	0.840	0.841
调整 R^2	0.839	0.839	0.839	0.839	0.839
Ind	是	是	是	是	是
Year	是	是	是	是	是

和*分别表示在5%和1%的显著性水平下显著

注：括号内为 t 值，回归系数的标准误为稳健标准误

10.4.4 内生性问题

1. 样本自选择

值得注意的是，是否签订债券契约条款与会计稳健性之间可能存在自选择偏差，发债公司签订债券契约条款可能受自身特征影响，而并非随机决定。例如，为凸显公司质量有别于其他公司（Demiroglu and James，2010）。为了使本章结论更加可靠，我们采用 Heckman（1979）两步法进行进一步检验：①对是否签订债券契约条款（Contract）做 Probit 估计，计算签订债券契约条款的概率，得到 IMR；②将第一步估计得到的 IMR 加入模型（10.5）和模型（10.6）进行第二阶段的估计，如果 IMR 不显著，则本章结论不存在自选择问题，否则存在样本自选择问题。

借鉴陈超和李镕伊（2014）、黄小琳等（2017）、Asquith 等（2013）等文献，选择影响债券契约条款签订的变量，包括公司规模（Size）、资产收益率（ROA）、利息保障倍数（Coverage）、市账比（Mtb）、审计质量（Audit）、营业收入增长率（Growth）、产权性质（State）、第一大股东持股比例（Top1）等变量。Zhang 和 Zhou（2015）认为机构投资者持股比例与条款数目正相关；

Demerjian（2017）研究发现当环境不确定性越高时，债券投资者要求签订更多的契约条款保护自己的利益，故本章加入环境不确定性（EU）和机构投资者持股比例（Institution）作为是否签订债券契约条款的决定变量，所有变量均滞后一期处理，其中环境不确定性参考申慧慧等（2012）的研究内容，采用经行业中位数调整后的企业过去 5 年销售收入变异系数度量。Heckman 第一阶段估计模型如下：

$$\begin{aligned}\text{Contract}_{i,t} = &\alpha_0 + \alpha_1 \text{institution}_{i,t-1} + \alpha_2 \text{EU}_{i,t} + \alpha_3 \text{Size}_{i,t-1} + \alpha_4 \text{Mtb}_{i,t-1} \\ &+ \alpha_5 \text{State}_{i,t-1} + \alpha_6 \text{Top1}_{i,t-1} + \alpha_7 \text{Growth}_{i,t-1} + \alpha_8 \text{Audit}_{i,t-1} \\ &+ \alpha_9 \text{ROA}_{i,t-1} + \alpha_{10} \text{Cocerage}_{i,t-1} + \epsilon_{i,t}\end{aligned} \quad (10.8)$$

Heckman 两阶段回归方法的回归结果显示[①]，公司规模大、机构投资者持股比例高的公司倾向签订债券契约条款，而国有企业、营利能力强、公司成长性好、第一大股东持股比例越高及审计质量高的公司签订债券契约条款的倾向较低。同时，第二阶段回归的 IMR 的系数并不显著，说明不存在样本自选择偏差，正文的回归结果可靠。

2. 可能的遗漏变量问题

（1）控制公司治理因素对会计稳健性的影响。

由于董事长和 CEO 的两职合一能够降低董事会的独立性，影响董事会对管理层的有效监管，进而影响管理层会计政策的选择。同时，董事会独立董事的比例越高，董事会与管理层的关联性越小，越能主动、勤勉地对管理层的行为进行监督。独立董事在履行职责的过程中不受企业大股东、控制者及其他利益相关者的影响，可以更好地维护公司整体利益，因此独立董事的比例越高，独立董事对会计稳健性的影响就越大。为了缓解由于遗漏公司治理因素引起的内生性问题，本章进一步控制独立董事比例（Prcpotion）、董事长和总经理是否两职合一（Dual），对模型（10.5）、模型（10.6）重新进行估计，回归结果显示本章结论不发生改变。

（2）控制债券特征对会计稳健性的影响。

Khurana 和 Wang（2015）认为债券期限与会计稳健性负相关，债券期限短的发行主体对会计稳健性的要求较低，Watts（2003a，2003b）发现融资规模越大，债权人对发行主体会计稳健性要求越高。本章进一步控制债券发行总额（Amount）和债券期限（Duration）对假设 10.1 和假设 10.2 重新进行估计，回归结果显示与正文结论基本一致。

---

① 限于篇幅，未展示内生性问题的相关回归结果。

（3）同时控制债券特征与公司治理因素对会计稳健性的影响。

由于债券特征和公司治理都可能对会计稳健性产生影响（Khurana and Wang，2015；Watts，2003a，2003b），本章同时控制债券特征和公司治理因素对假设10.1和假设10.2重新进行估计。由回归结果可知，同时控制债券特征和公司治理因素的混合效应之后，正文结论基本不变。

（4）工具变量和2SLS。

上文研究控制可能存在的遗漏变量问题，如债券特征和公司治理因素。由于影响会计稳健性的因素很多，可能存在除了债券特征和公司治理因素之外的不可观测因素，如果其与本章的自变量债券契约条款相关，则可能导致参数估计的不一致，产生内生性问题。本部分采用工具变量和2SLS进一步解决由于遗漏变量引起的内生性问题。工具变量需要满足外生性和相关性的要求，借鉴已有文献（Nikolaev，2010；Zhang and Zhou，2015；Demerjian，2017）的研究，以Residual和EU作为债券契约条款数目的工具变量，采用2SLS对假设10.1和假设10.2重新进行估计。回归结果显示，2SLS估计结果与正文基本保持一致，考虑到遗漏变量的内生性问题，本章的研究结论是稳健的。

3. 联立方程组缓解互为因果问题

本章研究发现债券契约条款与会计稳健性显著正相关，但是不排除反向因果的可能。也就是说，一方面，债券契约条款数目越多对债券发行人的约束程度越高，发行人为保持良好的声誉和规避审计诉讼风险，防止发生违约事件，为满足债券持有人的需要，从而提高会计稳健性水平。另一方面，也有可能是发债公司的会计稳健性水平较低，为保障债券的顺利发行，通过设计较完善的债券契约条款保护债券持有人的利益，从而保障债券的顺利发行和降低融资成本。所以，债券契约条款与会计稳健性之间可能存在互为因果关系。

基于此，本章采用联立方程组的方法解决二者之间的互为因果关系，参考现有文献研究及方程组的可识别条件，构建如下联立方程模型：

$$\begin{cases} C\_Score_{i,t} = \alpha_0 + \alpha_1 Restrict_{i,t} + \alpha_2 Size_{i,t} + \alpha_3 Mtb_{i,t} + \alpha_4 State_{i,t} \\ \qquad + \alpha_5 Top1_{i,t} + \alpha_6 Audit_{i,t} + \sum Year\ effect + \sum Ind\ effect \\ \qquad + \varepsilon_{i,t} \\ Restrict_{i,t} = \beta_0 + \beta_1 C\_Score_{i,t} + \beta_2 Size_{i,t} + \beta_3 Mtb_{i,t-1} + \beta_4 State_{i,t} \\ \qquad + \beta_5 ROA_{i,t-1} + \beta_6 Z\_Score_{i,t-1} + \beta_7 Fasset_{i,t-1} \\ \qquad + \sum Year\ effect + \sum Ind\ effect + v_{i,t} \end{cases} \quad (10.9)$$

$$\begin{cases} C\_Score_{i,t} = \alpha_0 + \alpha_1 Restrict_{i,t} + \alpha_2 Size_{i,t} + \alpha_3 Mtb_{i,t} + \alpha_4 State_{i,t} \\ \qquad\qquad + \alpha_5 Top1_{i,t} + \alpha_6 Audit_{i,t} + \sum Year\ effect + \sum Ind\ effect \\ \qquad\qquad + \varepsilon_{i,t} \\ Restrict_{i,t} = \beta_0 + \beta_1 C\_Score_{i,t} + \beta_2 Size_{i,t} + \beta_3 Mtb_{i,t-1} + \beta_4 State_{i,t} \\ \qquad\qquad + \beta_5 ROA_{i,t-1} + \beta_6 Z\_Score_{i,t-1} + \beta_7 Fasset_{i,t-1} \\ \qquad\qquad + \sum Year\ effect + \sum Ind\ effect + v_{i,t} \\ Rating_{i,t} = \gamma_0 + \gamma_1 C\_Score_{i,t} + \gamma_2 Restrict_{i,t} + \gamma_3 Size_{i,t} + \gamma_4 Mtb_{i,t-1} \\ \qquad\qquad + \gamma_5 State_{i,t} + \gamma_6 CFO_{i,t-1} + \gamma_7 Z\_Score_{i,t-1} + \gamma_8 Fasset_{i,t-1} \\ \qquad\qquad + \sum Year\ effect - \sum Ind\ effect + u_{i,t} \end{cases}$$

(10.10)

模型（10.9）和模型（10.10）分别为假设10.1和假设10.2的联立方程模型，其中，Z_Score表示财务质量Z得分；Fasset表示固定资产占总资产的比例；CFO表示经营活动现金流量净额占总资产的比例，其他变量见表10.1的变量定义表。

联立方程组常用的估计方法有2SLS（肖淑芳和喻梦颖，2012；何玉等，2014）和3SLS（郑新业等，2012；吴延兵，2012）两种方法，2SLS主要解决的是联立方程模型系统中每一个方程中的随机解释变量问题，而3SLS则考虑了模型系统中不同结构方程的随机误差项之间的相关性（吴延兵，2012）。在某种意义上，3SLS是将2SLS与SUR（seemingly unrelated regression，似不相关估计）相结合的一种估计方法，一般对于一个或者多个方程包含内生解释变量的联立方程系统，3SLS估计更有效率（钱雪亚等，2016）。为提高估计结果的稳健性，本章同时采用2SLS和3SLS两种方法进行估计。考虑到当债券评级为虚拟变量时，采用OLS估计偏误较大，本章分别对债券评级采用虚拟变量和连续变量进行联立方程估计。由估计结果可知，2SLS与3SLS估计结果基本一致，并且债券评级无论是采用虚拟变量还是连续变量，联立方程组结果基本一致。具体地，债券契约条款数目越多，对会计稳健性的正向作用越强；随着债券评级的提高，债券契约条款对会计稳健性的正向作用减弱，这说明控制了互为因果的内生性问题，假设10.1和假设10.2的结论仍然成立。

10.5 进一步研究

本节进一步基于公司治理机制和代理冲突的角度，探索债券契约条款影响会计稳健性的内在机理。会计稳健性作为一种重要的公司治理机制，根植于一定的制度环境中，与产权性质、内部控制、机构投资者等一系列公司治理因素密切相关。外部公司治理机制（如机构投资者、市场化进程）及内部公司治理机制（如内部控制、产权性质）都可能对债券契约条款和会计稳健性的关系产生一定的调节作用（Bhojraj and Sengupta，2003）。而且，发债公司与债券持有人的代理冲突水平也会影响债务主体的会计政策选择（魏明海和陶晓慧，2007；Haw et al.，2014）。在进一步研究中，控制变量与正文部分保持一致，针对可能的遗漏变量问题，在进一步研究中也控制了债券特征变量和公司治理变量[①]。

10.5.1　基于公司治理机制的角度

1. 产权性质

与非国有上市公司相比，国有上市公司在中国国民经济中占据支柱地位，承担更多的政策性负担和社会发展目标。因此，承载更大的政治压力和声誉约束，而且，中央和地方国有资产监督管理委员会通常对国有企业实施严格的监管，考虑到公司债务违约可能带来的业绩考核压力、政治晋升影响和声誉损失，管理层通常会选择更加稳健的会计政策以防范技术违约的发生。因此，对于发行公司债券的国有企业，随着特殊条款数量的增加，会计稳健性水平也有所提高。

按照产权属性把样本划分为国有企业和非国有企业。运用模型（10.5）进行分组回归可知，除期权类条款（Restrict1）[②]外，其他类别条款和条款总数在国有企业中表现为债券契约条款与会计稳健性显著正相关，在非国有企业，二者的关系统计不显著。期权类条款在两个样本组都显著正相关的原因可能是，期权类条款内嵌于普通债权之中，并且随着利率水平和标的资产价格的波动而变动，因而在整个债券持续期内，这类条款一直都是债券价差的重要决定因素，管理层为了防止债券持有人提前行使债券回售权利，会选择谨慎处理会计信息。

2. 内部控制质量

高质量的内部控制能够合理保证公司经营的合规性，降低公司发生诉讼风险的可能性。具有高质量内部控制的公司，有主动采取稳健会计处理方法的动机，提高对债券契约的执行力度，加强债券契约对公司管理层机会主义行为的约束作用（方红星和张志平，2012），所以内部控制与债券契约条款对会计稳健性的影

[①] 限于篇幅相关结果未展示。
[②] 期权类特殊条款对发行主体会计稳健性的正向效应在国有企业和民营企业之间不存在显著差异（SUR 组间差异检验 $P=0.419$）。

响可能具有替代性，即内部控制质量越高，债券契约条款对会计稳健性的边际效应越低。

参考李姝等（2017）的做法，采用迪博内部控制指数度量内部控制质量，该值越大，内部控制质量越高。按照内部控制指数取对数之后的中位数把样本划分为高内部控制质量组和低内部控制质量组，对模型（10.5）进行分组回归可以发现，除期权类条款（Restrict1）在两组都显著外①，债券契约条款对会计稳健性的正向效应在内部控制质量低组显著，在内部控制质量高组不显著。

3. 机构投资者持股

与个人投资者相比，机构投资者具有信息优势、专业优势及资金优势（甄红线和王谨乐，2016），能够对公司管理层施加压力，促使其披露更为稳健的会计信息，所以机构投资者持股水平对会计稳健性具有正向效应（王震，2014），机构投资者持股与债券契约条款对会计稳健性的正效应可能具有替代效应。本章按照机构投资者持股比例中位数分为高低两组，机构投资者持股比例高于中位数的取值为1，否则取值为0，对模型（10.5）进行分组回归发现，只有期权类条款在两组都显著②，这表明当机构投资者持股比例较低时，债券契约条款与会计稳健性显著正相关。

4. 市场化进程

市场化进程是衡量公司外部环境的一个综合指标（樊纲等，2011），不同市场化进程地区的法律法规完善程度、政府监管水平、产权保护程度存在差异（李慧云和刘镝，2016）。市场化进程越高的地区，公司的外部治理水平越高，对上市公司管理层的监督机制越完善，管理层更有动力去稳健地处理会计信息，所以市场化进程与债券契约条款对会计稳健性的影响可能具有替代效应。采用樊纲和王小鲁《中国市场化指数——各地区市场化相对进程2011年度报告》"中国各地区市场化指数"衡量各地区市场化进程。由于该书中提供的中国市场化指数截至2009年，参考李慧云和刘镝（2016）的做法以2004~2009年连续6年排名前五位的广东、上海、浙江和江苏四个省份作为市场化进程比较高的地区，取值为1，其他省份取值为0。对模型（10.5）进行分组回归可知，在低市场化进程组，债券契约条款对会计稳健性的正向效应在1%水平下显著，在高市场化进程组统计不显著，这说明在市场化进程低的地区，债券契约条款与会计稳健性显著正相关。

---

① 对期权类条款进一步做基于 SUR 的组间差异检验，结果显示在高内控组和低内控组期权类条款对会计稳健性的正向效应没有显著差异（$P=0.69$）。

② 基于 SUR 的组间差异检验结果显著，两者无显著差异（$P=0.7781$）。

10.5.2 基于代理冲突的角度

Smith 和 Warner（1979）分析了四种典型的股东和债权人利益发生冲突的情况：股利支付、所有权稀释、资产替换和投资不足，并指出在债券契约中引入限制性条款可以降低股东和债权人之间的利益冲突，或是将冲突导致的负面影响控制在一定的范围内。本部分基于债权人与债务人代理冲突的角度，研究代理冲突水平对债券契约条款与会计稳健性关系的调节作用。股东与债券持有人之间代理冲突的度量包括两个方面：超额股利支付倾向（Brockman and Unlu，2009）和资产替代倾向（Parrino and Weisbach，1999；魏明海和陶晓慧，2007）。

1. 超额股利支付倾向

Jensen 和 Meckling（1976）指出，不合理的股利分配行为就是股东对债权人利益的侵占。Black（1996）认为债券发行企业可能通过股利发放的方式掏空企业净资产，导致债券投资者在债券违约时没有足够的资产进行清算来弥补损失。因此，股利支付是股东进行资产转移的一个重要手段，本章以股利支付率度量超额股利支付倾向，按照年度与行业股利支付率中位数进行分组，若股利支付率大于中位数，超额股利支付倾向高，代理冲突严重；若低于中位数，超额股利支付倾向低，代理冲突水平比较低。对模型（10.5）进行分组回归可知，在超额股利支付倾向高的样本组，债券契约条款对会计稳健性的正向效应在 1% 水平显著，在超额股利支付倾向低的组统计不显著。这表明在代理冲突严重的样本，债券契约条款与会计稳健性显著正相关。

2. 资产替代倾向

本章参考魏明海和陶晓慧（2007）的做法，采用投资风险性度量资产替代行为，运用经营现金流变异系数度量投资风险性，具体计算方法为公司过去三年经营性现金流的标准差与过去三年经营性现金流的均值的比值，该值越大，表示公司越有可能通过资产替代行为侵害债权人利益，代理冲突越严重。按照经营现金流变异系数中位数进行分组，大于中位数的为投资风险性高的样本组，资产替代的倾向大，赋值为 1，否则赋值为 0。对模型（10.5）进行分组回归发现，期权类条款对会计稳健性的正向作用在资产替代倾向高组和低组都显著为正[①]，其他类条款和条款总数在高资产替代倾向组对会计稳健性具有显著的正向效应，在低资产替代倾向组统计不显著。这说明在代理冲突严重的样本，债券契约条款与会计稳健性显著正相关。

---

① 对期权类条款进一步做基于 SUR 的组间差异检验显示，在代理冲突水平高组与低组，期权类条款对会计稳健性的正向作用具有显著差异（$P=0.0328$）。

10.6 本章小结

本章手工收集了中国沪深两市上市公司 2007~2016 年的债券契约条款数据，检验了特殊条款与会计稳健性的内在关系，并进一步探究债券评级对二者的影响。研究发现，相比未发债公司，发债公司签订特殊条款的行为能够提高会计稳健性，并且签订的特殊条款越多、越全面，对会计稳健性的正向作用越强。债券评级充当债券市场"守门人"的角色，为投资者传递了风险信号，能够缓解债券市场信息不对称问题。在不同的债券等级下，特殊条款的作用力不同，债券评级越低，特殊条款对发债公司会计稳健性的正效应越大。

债券市场是建立在信任基础上对信用进行定价的金融市场。在债券市场打破刚性兑付潜规则的现状下，一旦市场机制缺乏公信力和约束力，投资者对发行人丧失投资积极性，债券市场将无法正常有效运转。本章的研究为改善中国债券市场的发展环境，有效保护债权人利益提供理论参考与经验借鉴。一方面，特殊条款作为债券投资者利益保护的治理机制，能够在一定程度上缓解股东与管理者的机会主义行为，提高发债公司会计信息质量。考虑到中国债权人维权渠道少、维权成本高的现实问题，完善债券契约条款机制有利于保护债权人利益，促进债券市场持续、稳定、健康发展。另一方面，本章研究结论肯定了中国债券信用评级机制的有效性。债券评级在一定程度上为债权人撑起了"保护伞"，能够帮助债券投资者衡量信用风险，缓解债券市场信息不对称。

第 11 章　公司风险与债券契约条款设计的实证分析

虽然发展债券市场已成为一种共识，但是对债券投资者的保护却没有得到重视。2011 年 6 月底，云南省公路开发投资有限公司发行的"云投债"爆发信用违约危机，并引发债券市场整体下跌。此外，ST 超日（002506）曾于 2012 年 3 月 9 日发行 10 亿公司债券，债券名称为"11 超日债"。由于其票面利率高达 8.98%，故在发行初期获得投资者的追捧，债券价格一度高达 106 元左右。然而 2013 年初，该债券曾一度陷入退市危机。虽然"11 超日债"已如期完成利息支付，但其债券价格已下跌至 74 元左右，投资者损失惨重。纵观"11 超日债"事件，其信息披露不充分和管理层的道德风险是造成"11 超日债"违约的重要因素。纵观这两起违约风波，发债公司的风险问题是造成违约的重要因素，也暴露了中国债券市场在债权人保护机制设计上的不足。因此本章将基于公司风险中的流动性风险和信用风险，分别研究它们对债券契约条款设计的影响。

11.1　引　言

中国资本市场经过近三十年的发展，逐渐形成了一个集股票、债券和衍生品等多品种、多层次、满足不同主体需求的市场。它一方面为企业提供融资和控制风险的多层次渠道，另一方面也为民众提供投资的丰富产品。通过实现社会资本和资产的配置功能，资本市场为促进实体经济的发展，实现社会总财富增长，做出了重要的贡献。

然而，中国资本市场的发展并不平衡，这种不平衡不仅体现在直接融资和间接融资的不平衡，长期借款和短期借款的不平衡，也体现在直接融资渠道内部的不平衡。如今，中国企业可公开发行的债券有公司债券、企业债券、可转债券与短期融资券。中国债券市场，尤其是以企业为发行主体的债券市场，相对于股票市场来说发展远远不足。此外，中国的企业融资渠道以银行贷款为主，其中短期银行贷款居多。从融资成本和资本结构的角度来说，短期银行贷款的融资成本比较高，而且具有较频繁的还款压力，约束了公司进行长期的开拓性的投资，不利于企业的升级与长期竞争力的提高。此外，在银行贷款利率受管制的背景下，McKinnon（1973）指出，受到官方机构关照的投资者能够以负的实际利率取得贷款，这经常促成质量很差的投资项目"上马"。同时，其他拥有高收益项目的潜在借款人却受到严格的信贷配额限制。在这种状况下，银行承担了大量的违约风险。银行常被认为是金融体系的稳定器，一旦银行风险增加，则会给资本市场的稳定持续发展埋下隐患。不仅如此，需要资金的企业难以从市场上顺利融资，而家庭资金因为缺乏良好的投资产品过而流入银行，使得银行体系面临着巨大投资压力，在 McKinnon 的理论下，投资资金必然流入拥有"官方机构"光环的项目，而非最有潜力的项目，降低了资本市场作为投融资平台的功能。

这个现状一方面阻碍了企业利用资本市场来优化融资结构，实现公司治理策略等目标；另一方面给予银行体系过多负债融资压力，不利于金融体系稳定。因此发展债券市场不仅有助于减少企业对银行贷款的过度依赖，扩大企业的融资渠道，还有助于改善企业的资本结构，提高了资本市场的资源配置效率。金鹏辉（2010）通过跨国数据研究公司债券市场发展对融资成本的影响，发现公司债券市场越发达，企业融资成本越低。面对这一情形，中国政府已将发展债券市场作为中国资本市场改革的重要战略之一。《中共中央关于完善社会主义市场经济体制若干问题的决定》指出，要扩大直接融资，建立多层次资本市场体系，积极拓展债券市场。证监会前主席郭树清在其公开讲话中也强调：积极发展多样化的投融资工具。要落实国务院关于积极稳妥发展债券市场的要求，鼓励符合条件的企业通过发行公司债券筹集资金。在市场需求方面，机构投资者，甚至包括合格的境外机构投资者（qualified foreign institutional investors，QFII），对中国债券投资的关注也在不断提升。

之所以要保护债权人，是因为债权人与股东之间的信息不对称导致两者之间出现了代理冲突，债权人与股东之间的代理冲突主要体现在两个方面：①债券发行前存在的逆向选择；②债券发行后存在的道德风险。信息不对称会导致债券发行前的逆向选择问题。在信息不对称的情况下，投资者不能完全区分好公司和差公司，因此，投资者会按市场平均风险水平给债券定价。在此情况下，好公司不得不以高于其应该获得的价格给债券定价。因此，发债公司为了减少信息不对称带来的成本，可以通过信号传递来减少信息不对称。资质好的公司为了区别于其他资质次好的公司，可以选择更严格或者更多的契约条款，以展示其优良的资质，降低信息不对称，从而降低融资成本。在公司债券发行成功后，债权人与股东之间存在道德风险问题。道德风险问题是由投资者购买债券时与发债公司之间形成的委托代理关系引起的。在公司的日常经营中，公司以股东利益最大化为目标，而不是以债权人利益最大化为目标，这样就导致公司有动机在投资和融资过程中采取损害债权人利益而有利于股东的决策。Jensen 和 Meckling（1976）指出，当存在债务融资时，股东与债权人之间会存在投资不足及资产替换等问题。Smith 和 Warner（1979）通过对美国债券契约条款类型的分类总结，指出债券发行后的道德风险主要分为四大类：①所有权稀释风险，即发债公司后续发行比现有债券具有更高偿付优先权的债务，使现有债券的偿付风险增加，从而损害债权人利益。②资产替换风险，即发债公司筹资时承诺将资金投资于低风险项目，但筹资成功后将所筹资金投资于高风险项目。这是因为公司通常负有限责任，而如果高风险项目运营成功，通常会带来高收益，在股东偿还债务后，仍然可以获得相当高的收益，而即使高风险项目失败了，股东最多只需要承担以出资额为限的损失，超过出资额的损失将全部由债权人承担。③投资不足风险，即当公司获得一些净现值为正的投资项目时，公司也不会投资于该项目。因为当一个项目净现值为正且收益稳定时，如果该项目大部分预期收益都将归债权人所有，那么公司通常不愿意实施该项目。④支付红利风险，即当公司发债融资成功后，如果不将资金投资于能产生利润的项目上，而是将资金通过发放股利的形式分配给股东，这样显然损害了债权人的利益。

由于信息不对称的原因，股东与债权人之间存在代理冲突。债权人在投资债券之前已经知道存在的代理冲突，因此会调低对债券的报价。发债公司同样也意识到代理冲突的存在会带来代理成本，从而使公司价值下降。为了减少公司价值下降，发债公司会通过债券契约条款等债权人保护机制为债权人提供保护以避免潜在的道德风险及信息不对称。由此可见，债券契约条款的存在对于债券的定价与发行都具有重要意义。因此，在中国债券市场发展不够健全、制度不够完善的情况下，明确哪些公司风险在多大程度上以何种方式对债券契约条款产生影响是保障中国债券市场健康稳定发展急需解决的问题。

11.2 理论分析

债券契约条款方面的研究主要是基于发达国家的数据，对于发展中国家所做的研究相对较少。以中国债券市场为例，由于中国债券市场快速发展的时间比较短，不但债券市场的发展还处于成长阶段，而且中国学术界对于债券契约条款的研究也不够多，因此在债券契约条款方面，中国的学术研究还处于初步阶段，这方面的研究成果相对较少。由于发展中国家与发达国家存在本质上的差异，使我们有必要研究发展中国家债券契约条款与投资者保护之间的关系。

中国国内对债券契约条款的研究主要是从委托代理冲突和投资者保护角度出发所做的。以往学者通过对公司债券的研究发现，公司债券合约中的债权人保护条款设计得越好，该发债公司的融资成本就越低。另外，债券契约条款保护指数与发债公司的现金发放程度之间存在显著的负相关关系，即债券契约条款可以降低发债企业的现金发放程度，有利于债券投资者利益的保护。此外，高质量的审计有助于提高债券评级与主体评级，说明审计作为外部治理机制，可以降低债券投资者和发债公司之间的信息不对称问题。此外，通过从内部控制质量角度对债券契约条款进行研究发现，债券投资者对于债券发行公司的内部控制是否存在信息披露并没有足够的敏感性。债券规模大小也并不影响投资者是否考虑增加足够的保障性条款来维护自己的利益，即债券信用评级、债券发行规模、企业规模和债券存续期与债券契约条款数目之间存在无相关性。债券条款数目不受企业披露内部控制存在缺陷的影响说明在强制与自愿披露结合的情况下，内部控制存在缺陷并没有对投资者产生足够的信号，更没有达到应有的消除信息不对称所带来的企业代理成本增加的影响。陈超和李镕伊（2014）研究的更多的是债券契约条款对于债券投资者保护方面以及债券契约条款对于降低发债公司融资成本方面的问题，并没有涉及债券契约条款的决定因素这方面的研究。张驰（2012）通过研究公司特征以及债券发行特征并没有发现这些因素与债券契约条款数目之间存在相关性，之所以出现这样的情况，是因为张驰的研究所使用的债券契约条款为一般性保障条款，并没有根据条款性质对条款进行分类，并且只包含了一般性保障条款导致数据质量不高。此外，资本市场的投资者更多关注的是收益与风险，而张驰的模型里面并没有包含足够衡量公司风险的解释变量，导致实证结果并没有发现公司特征以及债券发行特征与债券契约条款数目之间的相关性。

Gryglewicz（2011）构建了一个评估两种财务危机如何对公司财务决策产生影响的模型，这两种财务危机分别是流动性风险和信用风险。该模型将流动性风险和信用风险区分开来，流动性风险主要是衡量公司偿还其短期债务的能力，而信用风险则是衡量公司偿还其长期债务的能力。因为流动性风险和信用风险是债权人所面临的最大的两种风险，而且这两种风险对债券契约条款的影响很可能是不同的，所以本章将主要从公司流动性风险和信用风险角度研究其对中国债券契约条款的影响。根据 Gryglewicz 的理论，即现金流的短期波动以及现金储备都是影响流动性风险的重要因素。因此，本章使用 Lambda 作为流动性风险的衡量指标，该指标是在考虑了现金流的短期波动以及现金储备的基础上构造的。此外，本章使用了违约距离这一指标来衡量发债公司的信用风险。在研究中，本章发现流动性风险和信用风险对债券契约条款均具有显著影响。其中，Lambda 每增加一单位，期权类条款和限制投资类条款的使用概率分别降低了 3.27%与 1.52%，违约距离每增加一单位，限制投资类条款的使用概率降低了 0.05%。

总而言之，本章同时研究流动性风险与信用风险对债券契约条款的影响，并且发现债券投资者对流动性风险的关注度要比对信用风险的关注度高。此外，本章研究还发现 Lambda 以及违约距离是很好的衡量流动性风险和信用风险的变量。

11.3　变量与数据

本章选取 2007~2018 年由 Wind 分类的一般公司债券作为研究对象，共获得了 1 212 只公司债券。本章所有的发债公司特质数据以及债券发行特质数据均来自 Wind 数据库、CSMAR 国泰安数据及 RESSET 数据库。债券契约条款均来自对债券募集说明书和债券上市公告书内容的整理。

由于本章需要研究公司流动性风险和信用风险对债券契约条款的影响，故在前人的研究基础上，选取了对债券契约条款有影响的公司特征以及发行特征作为控制变量。

Malitz（1986）通过研究 252 只公共债券发现：是否包含债券契约条款与发债公司的杠杆比率是正相关的，这意味着风险大的公司发债时更倾向包含更多的债券契约条款，从而减少股东与债权人之间的代理冲突，进而减少事先的代理成本。Billett 等（2007）通过研究也发现发债公司杠杆比率对债券契约条款的影响是显著的。因此，本章将使用杠杆比率作为一个控制变量，杠杆比率由发债公司发债前一年负债总额除以所有者权益总额得到。Begley（1994）通过研究发现，如果一个公司的破产可能性越大、固定资产越少或者利润率越低，则这样的公司发债时使用债券契约条款的可能性就越大。因此，本章将这些因素作为本章的控制变量。其中，本章使用利息保障倍数作为公司破产可能性的替代变量，该变量由公司息税前利润除以利息费用得到。此外，本章使用固定资产除以总资产的比率作为衡量固定资产的变量，使用息税前利润除以总资产作为公司利润率的替代变量。Nash 等（2003）通过研究发现，具有高成长机会的公司想要保持其未来融资的灵活性，因此发债时不愿意包含过多限制自身融资的债券契约条款。Billett 等（2007）的研究表明，公司成长性越高，包含债券契约条款的可能性越大。因此,本章将成长性纳入控制变量的范围,并使用研发投资作为成长性的替代变量之一,该变量由研发支出除以公司总资产得到。另外,本章还使用公司市场价值与公司账面价值的比率作为成长性的另一个替代变量,其中公司市场价值由公司的股权市场价值加上债务的账面价值得到,而公司账面价值即公司财务报表的总资产。另外,根据 Stohs 和 Mauer（1996）的研究结论,本章将资产成熟期作为控制变量之一,该变量是流动资产成熟期与非流动资产成熟期通过加权得到的,权重为流动资产和非流动资产占总资产的比率。

除去以上控制变量外,本章还根据 Qi 和 Wald（2008）、Chava 等（2010）的研究成果以及其他一些研究债券契约条款影响因素的论文。选取了一些债券发行特征作为控制变量,其中包括:①债券成熟期,该变量由债券的以年为单位的发行期限取对数得到。②债券规模,该变量表示债券融资额占发债公司总负债的比例。③债券评级虚拟变量,如果债券发行时评级为 AA 或 AA 以下则为 1,否则为 0,具体见表 11.1。

表 11.1　变量符号及含义

变量名称	定义
asse	资产成熟期,该指标由流动资产成熟期与非流动资产成熟期根据各自占总资产的权重加权得到,计算公式如下:[流动资产/(流动资产+非流动资产)]×(流动资产/主营业务成本)+[非流动资产/(流动资产+非流动资产)]×(非流动资产/累计折旧与摊销)
tang	发债前一年公司固定资产占总资产的比率
prof	息税前利润除以总资产
leve	公司负债总额除以公司所有者权益总额
intc	息税前利润除以利息费用
loty	以年为单位的债券发行期限取对数
mb	公司股权的市场价值加上负债的账面价值之和除以总资产
loze	公司所发债券融资额占公司当年负债总额的比率
hild	虚拟变量,如果债券发行时评级为 AA 或 AA 以下则为 1,否则为 0
Lambda	(初始现金储备+发债公司过去五年的净现金流量的均值)/发债公司过去五点的净现金流量的标准差
dd	违约距离=(资产市值−违约点)/(资产市值×资产波动率)
opti	虚拟变量,如果债券包含期权类条款则为 1,否则为 0
tran	虚拟变量,如果债券包含资产转移限制类条款则为 1,否则为 0
inve	虚拟变量,如果债券包含投资限制类条款则为 1,否则为 0
fina	虚拟变量,如果债券包含融资限制类条款则为 1,否则为 0

11.4 研究设计

11.4.1 流动性风险的度量

根据 Gryglewicz 的研究，现金流的短期变化以及现金储备是影响公司流动性风险的最主要的两个因素，因此本章使用现金流的短期变化和现金储备的这两个因素构成的替代变量 Lambda 来衡量公司流动性风险。

根据 Emery 和 Lyons（1991）的研究，本章使用 Lambda 作为流动性风险的替代变量。

$$\text{Lambda} = [\text{ILR} + E(\text{NCF})] / \text{STD}(\text{NCF}) \tag{11.1}$$

其中，ILR 表示初始现金储备，包括现金及现金等价物之和。该数据主要根据发债公司发债前一年的财务报表获得；$E(\text{NCF})$ 是发债公司发债前五年净现金流的均值；$\text{STD}(\text{NCF})$ 是发债公司发债前五年净现金流的标准差。

11.4.2 信用风险的度量

信用风险指的是在以信用关系规定的交易过程中，交易的一方不能履行交易承诺而给另一方所造成损失的可能性。通俗的理解可以这样定义信用风险：债务人违约而导致债权人不能收回债务所造成的债权人的损失。本章使用 KMV 模型的一个输出变量（即违约距离），作为信用风险的替代变量。

根据 KMV 模型的基本思想可知，要求得公司的违约距离，首先，需要求出公司资产的市场价值以及资产价值的波动率，这可以应用 Black-Scholes 和 Merton 的期权定价公式从公司股权的市场价值及其波动率与公司资产的市场价值及其波动率的相关关系计算得到。其次，根据选取的违约点，求出违约距离。以下为违约距离计算过程。

本章采用历史波动法计算发债公司股权市场价值未来一年的波动率 σ_E，假定股票价格的对数服从正态分布，那么股价变动比例，即股票日收益率为 $\mu_i = \ln(P_i / P_{i-1})$，其中，$P_i$ 为上市公司第 i 个交易日的收盘价；P_{i-1} 为股票第 i-1 个交易日的收盘价。那么，上市公司股票日收益率的波动率为

$$\sigma'_E = \sqrt{\frac{1}{n-1}\sum_{i=1}^{n}(\mu_i - \overline{\mu})^2} = \sqrt{\frac{1}{n-1}\sum_{i=1}^{n}\mu_i^2 - \frac{1}{n(n-1)}\left(\sum_{i=1}^{n}\mu_i\right)^2}, \overline{\mu} = \frac{1}{n}\sum_{i=1}^{n}\mu_i \quad (11.2)$$

其中，$\overline{\mu}$ 为上市公司股票日收益率的均值；n 为上市公司交易天数。年波动率 $\sigma_E = \sigma'_E \sqrt{T}$，其中 T 为年实际交易日。

上市公司股权市值 V_E=股价（年末收盘价）×总股本数，由于上市公司资产价值 V_A 及波动率 σ_A 不能直接从证券市场上观察到，KMV 模型运用公司股权价值与他的资产价值之间的结构性关系及公司资产价值波动程度与公司股权价值的波动程度之间的关系对这两个变量做转换。通过它们与上市公司股权市值 V_E 及其波动率 σ_E 的关系，利用 Black-Scholes 期权定价公式可以逆向求解出 V_A 与 σ_A。

$$V_E = V_A N(d_1) \cdot D \cdot e^{-r\tau} N(d_2)$$

其中，$d_1 = \dfrac{\ln(V_A/D) + (r + \frac{1}{2}\sigma_A^2)\tau}{\sigma_A \sqrt{\tau}}$，$d_2 = \dfrac{\ln(V_A/D) + (r - \frac{1}{2}\sigma_A^2)\tau}{\sigma_A \sqrt{\tau}} = d_1 \sigma_A \sqrt{\tau}$，

$\sigma_E = N(d_1)\dfrac{V_A}{V_E}\sigma_A$，$N(d) = \int_{-\infty}^{d}\dfrac{1}{\sqrt{2\pi}}e^{-\frac{D^2}{2}}dx$。其中，$D$ 为上市公司负债的账面价值；r 为无风险收益率；$N(\cdot)$ 为标准正态分布累计分布函数；τ 为负债到期时间，取为三年。

违约点的选取。本章选取的违约点为 DP=CL+1/2LL。其中，DP 为上市公司违约触发点；CL 为公司 2014 年三季度财务报告中的流动负债；LL 为公司 2014 年三季度财务报告中的长期负债。假设上市公司未来资产价值服从正态分布，那么违约距离为

$$DD = \frac{V_A - DP}{V_A \sigma_A} \quad (11.3)$$

11.4.3 模型设计

为了检验流动性风险和信用风险对债券契约条款的影响，本章借鉴 Qi 和 Wald（2008）的研究方法，使用 Probit 回归模型进行分析，该模型是一种定性响应模型，模型如下：

$$\begin{aligned}\Pr Y_i &= 1 \\ &= \varnothing(\alpha + \beta X + \gamma Z)\end{aligned} \quad (11.4)$$

其中，当用模型进行某个债券契约条款的回归分析时，如果债券包含该债券契约条款，则 Y_i 等于 1，否则等于 0。作为因变量的债券契约条款有四种：期权类条款、限制投资类条款、偿付保障类条款及限制资产转移类条款。X 代表流动性风

险或者信用风险的替代变量；Z作为矢量，它代表一组控制变量；$\varnothing(\cdot)$ 代表累计正态分布函数。

11.5 实证分析

11.5.1 流动性风险对债券契约条款的影响

表 11.2 报告了流动性风险和信用风险对债券契约条款的 Probit 回归结果。由回归结果可以看出，中国发债公司的流动性风险和信用风险对债券契约条款均具有显著性影响。

表 11.2 流动性风险和信用风险对债券契约条款的实证结果

契约条款种类 变量名称	期权类条款		限制资产转移类条款		限制投资类条款		偿付保障类条款	
	系数 （Z值）	边际效应	系数 （Z值）	边际效应	系数 （Z值）	边际效应	系数 （Z值）	边际效应
Lambda	-0.032 7* (-1.67)	-0.006 0* (-1.67)	0.006 7 (0.75)	0.002 5 (0.75)	-0.015 2* (-1.73)	-0.002 4* (-1.73)	0.100 3 (0.84)	0.000 9 (0.79)
dd	0.000 3 (1.12)	0.000 1 (1.12)	-0.000 1 (-0.44)	-0.000 0 (-0.44)	-0.000 5** (-2.00)	-0.000 1** (-2.00)	-0.000 7 (-0.96)	-0.000 0 (-0.89)
asse	0.000 0 (0.01)	0.000 0 (0.01)	0.014 2*** (2.60)	0.005 3*** (2.62)	-0.003 1** (-2.43)	-0.000 5** (-2.44)	0.000 0 (0.00)	0.000 0 (0.00)
tang	-0.297 5 (-1.22)	-0.054 5 (-1.22)	0.069 0 (0.34)	0.026 0 (0.34)	0.164 5 (0.62)	0.026 5 (0.62)	2.557 5 (1.49)	0.023 3 (1.26)
prof	-3.959 8*** (-2.90)	-0.725 6*** (-2.90)	1.065 3 (0.99)	0.400 6 (0.99)	6.148 9*** (4.13)	0.990 3*** (4.14)	4.028 7 (0.72)	0.036 7 (0.69)
leve	0.035 2 (0.48)	0.006 4 (0.48)	0.010 3 (0.21)	0.003 9 (0.21)	-0.040 4 (-0.64)	-0.006 5 (-0.64)	0.201 7 (0.67)	0.001 8 (0.65)
intc	-0.000 0 (-0.10)	-0.000 0 (-0.10)	-0.000 1 (-0.37)	-0.000 0 (-0.37)	-0.000 1 (-0.23)	-0.000 0 (-0.23)	-0.000 1 (-0.15)	-0.000 0 (-0.15)
loty	0.257 2* (1.80)	0.047 1* (1.80)	0.171 7 (1.50)	0.064 6 (1.50)	0.625 6*** (4.07)	0.100 8*** (4.08)	-0.374 0 (-0.55)	-0.003 4 (-0.54)
mb	0.507 7 (0.89)	0.093 0 (0.89)	0.451 5 (1.09)	0.169 8 (1.09)	0.298 4 (0.52)	0.048 1 (0.52)	0.082 2 (0.05)	0.000 7 (0.05)
hild	0.329 8*** (2.97)	0.060 4*** (2.97)	-0.206 8*** (-2.59)	-0.077 8*** (-2.61)	0.781 3*** (5.76)	0.125 8*** (5.69)	-0.077 4 (-0.20)	-0.000 7 (-0.20)
常数	0.464 9 (1.28)		-0.898 0*** (-3.12)		-0.114 7 (-0.30)		2.235 8 (1.60)	
样本量/个	1 212	1 212	1 212	1 212	1 212	1 212	1 212	1 212

*、**和***分别表示在 10%、5%和 1%的显著性水平下显著

这一结果的出现是由中国资本市场发展特点决定的。在一个健康的经济下，

根据融资顺序理论，即公司的融资决策是在综合各种因素（如控制权分散和财务成本最小化等）的情况下依次选择不同的融资方式。首先，选择无交易成本的内部融资；其次，选择交易成本较低的债务融资。对于信息约束条件最严格，并且可能导致公司控制权分散和价值被低估的股权融资应该被排在最后。在债券融资中，由于长期债务融资和短期债务融资各有优劣，应该根据公司具体状况确定公司的债券期限结构。中国债券市场发展起步较晚，在债券市场没有足够发展之前，上市公司债务融资途径只能依赖银行贷款，而银行为了规避风险等各种原因，通常倾向选择提供短期债务融资，这就导致了中国公司融资结构的不健康发展。随着中国债券市场的改革与发展，长期债务融资途径得到增加。根据 Morris（1976）提出的期限匹配理论，资产的期限应当与债务的期限相匹配，从而保证利息的支付和投资的需求。此外，Myers（1977）的研究认为，在企业的债务期限和资产期限相匹配的情况下，企业能更好地对管理者进行激励，因为资产的收益和费用都能较为准确的与债务的期限匹配，能够更好地评估管理者的经营成果和责任。Stohs 和 Mauer（1996）通过实证研究对于公司的债务期限进行加权平均，以平均数来衡量企业的债务期限长短，研究发现拥有较多长期资产，规模更大的公司采用更多的长期负债，公司规模较小的公司采用更多的短期债务，从实证的角度证明了期限匹配理论。

中国市场经济发展得比较晚，很多上市公司的存在时间都很短，相对于欧美发达的公司，很多公司现在还仅仅处于初创期或者成长期，而这一发展时期的公司正是需要大量资金发展壮大的时候。因此，这些公司对稳定的资金需求很大，在债券市场发展不够完全的时候，公司只能通过股权融资或者银行借贷等途径筹资，而银行出于规避风险等因素又只愿意发放短期债务，但是当债券市场发展起来之后，公司拥有了长期债务融资的途径。根据期限匹配理论，此时公司就会倾向长期债务融资，因为长期债务具有资金稳定等优点，短期没有还本压力，公司可以将这些资金用于长期投资从而使资产和负债的现金流相匹配。投资于长期债券的投资者之所以投资于债券，就是因为他们了解此类公司的需求，考虑到公司发展的因素，所以在投资于长期债券的时候会同时考虑公司流动性和企业的长期信用风险。

从回归结果中可以看出，限制投资类对流动性风险和信用风险的变化均是显著的，当 Lambda 和违约距离减少一单位的时候，发债公司发债时使用限制投资类条款的概率分别增加了 1.52%和 0.05%。违约距离衡量了发债公司的违约风险，违约距离越大，表示公司离违约点越远，即违约距离越大的公司，其信用风险越小。因此，该回归结果表明流动性风险大、信用风险大的公司在债务融资的时候更可能包含保护投资者的限制投资类条款。

根据委托代理理论，不论是债券发行前还是债券发行后，债权人与股东之间都存在代理冲突。具体表现如下：①在债券发行前，市场存在逆向选择问题，即公司发债前，由于信息不对称的存在，投资者难以区分好公司和差公司，这样会导致投资者按市场平均风险水平给债券定价，故好公司的借贷成本高于其本应该有的较低的借贷成本。②在债券发行后，债权人与股东之间存在道德风险，即在公司运营过程中，由于股东与债权人甚至经理人与债权人之间的目标不一致，股东甚至经理人为了自身利益的最大化从而牺牲债权人的利益。债权人与股东之间的道德风险主要表现为四大类：所有权稀释风险、资产替换风险、投资不足风险、红利支付风险。

由于上述逆向选择和道德风险的存在，债权人在投资债券时，会调低对债券的报价，而发债公司同样知道逆向选择和道德风险的存在会给公司带来代理成本，故公司为了减少代理成本对公司带来的不利影响，发债公司发债时会通过包含债券契约条款等债权人保护机制为债权人提供保护以避免潜在的道德风险和信息不对称。同时，债权人也会因为债券契约条款的存在而相应调高报价。基于以上原因，流动性风险越大、信用风险越大的公司越会在债券发行时被要求设置保护投资者的债券契约条款。

根据以上理论以及中国债券契约条款的实证结果，我们发现期权类条款对流动性风险的变化是显著的。期权类条款最值得关注的条款是利率可调整条款和回售条款，这两类条款通常是同时使用或者将回售条款单独使用，其目的是给予债权人一种期权。在债券发行后的某个时间点，如果债务人不主动调高债券的票面利率，那么债权人有权利选择将全部或部分债券按面值回售给发债公司。中国公司股份制发展时间还很短，从上海证券交易所成立算起，也只有短短30年时间。因此，中国现阶段的金融市场还处于初始阶段，而中国的上市公司绝大部分还处于成长阶段。作为成长阶段的公司，公司的经营状况相对于成熟的价值型公司显然更加不稳定，公司未来的发展存在很大的不确定性，而流动性风险较高的公司则使公司经营风险进一步增加，为债券投资者带来了相当大的风险。债券投资者相对于股票投资者对于风险更加厌恶，如果没有期权类条款，将会大大提高公司债券的融资成本，因此，流动性风险较高的公司在发行债券时包含期权类条款对于保护投资者是至关重要的。

根据中国债券契约条款的实证结果可以发现，限制资产转移类条款和偿付保障类条款对流动性风险与信用风险并不敏感。限制资产转移类条款主要由限制出售资产、关联交易、限制对外担保、限制质押等组成。其目的是限制公司股东或者管理者通过资产转移损害债权人的利益。正如前文所说，中国现阶段的金融市场还处于初始阶段，而中国的上市公司绝大部分还处于成长阶段。对于成长性公司来说，其发展还具有较大不确定性，未来仍然需要大量的资金支持公司的发展，如果通过资产转移的方式来侵害债权人的利益，将严重损害公司在资本市场的形象,非常不利于公司未来融资的进行。并且从融资成本角度来看,如果公司在成长阶段通过资产转移从而损害债权人的利益,那么在后续公司发展过程中,融资成本将大幅上升,也将不利于公司的发展。偿付保障类条款主要是由担保、限制分红、限制高管薪酬、限制主要责任人调离、利率上调、追加担保和加速偿还条款组成,其目的在于要求公司做出一定的偿债准备从而避免违约损害债权人的利益。根据第3章的契约条款描述性统计可知,这一类条款的使用频率接近90%,近乎所有的债券均包含了这一项条款。因此,中国的债券投资者并没有过多地关注这一类条款。由此,可以总结出,债券契约条款对于发债公司的流动性信用风险更为敏感,同时对流动性风险也具有一定的敏感度,即当债券投资者投资于债券时,在关注公司信用风险的同时,应更多地关心公司的流动性风险。

11.5.2 稳健性检验

为使研究结果更为稳健,本章将从解释变量的重新设定和样本的重新构建上,对主要的研究结果做进一步的检验。

在解释变量的重新设定上,本章借鉴了Altman的理论,用Zeta值来替代信用风险的替代变量违约距离。在样本的重新构建上,由于同一个发债公司可能发行多只公司债券,故本章挑选出样本公司发行的第一只公司债券作为样本进行检验,以避免重复样本对回归结果可能产生的影响。回归结果与之前的结果一致,因此,本章的研究结果稳健。

11.6 本章小结

在中国大力发展债券市场的背景下,对债券投资者的保护却没有得到应有的重视。从代理理论的视角上看,股东和债权人存在两类代理冲突:①债券发行前存在的逆向选择;②债券发行后存在的道德风险。信息不对称会导致债券发行前的逆向选择问题。在信息不对称的情况下,投资者不能完全区分好公司和差公司,因此,投资者会按市场平均风险水平给债券定价。在此情况下,好公司不得不以高于其应该获得的价格给债券定价。在公司债券发行成功后,债权人与股东之间存在道德风险问题。道德风险问题是由投资者购买债券时与发债公司之间形成的委托代理关系引起的。在公司的日常经营中,公司以股东利益最大化为目标,而不是以债权人利益最大化为目标,这样就导致公司有动机在投资和融资过程中采取损害债权人利益而有利于股东的决策。

由于代理成本和信息不对称的原因，股东与债权人之间存在代理冲突。债权人在投资债券之前已经知道存在的代理冲突，故会调低对债券的报价。发债公司同样也意识到代理冲突的存在会带来代理成本，从而使公司价值下降。为了减少公司价值的下降，发债公司会通过债券契约条款等债权人保护机制为债权人提供保护以避免潜在的道德风险以及信息不对称。同时，由于债券契约条款的存在，债权人也会相应调高报价。由此可见，债券契约条款的存在对于债券的定价与发行都具有重要意义。因此，在中国债券市场发展还不够健全、制度不够完善的情况下，明确哪些因素在多大程度上以何种方式对债券契约条款产生影响是保障中国债券市场健康稳定发展急需解决的问题。

基于以上背景，本章采用 2007~2018 年所有在沪深两市发行的公司债券为样本，去掉大部分财务数据无法获得的公司发行的公司债券，最终获得由 1 212 只公司债券构成的样本。以信号传递为理论基础，采用实证研究的方法，对流动性风险和信用风险对发债券公司包含债券契约条款进行了实证研究，主要结论如下：

流动性风险对于公司债券发行条款里是否包含保护投资者的契约条款是具有显著影响的，同时信用风险对于公司债券发行条款里是否包含保护投资者的契约条款也是具有显著影响的。投资者在进行投资上市公司发行的一般公司债券时，对公司的流动性风险和信用风险均予以一定的关注。在流动性风险和债券契约条款之间，发债公司的流动性风险越高，那么所发债券包含期权类条款和限制投资类条款的比率越大，但是对于限制资产转移类条款和偿付保障类条款没有显著影响。在信用风险和债券契约条款之间，发债公司信用风险越高，那么所发债券包含限制投资类条款的比率越大，但是对于期权类条款、限制资产转移类条款和偿付保障类条款没有显著影响。

第 12 章 机构投资者与债券契约条款设计的实证分析

资金是企业发展的源泉。根据啄食理论，当企业需要外源融资时，债务融资成为首选。现代公司制企业所有权与经营权分离的特点，导致代理问题成为公司治理中不可回避的问题。中国公司制企业的股权结构较为集中，大股东与债权人由于在公司中担任不同的角色，两者既存在着代理冲突也有着共同利益。大股东对于公司决策的参与权，会对管理层的经营活动造成影响，当大股东为了自身利益而损伤债权人利益时，代理冲突加剧，债权人则希望通过增加债券条款来保护自身的利益。20 世纪下半叶开始，机构投资者持股比例迅速增长，机构投资者以其专业优势、信息优势、资金优势、选择优势逐渐成为投资领域最重要的力量。通常机构投资者持股较多，在一定程度上可以影响公司决策，通过有效的监督，机构投资者可以强制管理层采取增加公司价值的行动，防止大股东通过影响管理层向自身输送利益，有效缓解股东与债权人之间的代理问题，无形中与债权人的利益一致。因此，在共同利益的假设下，机构投资者的存在可以降低债权人对于债券条款的内在需求。

12.1 引　　言

债券市场在一国的金融体系中至关重要，良好的债券市场可以缓解企业对于银行信贷资金的过度依赖，在股权融资之外丰富直接融资的渠道，更好地进行投资与生产，在促进企业发展的同时为中国经济和金融一体化做出贡献。1981 年，中国启动国债发行，标志着中国债券市场发展的开端。1983 年企业债券获准发行，自此之后的二十多年中国债券市场皆以国债和企业债券为主，发行规模稳步增长，至 2005 年前后，企业债券融资占社会融资规模的比例已经超过了非金融企业境内股票融资占比，但作为债券市场重要板块之一的公司债券市场却迟迟没有得到发展，直到 2007 年第一只上市公司债券"07 长电债"的成功发行，中国公司债券市场才正式拉开帷幕。2015 年，证监会颁布实施《公司债券发行与交易管理办法》，扩大发行主体范围、丰富债券发行方式、增加债券交易场所、简化发行审核流程及强化持有人权益保护等一系列举措，大大促进了中国公司债券市场的发展。

然而，中国公司债券市场起步较晚，在发展过程中制度和运行机制还不够完善，在许多方面做得不尽如人意，其中就包括对于债券投资者保护方面的欠缺。金融债券契约理论表明，债券契约条款的基本原理是控制代理冲突和分配控制权，Smith 和 Warner（1979）认为，条款是用来控制债权人与股东之间的冲突，以保护债券投资者，同时降低发行成本的。公司债券条款中包含了息票率、期限及发行规模等标准化条款，除此之外还包含了一些诸如限制高管薪酬、限制股利支付、限制对外投资等限制债券发行人行为的特殊条款，在一定程度上保护了债券投资者的利益。Kahan 和 Yermack（1998）在对 192 只债券的研究中发现，债券发行人的投资机会与限制性契约条款的使用呈负相关关系，与可转换条款的使用呈正相关关系。同样，Billett 等（2007）通过对债券期限、债券契约限制性条款和资本结构建立联立方程组消除内生性，对公司成长机会影响债券契约限制性条款进行实证研究，发现债券条款数量随着成长机会和杠杆率的增加而增加，结果支持了公司利用限制性契约条款控制股东和债权人之间的代理冲突。Choi 和 Triantis（2012）研究发现债权人的议价能力不仅影响了债券合同中的价格条款，同时也对非价格条款产生了影响。此外，Cook 等（2014）从 1985~2009 年的债券数据研究中发现，流动性风险和破产风险对于各类别的债券条款具有显著的正向影响，即当公司的流动性风险和破产风险加大时，债券条款会被更多地使用。国内研究学者对于以上特殊条款的研究多集中在其对债券定价、公司投资、资本结构及股价表现等方面的影响，很少关注债券条款本身以及影响债券条款设计的因素。本章的研究直接关注债券条款本身设计的问题，探究债券发行人的机构投资者持股对债券条款设计的影响。

12.2 理论分析

随着中国资本市场的需要以及政策对于公司债券市场的大力支持，公司债市场突破了发展瓶颈,进入高速发展时期。资金是企业发展的源泉,根据啄食理论,当企业需要外源融资时,债务融资由于其相对于股权融资成本较低,成为融资方式的首选,可以看出在企业融资过程中,控制融资成本至关重要。此前的研究表明,债券条款对于债券定价具有显著的负向影响,发行人可以通过增加债券契约限制性条款来缓解代理冲突,进而降低债券发行成本。因此,在债券发行的过程中如何确定债券条款的使用就成为至关重要的一步。债券契约限制性条款在设计之初就是为了降低股东与债权人之间的信息不对称程度,缓解代理冲突,以实现保护债券投资者的根本目的。

现代公司制导致了代理问题成为公司治理中不可回避的问题。股东与债权人在公司中担任的角色不同、公司内外部信息严重不对称等因素,导致两者之间存在着较为严重的代理冲突。股东价值最大化与公司价值最大化并不是同一概念,股东价值最大化通常指的是股东自身的利益最大化,而公司价值同时包括股东价值和债权人价值,而经理人受雇于公司股东,通常以股东价值最大化作为经营管理目标。正是这样的原因,导致某些情况下股东价值和公司价值产生背离,大股东不惜干预经理人的经营决策来谋求股东价值最大化,牺牲了债权人的利益。在企业中,经理人会在某些情况下做出对股东有利而损害债权人利益的决策,形成对股东的利益输送。因此,股东与债权人之间信息不对称导致的代理冲突是债券契约限制性条款最初被使用的一个直接原因。债券契约中限制性条款的重要作用就是在债券契约中通过对股东及经理人的某些行为加以限制,以避免发债主体出现转移资产、投资风险过大及增加信用风险等情况,降低了未来无法按期还本付息的风险,缓解了代理冲突,最终达到保护债券投资者的目的。

近年来,中国市场机制和政策鼓励机构投资者的发展,各类机构投资者的规模迅速增大,成为资本市场中重要的参与人。同时,机构投资者凭借着资金优势和专业优势逐渐成为中国上市公司股权结构中不可忽视的一部分,对公司治理产生了重要影响(Li et al.,2008;刘伟和曹瑜强,2018)。随着机构投资者的发展,诸多学者基于中国背景考察了机构投资者的治理效力(杨海燕等,2012;李蕾和韩立岩,2014)。已有理论认为,机构投资者一方面通过参加股东大会,对公司经营管理、发展战略提出建议的方式参与公司治理;另一方面,机构投资者可以从外部对公司治理状况施加压力。基于国内外的研究与实践经验可知,随着机构投资者持股的增加,机构投资者能更好地参与公司治理,机构投资者参与公司治理的积极性也会增强,能有效缓解股东与债权人之间的代理冲突。对于债权人来说,机构投资者持股的增加则说明公司治理的改善、股东与债权人之间代理问题的缓解,有利于债权人的利益的保护。因此,当债券发行人股权结构中包含更多的机构投资者时,向债券投资者传递了正面信号,缓解了股东与债权人之间的代理问题,进而减少了限制性条款的使用。根据以上分析,我们认为,机构投资者持股比例与公司债券限制性条款呈负相关关系。

基于上述关于机构投资者持股与公司债券限制性条款的理论分析，我们进一步考察两者关系的具体作用机制。理论上认为，公司债券限制性条款的目的是降低债券发行人与债权人之间的信息不对称程度，缓解代理冲突，以实现保护债券投资者的根本目的。基于此，本章从机构投资者如何缓解代理问题、降低企业的信息不对称这一视角来寻求抑制限制性条款的途径。会计信息是投资者进行投资决策的重要信息来源，在满足投资者决策的信息中，财务报告仍然是最主要的来源财务，因此会计信息质量在企业信息披露质量中占据核心地位，是投资者权衡的重点，也是机构投资者关注的焦点（毛新述等，2013；姜付秀等，2016）。会计信息具有一定的专业性和复杂性，投资者需要有相应的专业知识才能正确有效地解读会计准则、分析会计报表及判断企业相关行为。相比于大部分个人投资者，机构投资者具有更多的会计理论知识，对于会计信息有更高的分析理解能力。机构投资者拥有较强的经济实力和信息整理分析优势，能够改善公司治理，提高会计信息质量，并且可以利用传媒等渠道向公众传递公司财务信息，进而降低信息不对称程度（杨海燕等，2012）。此外，机构投资者可以监督大股东，提高公司治理水平，进而抑制盈余管理，提高会计信息质量。因此机构投资者比个人投资者更能充分发挥出专业优势，提升会计信息质量，从而更好地降低发行人与债权人之间的信息不对称，缓解股东与债权人之间的代理问题。因此我们推测，机构投资者持股可能提高了企业的会计信息质量，抑制了公司债券限制性条款的使用。

此外，我们进一步分析了企业会计稳健性、信息透明度和股权结构对两者关系的影响。会计稳健性作为会计信息质量的重要特征之一，可以通过在投资项目评估时，拒绝更多的差项目，提高资产配置效率，以实现对债权人利益的保护。会计稳健性可以降低公司的过度投资，并缓解股东与债权人之间的冲突。企业会计稳健性水平越低，股东与债权人之间的冲突越激烈，债权人对公司债券限制性条款的需求越大，机构投资者所能发挥的边际外部治理的效应越大。相应地，机构投资者持股在会计稳健性水平较低的公司中，对于限制性条款的边际抑制作用就会更为明显。由此本章推测，相对于会计稳健性较好的企业，机构投资者持股对会计稳健性较差的企业的限制性条款的负向影响更强。与会计稳健性的调节作用分析类似，如果机构投资者持股能发挥积极的治理作用，并在会计稳健性水平较低的公司中更好发挥抑制限制性条款的作用，那么，机构投资者持股在信息透明度较低的企业中发挥的积极治理作用更强，对限制性条款的抑制作用更明显。因此本章认为，相对于信息透明度较高的企业，机构投资者持股对信息透明度较低的企业的公司债券限制性条款的负向影响更强。此外，股权结构是公司治理结构的基础，因此股权结构可能对机构投资者持股与限制性条款的关系产生影响。

有研究表明，大股东持股比例对会计信息质量具有显著影响，大股东持股比例越高，会计信息质量越差。本章推测大股东权力越大，公司治理水平越低，大股东越有可能操纵上市公司会计信息，使会计信息质量下降。因此，当大股东权力水平较高时，会计信息质量较差，此时提高机构投资者持股水平，能更好地改善公司治理，在更大程度上减少公司债券限制性条款的使用。

基于以上分析，本章试图以机构投资者持股为切入点，考察公司债券限制性条款的设计，并进一步归纳会计信息质量的中介效应及会计稳健性、信息透明度和股权结构的调节效应。本章将进行以下研究工作：第一，机构投资者持股是否影响公司债券限制性条款设计。第二，如果存在显著影响，两者之间是怎样的作用机制。第三，进一步考察上述关系在不同的会计稳健性水平、信息透明度水平和股权结构中是否有显著差异。

12.3 变量与数据

12.3.1 数据来源与样本筛选

本章以 2007~2018 年中国上市公司发行的 1 305 只上市公司债券为初始研究样本，考虑到港股上市的企业与在沪深上市的企业数据结构可能存在差异，因此本章剔除 121 只港股上市企业发行的上市公司债券。同时剔除金融行业上市公司发行以及发行主体财务数据无法获得的上市公司债券，最终获得 1 179 个观测值用于实证分析。机构投资者持股和财务相关数据取自 CSMAR 数据库。公司债券限制性条款数据来自债券募集公告书和上市公告书中手工整理的公司债券条款数据库。根据现有研究常用的做法，本章对连续变量进行上下 1%的 Winsorize 缩尾处理，以避免极端异常值对研究结果的影响。

12.3.2 变量定义

限制性条款指数。我们通过对 2007~2018 年发行的上市公司债券的募集公告书和上市公告书中公司债券限制性条款的摘录与整理，识别出 12 类通用的公司债券限制性条款。由于本章考察的公司债券条款是文本形式的特殊条款，不利于建模分析，故本章借鉴 Zhang 和 Zhou（2015）的方法，构建公司债券限制性条款指数。对于任一只公司债券，针对上述 12 类限制性条款构建哑变量，若具有某项限制性条款则取 1，否则取 0。然后，将 12 类限制性条款哑变量求和，得到每一只债券的限制性条款指数（Index）。由上述计算可知，公司债券限制性条款指数在 [0,12]，不具有任何限制性条款的公司债券限制性条款指数为 0，而所有限制性条款都含有的公司债券限制性条款指数为 12。此外，为了增强研究结果的可靠性，参考 Billett 等（2007）的方法将每只公司债券限制性条款哑变量总和除以限制性条款类别总数（即 12），构建限制性条款相对指数（Index_I）。

机构投资者持股。本章使用公司年末机构投资者持股占总股数比值度量机构投资者持股比例（Institution）。在本章的后续研究中，我们借鉴张济建等（2017）的做法，将机构投资者分为独立机构投资者和非独立机构投资者两类。独立机构投资者包括基金、社保、QFII，而非独立机构投资者，即除独立机构投资者以外的其他机构投资者。此外，我们还参考了张涤新和屈永哲（2018）的研究，构建机构投资者持股稳定性指标。

会计信息质量。首先，我们基于 Ball 和 Shivakumar（2006）的方法估计了非操纵性应计，模型如式（12.1）①所示。其次，我们对式（12.1）进行分年度和行业的截面线性回归得到该模型的线性回归残差。最后，将残差项取绝对值并乘以 −1 获得了每个公司的会计信息质量（E_Quality），该指标越大，则会计信息质量越高。

$$\frac{\text{TAcc}_{i,t}}{\text{Asset}_{i,t-1}} = \alpha_0 \frac{1}{\text{Asset}_{i,t-1}} + \alpha_1 \frac{\text{CFO}_{i,t}}{\text{Asset}_{i,t-1}} + \alpha_2 D\_\text{CFO}_{i,t}$$
$$+ \alpha_3 D\_\text{CFO}_{i,t} \times \frac{\text{CFO}_{i,t}}{\text{Asset}_{i,t-1}} + \alpha_4 \frac{\Delta \text{REV}_{i,t}}{\text{Asset}_{i,t-1}} + \alpha_5 \frac{\text{PPE}_{i,t}}{\text{Asset}_{i,t-1}} + \varepsilon_{i,t}$$

(12.1)

控制变量。公司债券限制性条款通常受到公司财务特征和债券个体特征两个方面的影响，本章为了控制发行主体公司财务信息的影响，主要选取了以下财务控制变量：公司规模、杠杆比率、公司成长性、固定资产比率、资产收益率、利息保障倍数及是否国有企业，全部财务指标均选取于发行债券前一年。此外，债券个体特征信息包括债券的发行规模、发行期限、息票率、可回售期权条款及主承销商资质。此外，考虑到公司债券限制性条款的决定还会受到如通货膨胀等宏观经济形势及市场环境变化的影响，所以本章引入期限价差来控制宏观及市场因素的变动。期限价差根据以往文献（Fama and French，1993）计算所得，即发行当日 10 年期国债到期收益率与 6 个月期国债到期收益率之差。

表 12.1 给出了所有解释变量的描述和说明。

---

① 其中，Asset 为总资产；CFO 为经营活动产生的现金流净额；D_CFO 为哑变量，如果 CFO 小于零则取 1，否则取 0；ΔREV 为当期营业收入与上一期的变化；PPE 为固定资产净额。

表 12.1　变量定义

变量类型	变量符号	变量名称	变量定义
被解释变量	Index	限制性条款指数 I	上市公司债券限制性条款数量加总
	Index_I	限制性条款相对指数	Index/12
解释变量	Institution	机构投资者持股	年末机构投资者持股比例
	E_Quality	会计信息质量	具体见式（12.1）
控制变量	Size	公司规模	总资产取自然对数
	Lev	资产负债率	总负债/总资产
	BM	账面市值比	总资产/总市值
	Fixa	固定资产比率	固定资产/总资产
	Roa	资产收益率	净利润/总资产
	State	控制权属性	国有控制权取 1，否则取 0
	Coverage	利息保障倍数	息税前利润与利息费用之比
	Term_premium	期限价差	10 年期与 6 个月期国债收益率之差
	Issue_size	债券发行规模	债券发行的总量（单位：亿元）取自然对数
	Coupon	息票率	上市公司债券票面利率
	Maturity	债券发行期限	债券发行至到期的期限/年
	Underwriter	主承销商资质	主承销商是否为当年前十大承销商
	Puttable	可回售哑变量	债券可回售取 1，否则取 0

12.4　研究设计

为检验机构投资者持股对公司债券限制性条款的影响，我们建立了模型（12.2）。参考此前学者的相关研究，在模型中加入公司财务变量、债券个体特征及宏观市场环境等控制变量（Controls），机构投资者持股和全部财务指标均选取于发行债券前一年。具体回归模型如下：

$$\text{Index}_{i,t+1} = \alpha_0 + \alpha_1 \text{Institutional}_{i,t} + \text{Controls} + \varepsilon_{i,t+1} \quad (12.2)$$

在本章的稳健性检验中，考虑到被解释变量的数据特征，我们选用排序模型（ordered probit）替换 OLS 进行回归。同时，为缓解解释变量与被解释变量间可能存在的内生性问题，我们参考已有文献的做法使用工具变量法进行模型的回归。此外，考虑到部分机构投资者持股的期限可能较短，因此我们在稳健性检验中使用债券发行一个季度以前以及半年前的机构投资者持股数据进行模型（12.2）的回归。

12.5 实证结果

12.5.1 描述性统计

表 12.2 展示了描述性统计。从表 12.2 Panel A 可知，公司债券限制性条款指数的均值约为 7.5，表明公司债券一般会采用 7~8 条限制性条款对发行人的行为加以限制，这说明限制性条款越来越受到发行人和债券投资人的重视，并且被普遍使用。机构投资者持股均值为 7.956 4%，会计信息质量的均值为−0.031 1，对于是否为国有企业的虚拟变量，其均值为 0.534 4，表明发行公司债券的公司中国有企业与非国有企业各占接近一半。债券发行规模平均为 14 亿元，息票率均值为 5.54%，发行期限平均为 5 年。

表 12.2 描述性统计

Panel A：主要研究变量的描述性统计						
变量	样本数/个	平均值	标准差	上四分位数	中位数	下四分位数
Index	1 179	7.536 0	2.154 7	7	8	9
Institution	1 179	7.956 4%	10.468 1	1.920 0%	4.870 0%	10.126 0%
E_Quality	1 098	−0.031 1	0.031 7	−0.042 0	−0.021 2	−0.009 1
债券发行规模	1 179	14	14.910 4	5	10	16
Coupon	1 179	5.540 0%	1.273 6	4.780 0%	5.500 0%	6.450 0%
Maturity	1 179	5	1.677 4	4	5	5
State	1 179	0.534 4	0.499 0	0	1	1
Panel B：公司债券限制性描述性统计						
条款内容	使用次数/次		所占比例			
限制对外投资	1 055		89.48%			
限制兼并收购	1 052		89.23%			
限制分红	1 054		89.40%			
限制高管薪酬	1 028		87.19%			
限制主要责任人调离	1 012		85.84%			
利率上调	838		71.08%			
追加担保	1 024		86.85%			
加速偿还	829		70.31%			
限制出售资产	346		29.35%			

续表

Panel B：公司债券限制性描述性统计		
条款内容	使用次数/次	所占比例
限制关联交易	264	22.39%
限制对外担保	217	18.41%
限制质押	166	14.08%

在通用的公司债券限制性条款中，每一类别的公司债券限制性条款在不同公司债券中的应用不同，企业观自身情况与需求进行选择性使用，表 12.2 Panel B 对于所有公司债券限制性条款的使用频率进行统计性描述。在 2007~2018 年中国沪深上市公司发行的 1 179 只上市公司债券中，大部分公司债券都使用了"限制对外投资"、"限制兼并收购"以及"限制分红"三个限制性条款，所占比例都接近 90%，"限制高管薪酬"、"限制主要责任人调离"和"追加担保"三个条款的使用频率也在 85%以上。其他种类的条款则被选择性的使用。

12.5.2 基本结果

首先，本章通过模型（12.2）考察了机构投资者持股（Institution）对上市公司债券限制性条款（Index）的影响，表 12.3 给出了相关回归结果。表 12.3 第 2~4 列展示了模型（12.2）中包含不同控制变量时的回归结果，当模型中仅有机构投资者持股时，其估计系数为-1.900 9，并在 1%的水平下通过显著性检验。在模型中逐渐加入债券发行主体的财务信息、债券特征及行业哑变量时，机构投资者持股比例的估计系数分别为-1.711 1、-1.626 6，并均在 1%的水平下通过显著性检验，因此机构投资者持股与公司债券限制性条款指数呈负相关关系。因此，当公司债券发行人股票更多被机构投资者持有时，机构投资者可以有效缓解股东与债权人之间的代理问题，降低公司债券限制性条款的使用。

表 12.3 机构投资者持股对上市公司债券限制性条款的影响

变量	式（12.2）		
	Index	Index	Index
Institution	-1.900 9*** (-7.59)	-1.711 1*** (-6.20)	-1.626 6*** (-5.72)
Size		-0.009 1 (-0.13)	-0.029 2 (-0.28)
Lev		0.924 9 (1.37)	0.881 9 (1.29)
BM		-0.000 1** (-1.97)	-0.000 1** (-1.98)

续表

变量	式（12.2）		
	Index	Index	Index
Fixa		4.702 1 （1.59）	3.874 4 （1.32）
Roa		0.108 6 （0.23）	−0.041 9 （−0.09）
State		−0.084 6 （−0.59）	−0.125 1 （−0.78）
Coverage		0.000 6 （0.16）	0.001 1 （0.28）
Term_premium			0.187 2 （1.27）
Issue_size			0.078 7 （0.67）
Coupon			0.087 6 （1.42）
Maturity			0.128 6*** （2.65）
Underwriter			0.337 4** （2.42）
Puttable			0.241 0 （1.41）
常数项	8.192 7*** （91.11）	8.072 0*** （5.01）	6.911 5*** （2.80）
行业	未控制	控制	控制
R^2	0.06	0.09	0.11
样本数/个	1 179	1 090	1 090

和*分别表示在 5%和 1%的显著性水平下显著

12.5.3 稳健性检验

为进一步验证文本结论的稳健性，本章分别从以下五个方面进行稳健性检验：

一是更换限制性条款指数的度量方法。我们参考 Billett 等（2007）的方法将每只公司债券限制性条款哑变量总和除以 12（即限制性条款类别总数），构建限制性条款指数的相对指标（Index_I）。

二是更换机构投资者持股与公司债券的滞后期。已有研究认为，机构投资者持股期限较短，因此我们选取公司债券发行前一个季度以及半年①的机构投资者持股数据，重新回归模型（12.2）。

三是更换机构投资者持股与公司债券限制性条款的回归模型。考虑到公司债券限制性条款是取值0~12的类别变量，本章选用排序模型对机构投资者持股与公

---

① 限于篇幅，本章未展示使用半年前机构投资者持股数据的稳健性检验结果，若有需要，可向作者索要。

司债券限制性条款进行回归。

四是更改债券发行观测值为公司-年份观测值。本章使用的样本中存在一家上市公司在同一年份发行多个上市公司债券的情况，考虑到同一年份发行的债券对应相同的公司财务数据，因此为验证本章结论的稳健性，本章将一家上市公司在同一年发行的不同公司债券进行加权平均处理。具体来说，将公司债券限制性条款指数和机构投资者持股以每只公司债券的发行面额为权重，分别计算得到公司债券限制性条款指数和限制性条款指数的年加权平均值进行模型（12.2）的回归。

五是选取观测值为公司-首年观测值。为避免条款选择的持续性，在公司-年份观测值的基础上，我们只保留每家上市公司第一次发行公司债券的公司-年份观测值样本，对模型（12.2）进行回归。

稳健性检验的回归结果如表12.4所示，机构投资者持股的回归系数均在1%的显著性水平下显著为负，均与此前结论一致。

表12.4 稳健性检验

变量	更换因变量 Index_I	更换滞后期 Index	更换模型 Index	变量	取年-公司样本 mean_Index	取首年-公司样本 mean_Index
Institution	−0.135 5*** (−5.72)	−1.543 0*** (−5.26)	−0.749 0*** (−5.27)	Institution	−1.327 2*** (−4.22)	−1.125 4*** (−3.05)
Size	−0.002 4 (−0.28)	−0.043 0 (−0.47)	−0.011 5 (−0.28)	Size	−0.112 0 (−1.14)	−0.160 4 (−1.29)
Lev	0.073 5 (1.29)	0.876 8 (1.31)	0.402 3 (1.26)	Lev	0.726 4 (1.07)	1.056 9 (1.43)
BM	−0.000 0** (−1.98)	−0.000 1* (−1.84)	−0.000 1* (−1.92)	BM	−0.000 1 (−1.48)	−0.000 1 (−0.77)
Fixa	−0.003 5 (−0.09)	3.681 3 (1.40)	−0.163 3 (−0.28)	Fixa	0.041 1 (0.08)	−0.463 8 (−0.83)
Roa	0.322 9 (1.32)	−0.057 2 (−0.12)	1.090 9 (0.79)	Roa	0.628 9 (0.22)	2.828 9 (0.87)
State	−0.010 4 (−0.78)	−0.112 2 (−0.70)	−0.088 4 (−1.12)	State	−0.110 3 (−0.64)	−0.108 7 (−0.57)
Coverage	0.000 1 (0.28)	0.000 1 (0.64)	0.000 8 (0.56)	Coverage	0.000 6 (0.21)	−0.000 1 (−0.40)
Term_premium	0.015 6 (1.27)	0.153 8 (1.04)	0.092 4 (1.13)	Term_premium	0.156 8 (0.92)	0.111 8 (0.62)
Issue_size	0.006 6 (0.67)	0.080 7 (0.73)	0.036 7 (0.70)	Mean_Issue_size	0.085 4 (0.67)	0.099 5 (0.64)
Coupon	0.007 3 (1.42)	0.080 6 (1.29)	0.029 9 (0.99)	Mean_Coupon	0.048 0 (0.71)	0.052 4 (0.69)
Maturity	0.010 7*** (2.65)	0.123 9** (2.52)	0.077 0*** (3.78)	Mean_Maturity	0.185 7*** (3.49)	0.176 7*** (2.85)

续表

变量	更换因变量	更换滞后期	更换模型	变量	取年-公司样本	取首年-公司样本
	Index_I	Index	Index		mean_Index	mean_Index
Underwriter	0.028 1** （2.42）	0.335 9** （2.41）	0.197 1*** （2.71）	Mean_Underwriter	0.344 0** （2.20）	0.419 5** （2.40）
Puttable	0.020 1 （1.41）	0.239 9 （1.40）	0.088 9 （1.16）	Mean_Puttable	0.176 3 （0.99）	0.130 7 （0.65）
常数项	0.576 0*** （2.80）	7.344 3*** （2.99）		常数项	8.938 8*** （3.74）	9.880 1*** （3.44）
行业	已控制	已控制	已控制	行业	已控制	已控制
R^2	0.11	0.11		R^2	0.10	0.09
样本数/个	1 090	1 090	1 090	样本数	821	551

*、**和***分别表示在10%、5%和1%的显著性水平下显著

12.5.4 内生性检验

尽管我们在回归设计中控制了发行主体的财务变量及债券的特征，但还是无法完全排除遗漏了和公司债券限制性条款变量相关的特征变量而导致的内生性问题（遗漏变量偏误）。这些无法观测的个体特征差异可能同时影响公司债券限制性条款和机构投资者持股比例。因此这一部分，我们提供更多的稳健性分析来减轻上述问题对我们结论的干扰。

为缓解模型中可能存在的内生性问题，本章引入工具变量进行测试。基于已有文献的做法（梁上坤，2018），本章选取行业机构投资者持股均值、发行人股票是否属于沪深300指数成分股以及滞后两期的机构投资者持股作为机构投资者持股的工具变量。由表12.5第2~4列可知，当采用工具变量法时，机构投资者持股的回归系数分别为-2.891 9、-9.907 5和-1.749 7，分别在1%和5%的水平下通过了显著性检验。因此，在考虑了内生性问题之后，机构投资者持股依然显著降低了限制性条款的使用。

表12.5 内生性检验

变量	工具变量法		
	机构投资者持股的行业均值	发行人股票是否为沪深300成分股	滞后两期机构投资者持股
	Index	Index	Index
Institution	-2.891 9*** （-5.19）	-9.907 5** （-2.06）	-1.749 7*** （-4.60）
Size	0.130 9 （1.07）	1.018 5* （1.69）	-0.031 2 （-0.29）

续表

变量	工具变量法		
	机构投资者持股的行业均值	发行人股票是否为沪深300成分股	滞后两期机构投资者持股
	Index	Index	Index
Lev	0.378 8 （0.53）	−2.410 5 （−1.17）	0.852 6 （1.21）
BM	−0.000 1* （−1.91）	−0.000 1 （−0.96）	−0.000 1* （−1.90）
Fixa	−0.240 5 （−0.51）	−1.341 5 （−1.41）	0.089 5 （0.19）
Roa	4.288 9 （1.46）	6.586 7 （1.57）	3.811 1 （1.30）
State	−0.104 2 （−0.65）	0.011 8 （0.05）	−0.205 4 （−1.28）
Coverage	0.000 9 （0.24）	−0.000 0 （−0.01）	0.001 3 （0.32）
Term_premium	0.139 0 （0.94）	−0.128 5 （−0.47）	0.195 7 （1.30）
Issue_size	0.020 5 （0.17）	−0.302 4 （−1.15）	0.080 1 （0.67）
Coupon	0.116 0* （1.88）	0.273 1** （2.11）	0.109 3* （1.75）
Maturity	0.107 6** （2.23）	−0.008 5 （−0.08）	0.126 0** （2.54）
Underwriter	0.367 9*** （2.63）	0.536 4** （2.32）	0.368 7*** （2.68）
Puttable	0.306 6* （1.80）	0.670 2** （2.01）	0.264 9 （1.52）
常数项	3.930 0 （1.43）	−12.600 4 （−1.11）	6.821 1*** （2.68）
行业	已控制	已控制	已控制
R^2			
样本数/个	1 090	1 090	1 054

*、**和***分别表示在10%、5%和1%的显著性水平下显著

12.6 作用机制检验

12.6.1 会计信息质量的中介效应检验

根据本章的理论分析，机构投资者可能通过提高会计信息质量从而抑制了公

司债券限制性条款的使用。为了验证是否存在这样的机制，我们进行了会计信息质量的中介效应检验，回归结果如表12.6所示。由表12.6第2列可知，机构投资者持股的回归系数为0.006 8，并在5%水平下通过显著性检验，这表明当机构投资者持股增加时，公司会计信息质量提高。表12.6第3列显示，会计信息质量的回归系数显著为负，则会计信息质量越高，公司债券限制性条款指数越低，因此会计信息质量的中介效应成立，机构投资者持股通过改善会计信息质量，进而实现限制性条款的降低。

表12.6 中介效应检验及调节效应检验

变量	中介效应检验		变量	调节效应检验		
				会计稳健性	信息透明度	股权结构
	E_Quality	Index		Index	Index	Index
Institution	0.006 8** (2.00)		Institution	−2.128 5*** (−5.81)	−0.917 5*** (−2.68)	−1.094 9*** (−2.93)
E_Quality		−3.726 5* (−1.73)	Institution* D_C_score	0.800 2* (1.76)		
Size	0.001 1 (1.33)	−0.241 8** (−2.43)	C_score	−1.874 9*** (−2.80)		
Lev	0.001 7 (0.21)	1.523 1** (2.13)	Institution* D_KV		−1.447 6*** (−3.30)	
BM	−0.000 0 (−0.68)	−0.000 1** (−2.00)	KV		0.597 5** (2.04)	
Fixa	0.019 6*** (2.88)	0.511 7 (1.02)	Institution* D_power			−0.827 6** (−2.18)
Roa	−0.465 6*** (−10.30)	1.735 2 (0.53)	power			0.654 6*** (2.87)
State	0.001 4 (0.63)	−0.245 4 (−1.46)	Size	−0.071 2 (−0.79)	−0.007 5 (−0.07)	−0.044 0 (−0.52)
Management	0.009 2 (1.07)		Lev	0.827 4 (1.24)	0.627 3 (0.94)	0.744 8 (1.15)
Dum_NI	0.025 6*** (3.11)		BM	−0.000 2** (−2.20)	−0.000 1 (−1.63)	−0.000 1* (−1.79)
Top1	0.000 1 (1.06)		Fixa	0.025 3 (0.05)	0.051 1 (0.11)	−0.019 5 (−0.04)
Dir_indep	0.016 5 (1.14)		Roa	2.226 4 (0.78)	3.210 0 (1.11)	4.069 6 (1.45)
Coverage		0.001 7 (0.44)	State	−0.264 4 (−1.58)	−0.137 8 (−0.87)	−0.161 2 (−1.01)
Term_premium		0.234 2 (1.45)	Coverage	0.001 1 (0.38)	0.001 6 (0.39)	0.000 6 (0.21)
Issue_size		0.177 0 (1.44)	Term_premium	0.121 6 (0.70)	0.202 5 (1.36)	0.213 1 (1.29)
Coupon		0.098 2 (1.53)	Issue_size	0.086 7 (0.80)	0.079 4 (0.66)	0.058 0 (0.55)
Maturity		0.161 0*** (3.16)	Coupon	0.015 4 (0.22)	0.094 3 (1.52)	0.078 7 (1.29)

续表

变量	中介效应检验		变量	调节效应检验		
				会计稳健性	信息透明度	股权结构
	E_Quality	Index		Index	Index	Index
Underwriter		0.323 5** (2.21)	Maturity	0.131 7*** (3.13)	0.127 3*** (2.64)	0.124 0*** (3.03)
Puttable		0.138 0 (0.74)	Underwriter	0.301 2** (1.98)	0.380 4*** (2.74)	0.312 4** (2.13)
			Puttable	0.248 6 (1.56)	0.253 6 (1.49)	0.214 8 (1.38)
常数项	−0.072 9*** (−3.73)	10.466 5*** (4.32)	常数项	8.457 3*** (3.64)	6.072 0** (2.49)	7.120 1*** (3.34)
行业	已控制	已控制	行业	已控制	已控制	已控制
R^2	0.27	0.10	R^2	0.12	0.13	0.12
样本数/个	1 055	1 018	样本数/个	1 050	1 080	1 090

*、**和***分别表示在10%、5%和1%的显著性水平下显著

12.6.2 调节效应

为检验会计稳健性、信息透明度及股权结构的调节效应，即考察机构投资者持股抑制限制性条款的作用机制在异质性企业中可能存在的差异，本章分别在模型（12.2）中加入会计稳健性、信息透明度及股权结构变量以及其各自哑变量①与机构投资者持股的交叉项。参考前人的方法（钟宇翔等，2017），本章采用C_Score衡量会计稳健性、KV指数衡量信息透明度、大股东Shaply权力指数衡量大股东权力。回归结果如表12.6第5~7列所示，机构投资者持股比例的回归系数均显著为负。会计稳健性的回归系数显著为负，会计稳健性与机构投资者持股的交叉项回归系数显著为正，这说明会计稳健性越好，限制性条款使用越少，机构投资者持股的边际抑制作用越差。信息透明度和大股东权力的回归系数均显著为正，信息透明度和大股东权力与机构投资者持股的交叉项系数均显著为负，这表明信息透明度越差（KV指数越大，信息透明度越差）、大股东权力越大，公司治理水平越差，债券发行时会使用更多的限制性条款，此时机构投资者持股增加会产生更大的边际抑制作用。因此，通过会计稳健性、信息透明度及股权结构的调节效应检验，我们发现机构投资者改善了公司治理，降低了信息不对称程度，进而抑制了公司债券限制性条款。

---

① 利用会计稳健性、信息透明度及股权结构的均值构建其各自哑变量（D_C_score/D_KV/D_power），若大于均值则取1，否则取0。

12.7 进一步分析

12.7.1 产权异质性的影响

由于中国资本市场发展的独特环境，上市公司具有不同的产权性质，即分为国有企业与民营企业两类，而产权性质不同也给企业本身的性质带来了差异。为了检验产权异质性对于研究假设的影响，本章按照公司债券发行人的性质将总样本分成国有子样本和非国有子样本，对模型（12.2）再次进行回归分析，回归结果见表 12.7。表 12.7 的第 2 列的结果显示，在国有子样本中，机构投资者持股的回归系数均在 1%的水平下显著为负。然而，表 12.7 的第 3 列的结果显示，在非国有子样本中，机构投资者持股的回归系数不显著。这表明，在国有企业中机构投资者持股显著地抑制了限制性条款指数，而在非国有企业中，这种抑制作用不显著。这与代昀昊（2018）的研究结果一致，其研究发现相对于民营企业而言，机构投资者对企业资本成本的影响在国有企业中更为明显。

表 12.7 分组检验

变量	产权异质性分组		机构投资者异质性	
	国有	非国有	独立	非独立
	Index	Index	Index	Index
Institution	-2.428 7*** (-6.43)	-0.324 3 (-0.84)	-0.118 5 (-0.12)	-1.677 8*** (-5.75)
Size	0.025 9 (0.19)	-0.159 6 (-1.16)	-0.235 7** (-2.48)	-0.011 9 (-0.14)
Lev	1.435 8 (1.30)	0.081 9 (0.09)	1.544 5** (2.21)	0.633 5 (0.96)
BM	-0.000 3*** (-3.50)	0.000 1 (1.36)	-0.000 1** (-2.04)	-0.000 1* (-1.81)
Fixa	-0.501 0 (-0.74)	-0.086 6 (-0.14)	0.212 6 (0.44)	-0.043 9 (-0.09)
Roa	-0.645 8 (-0.18)	3.105 6 (0.75)	3.425 6 (1.12)	2.697 7 (0.96)
State			-0.151 7 (-0.95)	-0.129 8 (-0.81)
Coverage	0.003 5 (1.03)	-0.000 6 (-0.09)	0.001 4 (0.35)	0.001 0 (0.35)

续表

变量	产权异质性分组		机构投资者异质性	
	国有	非国有	独立	非独立
	Index	Index	Index	Index
Term_premium	0.372 7* (1.94)	−0.060 3 (−0.28)	0.251 3* (1.66)	0.154 8 (0.93)
Issue_size	0.129 8 (0.79)	0.046 1 (0.30)	0.154 4 (1.30)	0.063 9 (0.60)
Coupon	0.178 9* (1.89)	−0.125 7* (−1.79)	0.051 5 (0.83)	0.085 0 (1.39)
Maturity	0.142 4*** (2.66)	0.086 7 (1.03)	0.155 7*** (3.18)	0.124 2*** (3.02)
Underwriter	0.192 7 (1.02)	0.382 6* (1.83)	0.298 9** (2.11)	0.330 8** (2.26)
Puttable	−0.016 4 (−0.08)	0.435 8* (1.78)	0.155 3 (0.90)	0.265 6* (1.71)
常数项	2.967 4 (0.92)	11.994 1*** (4.02)	10.760 4*** (4.66)	6.550 7*** (3.06)
行业	已控制	已控制	已控制	已控制
R^2	0.22	0.13	0.09	0.12
样本数/个	606	484	1 090	1 090

*、**和***分别表示在 10%、5%和 1%的显著性水平下显著

12.7.2 机构投资者异质性的影响

已有大量学者基于机构投资者的异质性展开研究（史永和李思昊，2018），并认为不同机构投资者持股的目的具有多样性，已有文献不乏针对机构投资者究竟是"市场稳定器"还是"风险加速器"的问题进行探讨。刘伟和曹瑜强（2018）认为机构投资者具有异质性，长期机构投资者持股与实体公司金融化不存在显著的相关关系，而短期机构投资者持股显著地驱动了实体公司金融化；张济建等（2017）研究发现独立型的机构投资者持股与非独立型的机构投资者持股对企业的 R&D 投入影响存在显著差异。因此，为检验机构投资者异质性对研究结论的影响，本章参考张济建等（2017）的做法，将机构投资者分为独立机构投资者和非独立机构投资者两类。独立机构投资者是与被投资单位间没有商业关系的机构投资者，包括基金、社保、QFII，非独立机构投资者则是指除独立机构投资者以外的其他机构投资者，一般认为这些机构投资者与上市公司具有一定的商业关系。已有文献表明，与上市公司利益关系更紧密的机构投资者，才会有足够的动机去治理公司，而相对独立的机构投资者没有强烈的动机去参与企业的经营

活动，他们更可能选择"用脚投票"，即在公司业绩变差时卖出股票。相反，与公司具有商业关系的非独立机构投资者会更加积极地参与公司经营，有利于约束其机会主义行为，因此我们认为非独立机构投资者持股对于公司债券限制性条款具有更好的抑制作用。

表12.7展示了相关的回归结果。表12.7第4列仅针对独立机构投资者进行检验，独立机构投资者的系数为负，但并没有通过显著性检验。第5列仅针对非独立机构投资者进行检验，回归结果显示非独立机构投资者持股的系数为-1.6778，并在1%水平下通过显著性检验。因此，不同类型的机构投资者对公司债券限制性条款设计的影响存在异质性。非独立机构投资者持股对公司债券限制性条款指数具有较好的抑制作用，而独立机构投资者对限制性条款指数则不存在显著的抑制作用。

12.7.3 机构投资者持股稳定性的影响

张涤新和屈永哲（2018）提出了机构投资者持股稳定性的概念，其实证研究发现，机构投资者存在频繁换股的"散户化"行为，并且机构投资者持股稳定性越高，越有利于降低公司业绩风险，持股稳定性可以反映机构持股比例因其波动带来的变化。为全面考察机构投资者对公司债券限制性条款的影响，本章参考张涤新和屈永哲（2018）的方法构建机构投资者持股稳定性指标，作为解释变量加入模型（12.2）中进行回归。

表12.8第2~3列的回归结果显示：机构投资者持股稳定性的回归系数分别是-0.2021和-0.1824，均在1%的水平下显著。这表明机构投资者持股稳定性越高，公司债券限制性条款指数就越低。分析其原因可能是，机构投资者持股稳定性的提高便于机构投资者参与公司经营决策，缓解了发行人与债券代理问题，降低了限制性条款的使用。

表12.8 机构投资者持股持续性相关研究

变量	机构投资者持股稳定性		机构个数		
	Index	Index	Index	Index	Index
Institution		-1.5361*** (-5.45)		-1.7205*** (-5.79)	-1.2979*** (-3.39)
机构投资者持股稳定性	-0.2021*** (-2.96)	-0.1824*** (-2.76)			
机构投资者数量			0.0296** (2.41)	0.0349*** (2.87)	0.0515*** (3.52)
Institution×D_数量					-0.7453* (-1.79)

续表

变量	机构投资者持股稳定性		机构个数		
	Index	Index	Index	Index	Index
Size	-0.224 0**	-0.031 0	-0.247 9**	-0.029 1	-0.015 3
	(-2.36)	(-0.30)	(-2.48)	(-0.27)	(-0.14)
Lev	1.320 0*	0.732 4	1.380 3*	0.651 8	0.579 8
	(1.89)	(1.06)	(1.95)	(0.92)	(0.82)
BM	-0.000 1*	-0.000 1*	-0.000 2**	-0.000 2**	-0.000 2**
	(-1.91)	(-1.85)	(-2.29)	(-2.19)	(-2.27)
Fixa	0.046 5	-0.177 3	0.286 8	0.077 3	0.107 0
	(0.10)	(-0.39)	(0.58)	(0.16)	(0.22)
Roa	3.472 2	3.974 0	1.696 4	2.025 5	2.010 1
	(1.17)	(1.35)	(0.55)	(0.66)	(0.66)
State	-0.094 1	-0.074 4	-0.165 0	-0.146 8	-0.137 6
	(-0.59)	(-0.47)	(-1.02)	(-0.91)	(-0.86)
Coverage	0.001 2	0.001 0	0.001 9	0.001 6	0.001 3
	(0.32)	(0.26)	(0.45)	(0.37)	(0.30)
Term_premium	0.224 9	0.171 6	0.192 8	0.132 7	0.147 8
	(1.49)	(1.16)	(1.26)	(0.89)	(0.99)
Issue_size	0.138 7	0.068 7	0.123 0	0.036 3	0.016 0
	(1.18)	(0.58)	(0.98)	(0.29)	(0.13)
Coupon	0.035 1	0.071 3	0.054 5	0.097 0	0.095 9
	(0.58)	(1.17)	(0.86)	(1.51)	(1.50)
Maturity	0.150 4***	0.125 4**	0.160 5***	0.128 3**	0.135 0***
	(3.06)	(2.57)	(3.22)	(2.57)	(2.69)
Underwriter	0.338 9**	0.371 5***	0.287 3**	0.320 0**	0.282 7
	(2.40)	(2.68)	(1.97)	(2.24)	(1.61)
Puttable	0.152 3	0.233 7	0.174 2	0.283 3	0.319 6**
	(0.90)	(1.39)	(0.98)	(1.60)	(2.23)
常数项	10.879 7***	7.246 9***	10.771 1***	6.615 5***	6.098 8**
	(4.75)	(2.98)	(4.54)	(2.62)	(2.45)
行业	已控制	已控制	已控制	已控制	已控制
R^2	0.10	0.13	0.09	0.12	0.13
样本数/个	1 086	1 086	1 053	1 053	1 053

*、**和***分别表示在10%、5%和1%的显著性水平下显著

12.7.4 机构投资者个数的影响

当前学者在探索机构投资者相关理论时，除了机构投资者持股比例、机构投资者异质性及机构投资者持股稳定性的研究视角，还有部分学者基于机构投资者的数量展开研究。已有关于机构投资者数量与公司治理的理论认为，当机构投资者持股一定时，随着机构投资者数量的增加，则机构投资者之间出现意见分歧的可能性增加，进而导致其改善公司治理的效力下降。因此，我们推测机构投资者

数量的增加会增加公司债券限制性条款的使用，同时降低机构投资者持股对限制性条款的抑制作用。我们将机构投资者数量加入解释变量中，并构建机构投资者数量哑变量（以机构投资者数量均值构建哑变量，大于均值时取 1，否则取 0）与机构投资者持股的交乘项，以检验机构投资者数量的调节作用。

表 12.8 第 4~5 列的回归结果显示：机构投资者数量的回归系数分别是 0.029 6 和 0.034 9，分别在 5% 和 1% 的水平下显著。这表明当机构投资者持股一定时，机构投资者数量越多，公司债券限制性条款指数就越高。表 12.8 第 6 列的回归结果表明，在机构投资者数量较多时，提高机构投资者持股对公司债券限制性条款的抑制作用更明显，均与此前分析一致。

12.8 本章小结

本章以 2007~2018 年中国沪深上市公司发行的上市公司债券为样本，基于会计信息质量的角度，全面考察了机构投资者持股对公司债券限制性条款设计的影响。本章研究结果表明：第一，机构投资者持股对于公司债券限制性条款指数有着显著的抑制作用，即机构投资者持股越多，债券在设计条款时采用的限制性条款越少。第二，中介效应检验显示，机构投资者持股通过改善会计信息质量，进而降低债券限制性条款指数。第三，会计稳健性、信息透明度及股权结构的调节效应检验表明，机构投资者持股通过改善信息质量、降低信息不对称程度的作用渠道，从而抑制债券限制性条款的使用。第四，机构投资者持股的抑制作用仅存在于国有样本中。进一步的研究表明，非独立型机构投资者体现出较强的抑制效果，独立型机构投资者则未体现出显著效果。同时，机构投资者持股越稳定，机构的数量越少，债券限制性条款指数越低。

本章的研究具有重要的理论与现实意义。随着公司债券市场的不断发展，公司债券限制性条款的设计及影响因素至关重要。中国现行政策大力发展公司债券市场，发行主体范围的逐步放宽和发债流程的简化，使公司债券市场的规模迅速壮大。根据本章的研究结论，我们得出以下政策启示：第一，继续大力发展机构投资者，提供适合机构投资者发展的制度环境，便于其参与到公司的经营决策中，提高公司的会计信息质量，降低信息不对称程度，有效缓解公司的代理问题。同时，避免机构投资者出现"散户化"趋势，出台政策以降低机构投资者投机的动机，增加其持股稳定性，进而推动股票市场的健康发展。第二，公司债券限制性条款可以缓解发行人与债权人之间的代理问题，在一定程度上弥补当前中国公司债券市场中投资者保护的缺陷，因此，大力倡导公司在发行债券时加大对债券条款设计的重视，以保障投资者利益，扩大市场供给和需求，推动中国债券市场的良性发展，也为中国的供给侧结构性改革和经济转型提供创新资本。

第 13 章 公司成长与债券契约条款设计的实证分析

本章将公司成长能力和债务融资统一到一个系统内生的框架之中,并且通过手工搜集、整理中国上市公司债券市场中公司债券契约条款信息,建立联立方程组,研究成长能力与债务融资之间的相互关系。通过实证分析发现:财务杠杆、短期负债、契约条款指数与公司成长能力四个变量相互之间存在较强的逻辑因果关系。其中,公司成长能力与财务杠杆呈反向关系,与契约条款指数呈正向关系;短期负债能够有效缓解财务杠杆与公司成长能力的反向关系,从而降低股东-债权人之间的代理冲突;契约条款与短期负债一样,作为缓解股东-代理冲突的另一种机制,对短期负债具有替代效应。

13.1 引 言

近年来,随着中国经济的稳定增长,债券市场实现了跨越式发展。截至 2016 年末,中国公司信用类债券余额接近 30 万亿元,市场规模跃居世界第三位,其中,在交易所市场交易的公司债券余额达到 22 996 亿元。公司债券市场的快速发展不仅丰富了资本市场的金融产品,也为中国企业拓宽了融资渠道。然而,在中国,由于较高的信息不对称、债券投资者保护法律和制度还不健全、证券市场发行和交易制度尚需完善等因素的存在,故公司股东与债权人之间存在严重的代理冲突,公司债券的发行使得这一问题更加凸显。

债券契约条款作为缓解股东与债权人代理冲突的有效方式之一,被发债公司广泛采用。中国从 2007 年开始试点发行公司债券,截至 2014 年末总共发行 519 只一般公司债券,这些债券均设置了债券条款。作为一个重要的理论和实践问题，债券契约条款在企业的债务融资中究竟起到了什么作用？对公司的业绩和成长是否有影响？该问题一直未能得到有效的回答。本章从股东-债权人代理冲突出发，探寻债券契约条款与债务融资及公司成长之间的相互关系，揭示契约条款在企业债务融资选择和成长能力中的作用机制。在经济新常态的背景下，该研究对于中国企业在负债经营中，通过何种机制优化公司投融资决策、缓解代理冲突，从而降低资金成本，促进企业创新和成长，推动中国经济的成功转型具有重要的理论意义和实践价值。

通常情况下，公司经营者在做债务融资选择决策前必然权衡负债经营过程中的成本和收益。负债经营的收益显而易见，在利用投资提高公司净资产收益率的同时，还可以成为避税工具。负债经营的最主要成本，除了债务利息之外还包括，为了缓解股东和债权人之间的利益冲突所采取的措施导致投融资决策偏离企业价值最大化所造成的损失。与全部由股权融资支撑的企业相比，负债经营的突出特点之一为，企业整体风险由所有投资者（股东和债权人）共同承担，高风险带来的超额收益被股东独享。当股东以自身利益最大化为目标行动时，就会出现投资过度或投资不足等问题，债权人为保证本息能够顺利收回，通过契约条款将企业的行动最大限度地限制在保证债务偿还的范围内；考虑到违约成本，股东会尽可能地在契约条款的限制范围内进行投融资的次优选择。这些与企业价值最大化目标相背离的次优选择会导致企业价值下降，进而形成负债经营的成本。因此，作为负债经营过程中次优决策问题，以 Jensen 和 Meckling（1976）、Myers（1977）、Smith 和 Warner（1979）的研究成果为开端，在债务中嵌入限制性条款或增加短期负债比例开始被广泛接受，尤其是对于更容易面临股东-债权人冲突的高成长性公司而言，这两项债务融资政策显得尤其重要。

与股东相比，债权人不参与公司决策，处于信息劣势地位。债券契约条款可以通过对股东的约束，缓解股东与债权人之间的代理冲突，保护债权人的利益不受侵害。如果没有契约条款的保护机制，债券投资者从自身利益出发往往会要求更高的回报率，在这种情况下，公司一般会通过设计债券契约条款约束自身的投融资行为，以牺牲公司未来成长能力作为代价，来缓解当期的代理冲突，降低融资成本。在理论上，减少债务融资比例，从而避免债务的约束和限制，是解决这一矛盾最简单的策略，这恰恰与高成长性公司往往具有较低杠杆的现实经验相契合。因为公司成长能力越强，对经营弹性的要求就越高，而债券契约条款的限制和约束会导致高成长性公司牺牲更多的投融资灵活性，因此，高成长性公司往往较少采用债务融资。

除了债券契约条款，股东与债权人之间的代理冲突还可以通过如下方式加以缓解，即增加短期负债在总债务中的比例。Myers（1977）发现，如果债务期限在新的投资决策实施之前到期，公司的投资决策偏离企业价值最大化原则的动机就会很小。因为当新的投资项目改变企业风险等级时，如果短期负债比例很大，并且在投资项目实施之前到期，在新项目再融资时，负债则会以新的风险等级重新定价。因此，滚动式短期负债在很大程度上可以减弱股东与债权人之间的信息不对称，降低债权人在公司投资决策中的被动程度，从而缓解股东的过度投资和投资不足问题。但是，Childs 等（2005）认为，尽管短期负债能缓解过度投资和投资不足问题，但其优势会被短期负债的流动性风险所抵消，并预期财务杠杆与短期负债的比例呈反向关系[①]。同时，Johnson（2003）、Childs 等（2005）也发现，在面临好的投资机会时，短期负债的灵活性和税盾效应会冲销其流动性风险导致的成本，进而短期负债能够弱化公司成长性与财务杠杆的反向关系。

事实上，公司在选择债务融资时，必然考虑负债比例选择、债务期限结构安排及债券契约条款设计等因素。除此之外，也会参考公司的成长能力，因为代理冲突会降低公司的经营效率，阻碍公司的成长与发展。另外，财务杠杆、负债期限结构及契约条款之间也会相互影响。因此，考虑到由股东-债权人代理问题所引发的次优选择过程，公司成长能力与债务融资完全由系统内生决定，从而出现一系列至关重要的问题：第一，当债务融资时，公司成长能力在负债比例选择、债务期限结构安排及债券契约条款设计中起到怎样的作用？第二，契约条款的引入能缓解股东与债权人代理冲突和提升企业的成长能力吗？第三，契约条款对短期负债在缓解股东与债权人之间代理冲突上是否具有替代作用？如果有，那么债券契约条款比例高的企业是否需要更少的短期负债？第四，鉴于财务杠杆与短期负债的反向关系，契约条款是否能够缓解成长能力与财务杠杆之间的反向关系？

13.2 理 论 分 析

Smith 和 Warner（1979）是首个对公开发行债券限制性条款及这些条款所应对的公司内部冲突做详细分析的学者。他们把限制性契约条款分成三类：限制股利支付，建立充足的偿债基金，如限制股权回购等；限制负债比例及某些特殊债务（如担保债务）的比例；投资风险限制，如企业合并。他们认为不同类别的契约条款在起作用的过程中可能会有相互作用，如限制股利支付的条款可以在一定程度上缓解流动性不足的问题，与限制负债比例的条款有相互辅助的作用。

[①] Childs 等（2005）认为，在存在流动性风险的情况下，负债经营的好处会被短期负债的流动性风险所抵消，并发现最优资本结构随着期限的下降而下降，因此，财务杠杆与短期负债会呈现反向关系。

Smith 和 Warner（1979）的研究得出的重要结论之一就是提出了"有成本的合同假说"（the costly contracting hypothesis）。这一假说表示虽然契约条款本身有成本，但用在债务合同中加入限制性契约条款可以增加企业整体价值。同时，这一假说阐述了外部市场环境因素和再融资难易程度的大小对公司投资机会的影响。在有成本的合同假说下，对于资产中存在债务的企业，存在一组最优的契约条款能够实现公司价值最大化的目标。然而另有一些研究显示，增长机会和金融契约的使用之间呈负向关系。Begley（1994）指出，对于高速成长的企业来说债务限制性契约条款引起的灵活性的丧失成本可能会非常昂贵。Kahan 和 Yermack（1998）在他们的研究中发现拥有更多投资机会的公司不太可能在债务中使用限制性契约条款。Kahan 和 Yermack（1998）认为高增长公司喜欢用可转换债券而不是包含限制性契约条款的债务来控制代理成本，因为可转换债券允许更大的管理灵活性。同样，Anderson（1999）以在巴西市场发行的企业债券为样本，得出了"企业在意识到契约条款的成本后开始放弃继续使用契约条款"的结论。Gilson 和 Warner（1998）发现当企业选择垃圾债券而不是银行贷款再融资时，在很大程度上是因为同后者相比前者没有太多的限制条款。这一现象也说明那些需要财务决策自由的企业会尽可能地将已有债务置换成限制条件更少的债务。Nash 等（2003）检验了企业发展机会与契约条款设计间的关系后，认为对高速发展企业来说，在债券发行中加入契约条款产生的未来期间投融资决策限制的成本高于其降低代理成本所带来的收益。他们认为契约条款在提供缓解股东-债权人利益冲突的同时也把成本强加给了发行公司。契约导致的管理灵活性的下降本质上增加了公司的管理成本。在某些情况下，丧失灵活性带来的成本可能大于其减少代理冲突所带来的收益。这一成本效益权衡原则是在 Smith 和 Warner（1979）提出的公司总是力图寻找最优的契约结构假设的基础上扩展而来的。

　　根据以上理论，本章的分析结果预测如下：随着发展机会的增加契约条款指数会减小。这一预测需要假设契约条款是必然有成本的，可以理解，因为契约条款的加入会使未来的投资、融资决策受到在一定程度的限制，即债务成本的提高。尽管对于更容易面临股权投资人和债权投资人冲突的高速发展企业契约条款的作用更加显著，但事实上高速发展的企业为将来融资、投资自由会倾向尽量减少限制性契约条款的使用，反而是增长缓慢的企业对契约条款应用得更广泛——在没有太好的投资机会时，契约条款的实际限制作用并不显著却有效降低了融资成本。最终引出一个至关重要的问题如下：契约条款指数与公司发展机会间的关系是否同预测一样呈反向关系？预测契约保护与负债比例呈正向关系的理论基础如下：负债比例增加，债务敞口增大，意味着做出次优决策的动机增大，此时就更加需要保护性契约条款来缓解债权投资人和股权投资人间的冲突。同时，预测契约条款可以缓解增长机会对最佳负债比例的反向作用，即在杠杆方程中企业发展机会和契约条款指数的交叉项系数为正。最后，预测契约条款与短期负债具有替代作用，二者都有减弱股东债权人冲突的作用但都需要额外成本，即二者可能是此消彼长的关系。

13.3 变量与数据

本章研究所涉及的数据主要由债券信息和财务信息两部分构成，其中债券样本包含截至 2014 年底中国所有的一般上市公司债券。2007 年 8 月中国开始发行公司债券以来，截至 2014 年底，总共发行 519 只一般上市公司债券，发行总规模为 7 426.95 亿元。本章的债券样本中不包含可转换债券，因此契约条款中没有"可转换"条款。

除了债券信息以外，本章另一部分重要的数据为公司的财务信息，全部来源于 Wind 数据库。由于本章将财务杠杆、短期负债比例与契约条款指数三个债务融资变量与公司成长能力视为联合内生，故以债券发行年份为基期，将财务杠杆、负债期限代理变量与公司成长性指标在债券发行的同一年份进行测量，而其他财务指标（外生变量）如果没有特殊说明，均在债券发行年份的前一年进行测量，每一个财务指标都是来自公司年报。表 13.1 给出了本章使用变量的定义和简要说明。

表 13.1 变量定义

变量	变量名	变量定义
leverage	财务杠杆	负债/（总资产−股票账面值+股票市值）
maturity	短期负债比例	短期负债/负债
covenant	投资者保护指数	根据 Billett 等（2007）的方法编制
mb	市账比	资产市值/资产账面值
fixed_asset	固定资产比例	固定资产/总资产
profitability	营利能力	EBITDA/总资产
Log（size）	公司规模	主营业务收入取自然对数（单位：百万元）
volatility	资产波动率	前 5 年（EBITDA/总资产）变化率的标准差
Abnormal	异常盈利	发债后一年的每股收益减当年每股收益
asset_maturity	资产期限	短期资产期限与长期资产期限的加权
term_premium	期限溢价	10 年期国债到期收益率减去 6 个月期国债到期收益率
altman's_Z	Z 得分	Z 得分>1.81 为 1，否则为 0
nol	净经营损失	主营业务总成本−主营业务总收入
tax	公司所得税	税收<25% 为 1，否则为 0

续表

变量	变量名	变量定义
rating	债券评级	评级为 AAA 为 1，否则为 0
commercial_paper	是否存在票据类短期融资	有票据类短期融资的为 1，否则为 0
loan	银行贷款在负债中占比	其值大于中位数为 1，否则为 0
R&D	研发投入	研发费用/管理费用，其值大于中位数为 1，否则为 0
state	公司属性	国有企业为 1，其他为 0
guarantee	债券是否被担保	债券有担保则为 1，否则为 0
regulated	是否公用事业企业	公用事业企业为 1，否则为 0

从表 13.1 可以发现，变量要么是由公司财务指标计算得到的，要么是公司的个体特征。公司选择多少负债、怎样安排长短债比例及如何设计契约条款均属于公司的债务融资政策，因此，本章使用财务杠杆、短期负债比例与契约条款指数分别表征债务融资政策的三个变量。根据惯例，本章采用市账比作为公司成长性的代理变量，事实上，已有研究表明资产的市账比是公司成长能力最好的代理指标。由于公司的成长能力与债务融资政策是联合决定的，本章将其视为内生变量，其他均为外生变量。除异常盈利变量使用了发债后一年的数据以外，其他外生变量均是发债前一年的测量值。大部分外生变量通过表 13.1 的定义都不难理解，资产期限变量来自 Billett 等（2007），由长短期负债的账面值对短期资产期限与长期资产期限加权得到，其中长期资产的期限是非流动资产除以折旧费用，短期资产的期限是流动资产除以主营业务成本。之所以将 Z 得分以 1.81、公司所得税以 25%分别为临界点设置成虚拟变量，是因为国际惯例将 Altman（1968）的 Z 得分低于 1.81 的情形视为公司有较大的可能性陷入财务困境；而对于所得税，中国新所得税法规定法定所得税为 25%，那么所得税低于 25%的公司，可能是被国家重点扶持或者存在投资优惠政策的公司，这些因素的变化均会影响公司的债务融资政策。由于在中国发行公司债券的公司中，有多于 75%的公司仅发行了一只债券，故本章采用基于公司债券的截面数据结构，而不是基于公司的面板数据，最终得到 519 个观测样本。

13.4 实证结果

13.4.1 描述性统计

表 13.2 给出了本章所有变量的描述性统计，在描述性统计中，不仅刻画了债

券投资者保护指数的分布,还按照契约条款的数量进行了统计。最后9个变量为虚拟变量,因此只提供了均值。不难发现,中国发行债券的上市公司,其财务杠杆均不高,平均为37%左右,负债中以短期债务为主,其比例超过总负债的一半。从契约条款数量来看,中国上市公司在发行债券时平均使用3~4个条款。市账比平均在1.8左右,其他变量基本接近正态分布,均值和中位数相差不大。从各个虚拟变量的均值来看,在中国发行债券的公司中,有一半以上公司的Z得分在1.81之上,公司财务质量良好,有50%多的企业获得了税收优惠,其中近三分之二的发债公司是国有控股企业。对于发行的公司债券,有三分之一被评为AAA级,并且一半以上的债券有担保。总体上,中国发行债券的上市公司在研发投入上都比较少,甚至部分企业根本没有研发投入。

表 13.2 描述性统计

变量	均值	中位数	标准差	最小值	最大值
leverage	0.367 5	0.354 3	0.171 6	0.019 4	0.780 2
maturity	0.577 1	0.592 1	0.184 7	0.136 5	0.950 1
covenant	0.460 5	0.400 0	0.225 3	0	1
covenant_number	3.653 2	4	1.980 4	0	9
mb	1.858 5	1.597 2	1.030 6	0.944 7	15.453 5
fixed_asset	0.298 0	0.256 1	0.205 3	0.001 7	0.970 9
profitability	0.088 7	0.079 4	0.047 3	−0.015 4	0.308 9
Log(size)	8.792 7	8.546 3	1.634 7	4.860 2	14.734 1
volatility	0.030 6	0.023 4	0.024 8	0.000 8	0.161 1
Abnormal	−0.059 2	0	0.348 1	−1.930 0	1.483 0
asset_maturity	15.834 9	10.591 2	25.459 2	0.833 0	322.37
term_premium	0.942 4	0.640 9	0.602 0	0.486 0	2.430 7
altman's_Z	0.595 4	1	0.491 3	0	1
nol	0.500 0	0	0.500 5	0	1
tax	0.512 5	1	0.500 3	0	1
rating	0.316 0	0	0.465 4	0	1
commercial_paper	0.102 1	0	0.102 1	0	1
R&D	0.285 2	0	0.451 9	0	1
loan	0.395 0	0	0.489 3	0	1
state	0.624 3	1	0.484 7	0	1
guarantee	0.572 3	1	0.485 2	0	1
regulated	0.082 9	0	0.275 9	0	1

注:covenant_number 是根据债券契约中特殊条款的数量线性相加得到的

为了直观地呈现公司债务融资变量与公司成长能力之间的关系，表 13.3 利用组合排序法给出了在控制其中一个公司债务融资变量与市账比的条件下，另一个债务融资变量的变化规律。其中，Panel A 是不同契约条款数目与不同市账比下财务杠杆的平均值，契约条款数目根据上文中分成的四大类计数，含有四类中任何一类的则为 1，含有任何两类的则为 2，依次类推。由于不含有任何条款的债券与含有全部四大类条款的债券都非常少，故将不含有任何契约条款的债券归类到表 13.3 中的 1 类中，而将含有全部四大类条款的债券归类到 4 类中，条款数从 1 到 4 表示包含的契约条款数目不断增加。此外，市账比是在每一类契约条数下，根据其四分位点将发行的债券平均分成四组，1 组是低市账比的组合，4 组是高市账比的组合。最后一列（low-high）表示低市账比组合与高市账比组合的均值 t 检验。在按照条款分成四组的前提下，根据市账比再分成四组，最终一共得到 16 个债券组合，进而针对每一个债券组合，计算发债公司财务杠杆的平均值。Panel B 分类组合方法与 Panel A 分类组合完全一样，只是在构建成 16 个债券组合之后，计算对应发债公司短期负债比例的平均值。Panel C 报告了在短期负债比例与市账比分类组合下杠杆平均值的变化规律，其组合分类方法与 Panel A 类似，首先按照短期负债比例大小排序，根据其四分位数平均分成 4 组；其次对每一组按照市账比平均分成 4 组；最后针对每一个组合，计算其对应发债公司财务杠杆的平均值。

表 13.3　债务融资变量与公司成长能力的组合排序结果

Panel A：不同契约条款数目下财务杠杆随市账比的变化

条款数	观测数/个	市账比				low-high
		1=low	2	3	4=high	
1	151	0.632 2	0.435 7	0.296 4	0.204 8	0.427 4***
2	149	0.590 0	0.430 4	0.294 7	0.186 3	0.403 7***
3	121	0.606 2	0.482 9	0.326 3	0.164 0	0.442 2***
4	98	0.580 3	0.434 7	0.305 7	0.198 6	0.381 7***

Panel B：不同条款数目下短期负债比例随市账比的变化

条款数	观测数/个	市账比				low-high
		1=low	2	3	4=high	
1	151	0.617 3	0.583 1	0.596 6	0.530 9	0.086 4*
2	149	0.533 9	0.578 8	0.570 6	0.566 4	-0.032 5
3	121	0.499 6	0.622 5	0.623 1	0.572 8	-0.073 2
4	98	0.525 6	0.616 6	0.588 3	0.546 4	-0.020 8

续表

Panel C：不同的短期负债比例下财务杠杆随市账比的变化

债券期限		市账比				
	观测数/个	1=low	2	3	4=high	low-high
1=low	130	0.572 0	0.434 1	0.265 4	0.141 2	0.430 8***
2	130	0.584 3	0.403 5	0.271 1	0.159 7	0.424 6***
3	130	0.558 1	0.428 9	0.301 8	0.166 2	0.391 8***
4=high	129	0.638 3	0.460 2	0.344 3	0.169 3	0.469 1***

*和***分别表示在10%和1%的显著性水平下显著

由表 13.3 可知，在 Panel A 中，如果契约条款一定，财务杠杆随着公司市账比的提高而不断减小，意味着成长性高的公司为了避免股东与债权人的代理冲突，保证未来投融资的灵活性，更倾向使用股权融资。最后一列的均值 t 检验结果表明，不论债券中包含多少条契约条款，在 1%的显著性水平下，具有最低成长性公司的杠杆显著高于具有最高成长性的一组公司。在 Panel B 中，具有不同数量契约条款的债券组合，短期负债比例随着市账比的提高并不存在一致的变化趋势，除了只含有一类条款的组合外，含有更多类条款的债券所对应的最低成长性公司与最高成长性公司在短期负债比例上没有显著差异。此外，在控制市账比后，短期负债比例没有明显的变化趋势。这一结果表明，短期负债与债券契约条款作为两种能够缓解股东与债权人代理冲突的变量，两者之间的替代效应并不明显。在 Panel C 中，按照短期负债比例的四分位数划分到同一组的债券，其发行公司的财务杠杆随着市账比的提高而显著减小，并且在控制市账比的前提下，公司财务杠杆会随着短期负债比例的增加而不断增大。从（low-high）列的均值 t 检验可以发现，随着短期负债比例的提高，最低成长性公司与最高成长性公司的杠杆在均值差异上没有一致变大的趋势，这可能意味着短期负债与契约条款一样，作为缓解股东与债权人代理冲突的另一种机制，对于中国的上市公司，是否会缓和或强化财务杠杆与公司成长能力之间的负向关系还不明确。

13.4.2 实证结果与分析

尽管 13.4.1 节利用组合排序法探明了财务杠杆、短期负债比例、契约条款指数及公司成长能力之间的一些初步结果，但这些结果的呈现一方面没有考虑其他外生因素的影响，另一方面也因为停留在半定量的状态而不利于对内在经济逻辑的理解。因此，本节进一步通过建立计量模型深入分析财务杠杆、短期负债比例、契约条款指数及公司成长能力四者之间的一般规律。考虑到这四个变量之间的联合内生特性，本章建立四方程的联立方程组来揭示三个债务融资政策变量与公司成长能力之间的相互决定关系，针对每一个方程，本章主要以经济含义和方程识别①两个标准纳入外生变量。具体联立方程组如下：

$$lev = c_1 + \alpha_{11}mat + \alpha_{12}cov + \alpha_{13}mb + \alpha_{14}mb \times mat + \alpha_{15}mb \times cov$$
$$+ control\ variable(fixed\_asset, profitability, size, abnormal, tax, regulated)$$
(13.1)

$$mat = c_2 + \alpha_{21}lev + \alpha_{22}cov + \alpha_{23}mb + \alpha_{25}mb \times cov$$
$$+ control\ variable(size, abnormal, asset\_maturity, term\_premium, nol,$$
$$tax, rating, commercial\_paper, regulated)$$
(13.2)

$$cov = c_3 + \alpha_{31}lev + \alpha_{32}mat + \alpha_{33}mb$$
$$+ control\ variable(size, volatility, altman's\_Z, rating, loan, state, regulated)$$
(13.3)

$$mb = c_4 + \alpha_{41}lev + \alpha_{42}mat + \alpha_{43}cov$$
$$+ control\ variable(fixed\_asset, profitability, size, R\&D, state, guarantee, regulated)$$
(13.4)

其中，lev 为财务杠杆（leverage）；mat 为短期负债比例（maturity）；cov 为契约条款指数（covenant）；mb 为公司成长能力，其他变量的含义见表 13.1。

在财务杠杆（leverage）方程中，除纳入短期负债比例、契约条款与公司成长能力三个内生变量之外，还添加了短期负债比例与公司成长能力、契约条款指数与公司成长能力两个交叉项，以考察短期负债和契约条款是否会影响杠杆与成长能力之间的关系。此外，还包含了固定资产比例、营利能力、公司规模、是否有税收优惠等公司个体特征变量。在短期负债比例（maturity）方程中，除应有的内生变量与公司个体特征变量外，还考虑了宏观因素对债务期限安排的影响，我们利用表征融资成本的期限溢价来代理宏观因素。本章认为，银行贷款给企业之后，由于其相对于债券投资者具有信息优势，债券投资者有可能采用"搭便车"行为，对契约条款限制的要求降低，从而影响契约条款的设计。同时，国有企业在发行债券时，投资者是否会因为隐形担保（较低的信用风险）而不要求契约条款也有待检验，所以，本章在契约条款指数（covenant）的方程中加入了贷款二值变量与公司属性二值变量。对于公司成长能力（mb）方程，研发投入与债务担保两个二值变量被纳入模型中，因为研发投入越多或者公司债务被担保

---

① 联立方程组估计的前提条件是每一个方程都恰好识别，过度识别或识别不足都不能得到有效的估计量。

的比例越多（担保后债权人较少地考虑未来的信用风险），公司成长能力可能越强。

在对联立方程组的估计过程中，本章采用 GMM 方法。其中，财务杠杆、短期负债比例、契约条款指数及公司成长能力为四个内生变量，其他外生变量均为工具变量。由于在异方差和自相关存在的情况下，GMM 估计比 2SLS 或 3SLS 方法更加有效，故本章并没有考虑估计联立方程组的其他方法。此外，本章也没有报告 R2，因为 R2 对于联立方程组已经不再是一个合理刻画拟合优度的指标。表 13.4 给出了 GMM 估计结果。

表 13.4 GMM 估计结果

解释变量	leverage	maturity	covenant	mb
常数项	0.759 6** (2.32)	3.425 6* (1.66)	0.311 6** (2.07)	2.021 8*** (5.39)
leverage		1.415 4*** (2.81)	0.039 4 (0.11)	−2.712 0*** (−13.48)
maturity	−0.772 6* (−1.66)		0.078 8 (0.57)	−0.033 7 (−0.10)
covenant	1.324 5 (1.32)	−8.675 2** (−2.02)		1.505 9*** (2.83)
mb	−0.432 3*** (−4.19)	−1.382 0* (−1.65)	0.094 7** (2.33)	
mb×maturity	0.563 2* (1.73)			
mb×covenant	−0.474 6 (−0.92)	3.889 7** (2.09)		
fixed_asset	−0.162 3** (−2.46)			−0.428 5*** (−3.87)
profitability	0.463 6 (0.91)			1.107 9 (1.34)
Log（size）	0.003 3 (0.24)	−0.006 4 (−0.19)	−0.004 7 (−0.39)	0.013 1 (0.49)
volatility			−0.188 5 (−0.48)	
Abnormal	−0.009 0 (−0.56)	0.090 4 (1.24)		
asset_maturity		0.000 8 (0.35)		
term_premium		−0.039 7 (−0.80)		
altman's_Z			−0.045 9 (−0.97)	
nol		0.045 1 (0.67)		

续表

解释变量	leverage	maturity	covenant	mb
tax	0.010 0 (0.42)	0.061 0 (0.60)		
rating		−0.147 3 (−1.34)	−0.034 2 (−1.28)	
commercial_paper		−0.202 0 (−1.51)		
R&D				0.055 1 (1.40)
loan			0.002 8 (0.18)	
state			0.016 2 (0.78)	−0.064 8* (−1.73)
guarantee				0.019 9 (0.42)
regulated	0.144 3** (2.38)	−0.456 4*** (−3.00)	−0.060 9 (−1.40)	0.282 4*** (2.90)

*、**和***分别代表在10%、5%和1%的显著性水平下显著

注：括号中是Z统计量

从表13.4的估计结果可以看出，尽管大部分外生变量的系数都不显著，但财务杠杆、短期负债比例、契约条款指数及公司成长能力四个内生变量之间的相互关系十分明确。对于财务杠杆（leverage）方程，短期负债比例与公司成长能力的系数均为负，分别在10%和1%的水平下显著，这一结果与Childs等（2005）的预期一致。由于较多的短期负债使公司面临较大的流动性风险，杠杆经营的好处逐渐被抵消，从而短期负债比例对财务杠杆产生负效应，这同时也能够解释国内高杠杆企业不倾向使用商业票据等短期债务工具。对于成长能力较强的公司而言，其股东一方面为了避免与债权人形成的代理冲突，保证未来投融资的灵活性，另一方面也不愿意与债权人分享公司成长的收益，这两方面都会促使股东不愿意采用负债经营。在方程中，契约条款指数的系数不显著，可能是由于正负两个方向的效应相互抵消所致。其原因是，一方面，契约条款越多意味着对投资者保护越强，公司能够以较低的成本获得更多的资金；另一方面，契约条款越多可能对公司其他债务融资的限制也越多，从而公司不能获得其他途径的债务融资，导致杠杆降低。在财务杠杆（leverage）方程中加入两个交叉项旨在检验，作为缓解股东-债权人代理冲突的两个变量，短期负债与契约条款是否能够获得经验证据。结果显示，短期负债比例与成长能力的交叉项系数显著为正，但契约条款指数与成长能力的交叉项系数不显著，这表明，在中国短期负债相对于契约条款，能够更有效地降低财务杠杆与成长能力之间的反向关系，即短期负债对缓解股东与债权人的冲突确实具有一定的效果。在所有的外生变量中，仅固定资产比

例与是否公用事业企业两个变量的系数显著，意味着固定资产越多的企业，以及公用事业企业更倾向采用负债经营。

在短期负债比例（maturity）方程中，财务杠杆的系数在 1%的水平下显著且为正，表明负债越多的企业，短期负债也相应较多，这与合理的债务期限结构安排是一致的。而且结合杠杆方程结果，发现财务杠杆与短期负债的关系不仅没有矛盾，反而形成了一个良好的平衡机制，负债增加促使短期负债比例提高，而短期负债比例提高会抑制杠杆的进一步增大，最终使得公司的债务融资政策变量总是处于合理的水平。契约条款指数系数在 5%的水平下显著为负，意味着契约条款对短期负债在缓解股东-债权人代理冲突方面具有明显的替代效应。因此，尽管契约条款不能直接作用于财务杠杆，但能够通过对短期负债的影响进而缓解股东与债权人之间的代理冲突。成长能力的系数为负，虽然与理论预期不符，但 Johnson（2003）也发现市账比与短期负债存在负相关关系。因为短期负债存在较大的流动性风险，而成长性较高的公司具有更大的不确定性，如果没有其他的资金来源，短期负债的流动性风险反而会冲销债务融资带来的好处，所以成长性较高的公司会谨慎地采用如商业票据或短期贷款等短期债务融资。这一结果可以从市账比与契约条款指数交叉项结果得到进一步证明，市账比与契约条款指数的交叉项系数显著为正，一旦高成长性公司发行了中长期公司债券，资金得到充分补给，短期负债的到期便不会引致流动性风险，从而短期负债缓解股东-债权人代理冲突的作用可以得到有效发挥。结果所体现的经济含义也完全符合中国国情，在信息不对称严重与投资者保护机制不完善的资本市场，高成长性公司在债务融资的情况下，势必同时会利用契约条款和短期负债两种机制尽可能多地缓解股东与债权人之间的代理冲突，因此，对于高成长性公司，契约条款的保护力度与短期负债比例会同步变化。在外生变量中，仅有公用事业的二值变量负显著，这也不难理解，因为燃气、电力等公用事业企业的现金流收入非常稳定，不需要过多的短期负债。

在契约条款指数（covenant）方程中，只有市账比（成长能力的代理变量）一个变量在 5%的水平下显著为正，其原因为，引入契约条款的主要目的是限制股东行为，保护债券投资者利益，所以在设计契约条款时，往往很少考虑既定的财务杠杆和信用风险较低的短期负债。通常对于高成长性公司而言，一方面，企业发行公司债券时需要引入契约条款来缓解其面临的股东-债权人代理冲突；另一方面，高成长性公司为了保持未来投融资的灵活性也尽可能地在债券契约中尽量少地引入限制性条款。方程中的市账比显著为正，可能是因为高成长性公司从契约条款中获得的正收益远大于由契约条款约束所引致的成本，也可能是因为中国上市公司在信息不对称市场面临的代理冲突问题非常突出，而不得不通过引入契约条款加以缓解。

在公司成长能力（mb）方程中，财务杠杆与契约条款指数都在 1%的水平下显著。财务杠杆系数为负，意味着负债过多会削弱公司的成长能力。契约条款指数系数为正，表明在债券中引入保护债权人的契约条款越多，越有利于公司的发展和成长。这是因为，公司对债权人的保护越大，公司越能够以较低的成本获得大量融资。另外，随着对债券投资者保护力度的增大，会提高公司在信贷市场的声誉，公司在未来也更容易以低成本获得融资。契约条款从两方面为公司的成长和发展提供了保障。在外生变量中，除固定资产比例、公用事业企业变量显著外，国有企业的二值变量也在 10%的水平下显著为负，说明中国非国有企业在成长能力方面稍强于国有企业，这不仅符合中国的现实情况，也佐证了中国当前进行混合所有制改革是一个正确的方向。

从联立方程组的估计来看，财务杠杆、短期负债比例、契约条款指数与公司成长能力之间并不是简单的相关关系，四个变量相互之间是联合决定的。其中，公司成长能力与财务杠杆呈反向关系，而与契约条款指数呈正向关系；财务杠杆的提高会导致短期负债比例的增大，不利于公司的成长，同时短期负债又会反馈到财务杠杆使之降低；并且短期负债能够有效缓解财务杠杆与公司成长能力的反向关系，降低股东-债权人之间的代理冲突；契约条款指数与短期负债一样，作为缓解股东-债权人之间的代理冲突的另一种机制，对短期期限具有替代效应。

此外，部分学者指出财务杠杆与公司市账比之间的负相关关系可能只是体现了指标度量的结果，而并非股东和债权人之间代理冲突的财务杠杆效应。为了规避这种可能性，表 13.5 和表 13.6 给出了稳健性分析结果，其中，表 13.5 是利用资产负债率账面值作为财务杠杆代理变量的 GMM 估计结果，表 13.6 是利用营业收入年份同比增长率（sale）作为公司成长能力代理变量的 GMM 估计结果。在估计过程中，其他控制变量均保持不变。

表 13.5　稳健性回归结果（一）

解释变量	leverage	maturity	covenant	mb
常数项	1.308 8** （2.08）	2.458 1* （1.69）	0.431 3** （2.09）	3.512 1*** （7.23）
leverage		0.946 6** （2.54）	−0.152 9 （−0.36）	−2.407 3*** （−7.39）
maturity	−1.662 7* （−1.70）		0.114 0 （0.61）	0.374 7 （1.03）
covenant	2.156 4 （1.04）	−6.248 5** （−2.07）		0.288 1 （0.42）
mb	−0.503 3** （−2.55）	−1.177 9* （−1.94）	0.062 6* （1.90）	
mb×maturity	1.290 3* （1.88）			

续表

解释变量	leverage	maturity	covenant	mb
mb×covenant	-1.147 0 (-1.09)	3.046 8** (2.30)		

*、**和***分别代表在 10%、5%和 1%的显著性水平下显著

注：括号中是 Z 统计量

表 13.6 稳健性回归结果（二）

解释变量	leverage	maturity	covenant	sale
常数项	-1.045 1*** (-2.69)	-1.535 3 (-1.53)	0.459 8*** (4.75)	-0.758 7** (-2.17)
leverage		-0.574 7* (-1.81)	-0.626 9** (-2.35)	-0.319 4 (-0.98)
maturity	0.420 9 (0.77)		0.319 5** (2.02)	-0.452 6 (-1.51)
covenant	1.122 6* (1.89)	2.816 3* (1.66)		1.824 8*** (3.40)
sale	4.154 0 (1.55)	2.163 7 (0.72)	0.434 4*** (2.67)	
sale×maturity	-4.648 7 (-1.52)			
sale×covenant	-2.398 4 (-0.87)	-2.096 6 (-0.42)		

*、**和***分别代表在 10%、5%和 1%的显著性水平下显著

注：括号中是 Z 统计量

表 13.5 和表 13.6 的估计结果显示，稳健性结果与实证结果基本一致，尽管存在极少数变量的估计量不显著，但其系数估计值的符号仍然符合理论预期。总之，通过会计指标替换财务杠杆与公司成长能力的市场指标，规避了由变量度量所引起的偏误之后，最终的结果仍然表明，财务杠杆与公司成长能力呈反向关系，短期负债可以显著缓解财务杠杆与成长能力之间的反向关系。同时，契约条款指数对短期负债具有一定的负向作用，反映出契约条款指数对短期负债的替代效应。此外，契约条款指数保护债券投资者的力度越大，对公司的成长就越有利。

13.5 本章小结

本章开创性地将财务杠杆、短期负债比例、契约条款指数三个债务融资政策

变量与公司成长能力视为联合内生，并在手工搜集债券契约条款信息的基础上，建立四个方程的联立方程组，同时运用 GMM 方法对其进行估计。实证结果发现：财务杠杆、短期负债比例、契约条款指数与公司成长能力四个变量之间存在明确的因果逻辑关系。首先，财务杠杆与公司成长能力存在显著的反向关系，而短期负债比例信用风险较小，具有缓解股东-债权人之间的代理冲突的作用，因此可以减弱财务杠杆与公司成长能力之间的反向关系。其次，由于契约条款能够保护债券投资者，降低信息不对称，通过对短期负债比例产生的替代效应可以间接地缓解股东-债权人之间的代理冲突。再次，财务杠杆的提高会促使短期负债比例的上升，但过多的负债也会损害公司的成长能力。最后，契约条款对债券投资者的保护力度越大，股东-债权人之间的代理冲突越小，并且公司获得债券融资的成本越低，从而对公司的成长和发展就越有利。另外，我们利用会计指标替换市场指标进行了稳健性分析，结果基本没有变化。总之，从整体的经验证据来看，财务杠杆、短期负债比例、契约条款指数及公司成长能力四个变量之间的关系不但与经济理论相一致，而且也基本符合中国上市公司的现实情况。

根据本章所得出的一些经验证据，提出如下政策建议：第一，中国上市公司在进行债务融资政策选择或进行投融资决策时，应综合考虑债务融资政策变量和成长能力之间的相互影响，孤立地看待问题可能会使公司做出错误的决策。第二，在中国债券市场建设和发展过程中，应鼓励发债主体合理运用契约条款，缓解股东-债权人的代理冲突，降低自身融资成本，保护投资者利益，扩大市场需求。第三，完善中国资本市场的法制环境，树立市场各方参与主体的法治意识，保障证券契约功能的全面发挥。

第14章 总结和展望

14.1 总　　结

　　本书从债券契约条款的视角，深入研究了公司债券定价和契约条款设计。契约条款是嵌入债券契约之中并对股东行为进行限制或者对未来可能的风险进行事前安排的一系列条款。契约条款主要分为主动性条款和被动性条款两大类。其中，主动性条款是指发行主体为了保障顺利偿还债务主动承诺的一些安排和事项，如承诺定时进行信息披露、承诺一旦违约由债权人接管公司等条款；而被动性条款是指限制股东掏空或攫取债权人利益的一些条款，如限制股东过度投资、限制股东分红及限制公司进行兼并和收购等。这些契约条款一旦被触发或违反，债券发行主体将按照契约条款的规定给予债权人以补偿，并且违约事件还会严重损害发行主体的声誉。正是由于技术违约的成本较大，故契约条款继而成为发债主体经营发展的边界，发行主体会尽可能通过改变投融资战略以保障公司经营维持在契约条款规定的范围之内。契约条款是债券的主要内容，不同的公司债券根据发债主体的偿债条件和战略规划设计不同的契约条款。契约条款在内容上的差异决定了其对债券投资者的保护程度不同，从而对债券潜在风险的安排和补偿有所不同，并进一步影响到投资者在二级市场对债券的买卖与交易。具体而言，契约条款越多，对债券未来潜在风险的安排越详细，对投资者权益的保护就越充分，那么在其他因素不变的情况下，债券的质量就越好；反之，债券的安全级别则越低。

　　本书结合中国公司债券市场的发展现状，通过手工摘录债券契约条款信息，并利用公司债券的交易特征和发债主体的财务指标等数据信息，从经验上对公司债券定价和契约条款设计进行了深入的分析和研究。具体而言，回顾各章节的研究内容，将最终的研究成果分别概括如下。

　　第一，债券契约条款对债券到期收益率的影响。基于债券契约条款具有保护债权人权利的本质属性,将公司债券的总价差分解为信用价差和非信用价差,应用组合排序法及Fama-Macbeth方法,研究债券契约条款对债券定价影响的途径和程度。结论表明:债券契约条款由于能够保护债权人的未来权益,减少债权人承担的风险,从而能够有效降低债券的信用价差和非信用价差,并且债券契约条款对信用价差的影响程度更大;通过信用价差和非信用价差两种影响效应的叠加,债券契约条款同样能够显著降低债券到期收益率的总价差。

第二,债券契约条款对债券流动性的影响。不同类型的条款会给予投资者不同程度的保护,那么会引致投资者对债券的不同偏好,这种偏好则由投资者的债券买卖体现出来,而市场中的债券交易形成了债券的流动性。基于契约条款对债券流动性影响途径理论分析,结合中国公司债券的数据信息,在控制样本选择偏差的情况下,对契约条款与债券市场流动性的关系进行了实证检验。结果发现,契约条款通过保护投资者在未来的权益,提高了债券的信用质量,促使市场中的投资者更加偏好附有契约条款的公司债券,从而导致附有契约条款的公司债券在市场的交易更加容易,交易成本更低,最终反映为债券在二级市场中的流动性更高,因此,契约条款的引入可以显著提高债券在二级市场中的流动性水平。

第三,债券契约条款对债券价格波动率的影响。基于契约条款保护投资者从而能够降低债券风险的逻辑,分析契约条款对债券价格波动率的影响效应,将特质波动率从债券价格总体波动率中剥离出来,探讨契约条款对债券价格总体波动率与特质波动率的影响。得出以下结论,契约条款由于可以保护投资者权益,缓解股东与债权人的代理冲突,从而改变债券所面临的风险,尤其是债券的特质风险,故能够显著影响债券价格的总体波动率和特质波动率;并且契约条款越多,债券价格的总体波动率与特质波动率越小。从实证结果中还发现,债券的剩余期限越长或者债券上市的年龄越大,债券价格的波动率就越大;但是债券的久期和凸性越大,债券价格的波动率就越小。另外,债券的流动性对债券价格波动的影响非常大,公司债券流动性的增加可以促使债券价格的总体波动率和特质波动率显著且大幅下降。

第四,债券契约条款对债券融资成本的影响。第 7 章利用 2007~2018 年中国上市公司发行的上市公司债券进行实证分析,将债券条款和债券融资成本视为联合内生变量,利用联立方程模型考察债券条款与债券融资成本之间的相互关系。研究发现,契约条款限制发行人行为,降低债券风险,有效保护了投资者的利益,成为发债主体的隐性成本,因此债券契约条款与债券融资成本呈显著的反向关系,两者相辅相成,又相互影响,存在很强的替代效应,在同一只债券中会此消彼长。其中,债券条款与债券融资成本的相互替代作用在非国有公司中可以得到更好的发挥,而在国有公司中则相对较弱。最后,相对于破产风险较低和信息不对称程度较低的公司,债券条款与债券融资成本的相互抑制作用在破产风险越高、信息不对称程度越高的公司中更强。

第五，债券契约条款对资本结构调整速度的影响。第 8 章利用中国沪深上市公司 2007~2018 年发行的债券契约条款数据，研究了特殊契约条款对资本结构调整速度的影响及影响机制。研究发现，与未发债公司相比，发债公司签订的特殊契约条款阻碍了资本结构的调整速度，调整速度降低约 40%；并且特殊契约条款的数量越多，契约强度越大，对资本结构调整速度的抑制作用就越强，对于契约强度较高的公司，调整速度降低约 28%。此外，第 8 章在特殊契约条款对资本结构调整的影响机制研究中发现，四类特殊契约条款都会阻碍资本结构调整过程，其中，限制投资类条款对资本结构调整的阻碍作用最强，而偿付保障类条款的阻碍作用最弱。最后，第 8 章研究了资本结构调整的异质性，研究发现财务状况越差的公司（即自由现金流较低或受到融资约束），特殊契约条款对资本结构调整速度的抑制作用越强，其中，对于低自由现金流子样本，调整速度降低约 32%（0.236/0.729），而对于融资约束较高的公司，调整速度降低约 21%（0.161/0.761）。尽管第 8 章的结果支持资本结构调整的权衡理论，但是也提供了一些与啄序理论相关的发现。结果表明，特殊契约条款对资本结构调整的影响具有非对称性，契约条款对过度杠杆公司的资本结构调整的阻碍作用更强。

第六，债券契约条款对发行利率的影响。基于公司代理问题的视角，采用处理效应模型，分类研究了债券契约条款对公司债券发行利率的影响。结论显示：保护投资者权益的期权类条款和限制发行人行为的限制性条款能够显著地降低债券的发行利率。其中，期权类条款能够降低债券实际发行利率 111~127 个基点，限制资产转移类条款能够降低债券实际发行利率 61~73 个基点，限制投资类条款能够降低债券实际发行利率 60~78 个基点，限制融资类条款能够降低债券实际发行利率 60~72 个基点。该结论表明，债券契约条款是降低债务成本和减少公司代理问题的一个重要工具。

第七，债券契约条款对会计稳健性的影响。通过手工收集 2007~2016 年沪深上市公司发行的债券契约条款数据，研究债券契约条款对会计稳健性的影响，以及债券评级对二者关系的调节效应，并且进一步基于公司治理机制和代理冲突的角度，探究债券契约条款影响会计稳健性的内在机理。结果显示：①发行公司债券的上市公司，特殊条款的数量越多（特殊条款的约束强度越大），发债主体的会计稳健性水平越高。②债券评级越低，债券契约条款对会计稳健性的正效应越大；采用 Heckman 两阶段回归方法、工具变量和 2SLS 及联立方程组控制相关内生性问题后，结论仍然成立。③进一步研究发现，当发债主体为国有企业时，在内部控制质量、机构投资者持股水平和市场化程度越低以及代理冲突严重的情况下，债券契约条款对会计稳健性的正效应越强。第 10 章的研究为不同缔约主体以及政府监管部门如何防范债券违约风险、治理违约事件、提高债券契约执行效率提供理论参考与经验借鉴。

第八，公司风险与债券契约条款设计的关系。在委托代理和信号传递理论框架下，采用实证研究方法，从发债公司流动性风险和信用风险两个角度研究其对债券是否包含保护投资者契约条款的影响。使用 Lambda 作为流动性风险的衡量指标，该指标是在考虑了现金流的短期波动以及现金储备的基础上构造的。此外，第 11 章使用了违约距离这一指标来衡量发债公司的信用风险。在研究中，该章发现流动性风险和信用风险对债券契约条款均具有显著影响。其中，Lambda 每增加一单位，期权类条款和限制投资类条款的使用概率分别降低 3.27%、1.52%，违约距离每增加一单位，限制投资类条款的使用概率降低 0.05%。

第九，机构投资者与债券契约条款设计的关系。以 2007~2018 年中国上市公司发行的上市公司债券为研究样本，考察了机构投资者持股对债券限制性条款设计的影响。研究发现：机构投资者持股对公司债券限制性条款指数具有显著的抑制作用，机构投资者持股水平越高，限制性条款指数越低。进一步地，中介效应检验以及调节作用检验结果表明，机构投资者持股通过改善信息质量、降低信息不对称程度，进而降低了债券限制性条款指数。在区分发行人的产权性质时发现，这一抑制作用主要体现于国有公司，在非国有公司不存在。在考虑机构投资者异质性时发现，不同类型机构投资者的抑制作用存在差异，非独立型机构投资者对公司债券限制性条款指数存在显著的抑制作用，而独立型机构投资者则不存在这一效应。此外，机构投资者持股稳定性的提高和机构投资者数量的减少有利于债券限制性条款指数的降低。

第十，公司成长与债券契约条款设计的关系。开创性地将财务杠杆、短期负债比例、契约条款指数三个债务融资政策变量与公司成长能力视为联合内生，并在手工搜集债券契约条款信息的基础上，建立四个方程的联立方程组，同时运用 GMM 方法对其进行估计。实证结果发现：财务杠杆、短期负债比例、契约条款指数与公司成长能力四个变量之间存在明确的因果逻辑关系。首先，财务杠杆与公司成长能力存在显著的反向关系，而短期负债比例信用风险较小，具有缓解股东-债权人之间的代理冲突的作用，因此可以减弱财务杠杆与公司成长能力之间的反向关系。其次，由于契约条款能够保护债券投资者，降低信息不对称，通过对短期负债产生的替代效应可以间接地缓解股东-债权人之间的代理冲突。再次，财务杠杆的提高会促使短期负债比例的上升，但过多的负债也会损害公司的成长能力。最后，契约条款对债券投资者的保护力度越大，股东与债权人之间的代理冲突越小，并且公司获得债券融资的成本越低，从而对公司的成长和发展就越有利。另外，我们利用会计指标替换市场指标进行了稳健性分析，结果基本没有变化。总之，从整体的经验证据来看，财务杠杆、短期负债比例、契约条款指数及公司成长能力四个变量之间的关系不仅与经济理论相一致，而且也基本符合中国上市公司的现实情况。

14.2 政策建议及展望

14.2.1 政策建议

改革开放之后，中国的债券市场经过三十多年的发展，虽然债券品种在不断丰富，但是市场环境和制度改善甚微，尤其是公司债券市场的建立和发展，这在很大程度上加重了中国股票市场的融资负担，同时也大大降低了资源得到有效配置的效率。阻碍中国债券市场尤其是公司债券市场快速进步的根本原因除了技术层面的定价体系不健全以外，主要就是市场信息的严重不对称和投资者法律保护机制的缺失，只要两个原因中的任何一个得不到充分的解决，债权人绝不会轻易地投资债券，中国债券市场的运行质量也得不到合理保障。结合中国公司债券市场当前的这种发展现状，根据本书的研究结论，提出以下四点政策建议：

第一，契约条款的作用是缓解发债主体与债权人之间的信息不对称，保护债券投资者，在一定程度上可以弥补当前中国公司债券市场的缺陷，因此，大力倡导公司债券的发行应重视债券契约条款的设计，以保障投资者利益，推动公司债券市场的快速发展，提高债务融资的效率。

第二，当公司发行债券时，应该考虑债券契约条款与债券息票率的反向关系，根据公司自身的特征权衡债券的融资成本与潜在风险，鼓励发债主体合理运用各种类型的契约条款以降低自身的融资成本，进而设计出最优的契约条款，保护投资者利益，扩大市场供给和需求，推动中国债券市场的良性发展。

第三，契约条款与债券定价的关系显著，应该加强债券市场的参与主体对债券契约条款的认识和解读，了解契约条款对债券定价的影响效应，从而制定准确和有效的投资策略，以提高公司债券的个人投资者比例，增加公司债券市场的活力，同时也能将改革红利通过债券市场惠及于民。

第四，破除公司债券发行的审批限制，鼓励非国有公司通过债券融资参与到国有经济之中，达到将国有企业的政府担保优势与民营企业的市场竞争优势相结合的效果，从而为市场提供高质量的公司债券，促使资源进行更加有效地配置，推动中国的混合所有制改革。

尽管契约条款可以在一定程度上替代市场对投资者的法律保护机制，但是，债券市场相对于股票市场，是一个更加依赖于法律制度的市场。强化信息披露机制,并且制定和完善债券市场的法律法规是中国债券市场健康持续发展的基础与保障。只有从根本上解决了中国债券市场的信息不对称问题和投资者法律保护机制等问题,债券市场尤其是公司债券市场才能打破中国股票市场融资垄断的局面,真正提高中国资本市场服务于实体经济的效率。

14.2.2 研究展望

在本书的研究过程中,鉴于数据的可得性等问题所限,公司债券定价和契约条款设计仍存在进一步研究的空间。首先,本书虽然对于契约条款影响债券定价四个范畴的机制或途径给予了理论推演,但这些理论分析仅仅是以金融理论或经济直觉为基础的,从逻辑上描述契约条款对债券定价的影响;出于研究难度的困扰,并没有建立债券定价的理论模型,更没有将契约条款量化成定价模型中的参数,进而从数学上推导出含有契约条款相关参数的模型解析解。其次,不同的契约条款拥有不同的内容,也具有不同的功能;但是本书将一只债券中的所有契约条款编制成指数,相当于将不同的契约条款合并成一个条款组合,进而从总体上考察整个条款组合对债券定价的影响;而碍于单个契约条款的样本局限,并没有研究每一个具体的契约条款在债券定价中所起到的作用,同时也忽视了单个契约条款的设计机制。因此,未来的研究工作中可从以下三个方向展开:

第一,契约条款数据库的进一步扩建。目前数据库仅包括一般公司债券,而现实中企业还可通过私募债券、资产证券化等多种渠道获得长期的外部融资,未来研究可将更多融资渠道纳入契约条款数据库的构建。

第二,开发债券契约条款最优设计的新模式。通过分析不同类型债券契约条款对债券定价的影响,估计出本书中四类债券契约条款对应的收益利差区间。在给定债券契约条款可能引起的利差的前提下,运用完全信息博弈分析股东与债权人在拟订契约条款时的纳什均衡。最终按照公司类型设计出符合公司风险特征的债券契约条款的最优组合,提出基于利差分析的债券契约条款设计方法。

第三,拓展含权条款债券定价方法。在总结国内外相关研究成果的基础上,结合期权定价方法与博弈论,重点考察可转换债券、可赎回债券及可回售债券这三类债券的定价问题,深入挖掘债券中期权的风险收益信息,比较含权债券的优势与缺陷,计算期权调整价差及估算期权溢价等。

参 考 文 献

陈超、李镕伊，2014，《债券融资成本与债券契约条款设计》，《金融研究》，第 1 期，第 44-57 页.

陈艳艳、谭燕、谭劲松，2013，《政治联系与会计稳健性》，《南开管理评论》，第 1 期，第 33-40 页.

代昀昊，2018，《机构投资者、所有权性质与权益资本成本》，《金融研究》，第 9 期，第 143-159 页.

樊纲、王小鲁、马光荣，2011，《中国市场化进程对经济增长的贡献》，《经济研究》，第 9 期，第 4-16 页.

方红星、施继坤、张广宝，2013，《产权性质、信息质量与公司债定价——来自中国资本市场的经验证据》，《金融研究》，第 4 期，第 170-182 页.

方红星、张志平，2012，《内部控制质量与会计稳健性——来自深市 A 股公司 2007—2010 年年报的经验证据》，《审计与经济研究》，第 5 期，第 3-10 页.

高强、邹恒甫，2010，《企业债券与公司债券的信息有效性实证研究》，《金融研究》，第 7 期，第 99-117 页.

何玉、唐清亮、王开田，2014，《碳信息披露、碳业绩与资本成本》，《会计研究》，第 1 期，第 79-86，95 页.

黄继承、姜付秀，2015，《产品市场竞争与资本结构调整速度》，《世界经济》，第 7 期，第 99-119 页.

黄继承、朱冰、向东，2014，《法律环境与资本结构动态调整》，《管理世界》，第 5 期，第 142-156 页.

黄小琳、朱松、陈关亭，2017，《债券违约对涉事信用评级机构的影响——基于中国信用债市场违约事件的分析》，《金融研究》，第 3 期，第 130-144 页.

姜付秀、石贝贝、马云飙，2016，《信息发布者的财务经历与企业融资约束》，《经济研究》，第 6 期，第 83-97 页.

姜付秀、张敏、陆正飞，等，2009，《管理者过度自信、企业扩张与财务困境》，《经济研究》，第 1 期，第 131-143 页.

金鹏辉，2010，《公司债券市场发展与社会融资成本》，《金融研究》，第3期，第16-23页.

赖其男、姚长辉、王志诚，2005，《关于我国可转换债券定价的实证研究》，《金融研究》，第9期，第105-121页.

李慧云、刘镝，2016，《市场化进程、自愿性信息披露和权益资本成本》，《会计研究》，第1期，第71-78, 96页.

李蕾、韩立岩，2014，《价值投资还是价值创造？——基于境内外机构投资者比较的经验研究》，《经济学季刊》，第1期，第351-372页.

李琦、罗炜、谷仕平，2011，《企业信用评级与盈余管理》，《经济研究》，第2期，第88-99页.

李姝、梁郁欣、田马飞，2017，《内部控制质量、产权性质与盈余持续性》，《审计与经济研究》，第1期，第23-37页.

梁上坤，2018，《机构投资者持股会影响公司费用粘性吗？》，《管理世界》，第12期，第133-148页.

刘爽，2018，《机构持股对于限制性债券条款使用的影响——基于中国上市公司债券的经验数据研究》，东北财经大学硕士学位论文.

刘伟、曹瑜强，2018，《机构投资者驱动实体经济"脱实向虚"了吗？》，《财贸经济》，第12期，第80-94页.

刘星、吴先聪，2011，《机构投资者异质性、企业产权与公司绩效——基于股权分置改革前后的比较分析》，《中国管理科学》，第5期，第182-192页.

刘运国、吴小蒙、蒋涛，2010，《产权性质、债务融资与会计稳健性——来自中国上市公司的经验证据》，《会计研究》，第1期，第28-49页.

陆正飞、何捷、窦欢，2015，《谁更过度负债：国有还是非国有企业？》，《经济研究》，第12期，第54-67页.

毛新述、王斌、林长泉，等，2013，《信息发布者与资本市场效率》，《经济研究》，第10期，第69-81页.

钱露，2011，《机构投资者参与公司治理的决策研究》，《经济学动态》，第4期，第38-41页.

钱雪亚、胡琼、邱靓，2016，《工资水平的成本效应：企业视角的研究》，《统计研究》，第12期，第17-27页.

覃家琦、邵新建，2015，《交叉上市、政府干预与资本配置效率》，《经济研究》，第6期，第117-130页.

秦学志、吴冲锋，2000，《可赎回的可转换债券的博弈定价方法》，《系统工程》，第5期，第1-5页.

饶品贵、姜国华，2011，《货币政策波动、银行信贷与会计稳健性》，《金融研究》，第3期，第51-71页.

申慧慧、于鹏、吴联生，2012，《国有股权、环境不确定性与投资效率》，《经济研究》，第

7 期，第 113-126 页.

史永、李思昊，2018，《关联交易、机构投资者异质性与股价崩盘风险研究》，《中国软科学》，第 4 期，第 123-131 页.

史永东、田渊博，2016，《契约条款影响债券价格吗？——基于中国公司债市场的经验研究》，《金融研究》，第 8 期，第 143-158 页.

史永东、田渊博、马雪，2017，《契约条款、债务融资与企业成长——基于中国公司债的经验研究》，《会计研究》，第 9 期，第 41-47 页.

史永东、王谨乐，2016，《机构投资者、代理成本与公司价值——基于随机前沿模型及门槛回归的实证分析》，《中国管理科学》，第 7 期，第 155-162 页.

史永东、王三法、齐燕山，2018，《契约条款能够降低债券发行利率吗？——基于中国上市公司债券的实证研究》，《证券市场导报》，第 2 期，第 49-58 页.

田渊博，2016，《债券契约条款与公司债券定价：来自中国债券市场的经验证据》，东北财经大学博士学位论文.

王博森、施丹，2014，《市场特征下会计信息对债券定价的作用研究》，《会计研究》，第 4 期，第 19-26，95 页.

王文虎、万迪昉、吴祖光，等，2015，《投资者结构、交易失衡与商品期货市场的价格发现效率》，《中国管理科学》，第 11 期，第 1-11 页.

王震，2014，《机构投资者持股与会计稳健性》，《证券市场导报》，第 5 期，第 14-19 页.

王子骄，2020，《公司债特殊契约条款与资本结构调整速度》，东北财经大学硕士学位论文.

魏明海、陶晓慧，2007，《会计稳健性的债务契约解释——来自中国上市公司的经验证据》，《中国会计与财务研究》，第 4 期，第 81-135 页.

吴健、朱松，2012，《流动性预期、融资能力与信用评级》，《财政研究》，第 7 期，第 72-75 页.

吴延兵，2012，《中国哪种所有制类型企业最具创新性？》，《世界经济》，第 6 期，第 3-29 页.

肖淑芳、喻梦颖，2012，《股权激励与股利分配——来自中国上市公司的经验证据》，《会计研究》，第 8 期，第 49-57，97 页.

肖土盛、宋顺林、李路，2017，《信息披露质量与股价崩盘风险：分析师预测的中介作用》，《财经研究》，第 2 期，第 110-121 页.

谢为安、蔡益润，2011，《我国可赎回债券的定价问题》，《世界经济文汇》，第 3 期，第 87-97 页.

晏艳阳、刘鹏飞、闫慧茹，2016，《破产社会成本与公司债券信用风险》，《经济与管理研究》，第 1 期，第 128-135 页.

杨海燕、韦德洪、孙健，2012，《机构投资者持股能提高上市公司会计信息质量吗？》，《会计研究》，第 9 期，第 16-23 页.

于蔚、金祥荣、钱彦敏，2012，《宏观冲击、融资约束与公司资本结构动态调整》，《世界经济》，第 3 期，第 24-47 页.

张驰，2012，《内部控制质量对债券契约条款的影响研究——来自 2007-2011 年上市债券的证据》，天津财经大学硕士学位论文.

张涤新、屈永哲，2018，《机构投资者持股持续性对我国上市公司业绩及风险的影响研究》，《系统工程理论与实践》，第 2 期，第 273-286 页.

张济建、苏慧、王培，2017，《产品市场竞争、机构投资者持股与企业 R&D 投入关系研究》，《管理评论》，第 11 期，第 89-97 页.

章睿，2016，《流动性风险和信用风险对债券投资者保护条款设计影响的实证研究》，东北财经大学硕士学位论文.

甄红线、王谨乐，2016，《机构投资者能够缓解融资约束吗？——基于现金价值的视角》，《会计研究》，第 12 期，第 51-57，96 页.

甄红线、王三法、王晓洪，2019，《公司债特殊条款、债券评级与会计稳健性》，《会计研究》，第 10 期，第 42-49 页.

郑新业、李芳华、李夕璐，等，2012，《水价提升是有效的政策工具吗？》，《管理世界》，第 4 期，第 47-59，69，187 页.

郑振龙、康朝锋，2005，《国开行可赎回债券和可回售债券的定价探讨》，《证券市场导报》，第 12 期，第 64-66 页.

郑振龙、林海，2004，《中国可转债定价研究》，《厦门大学学报（哲学社会科学版）》，第 2 期，第 93-99 页.

钟宇翔、李婉丽，2016，《债券融资与会计稳健性——基于PSM方法的检验》，《证券市场导报》，第 1 期，第 48-55 页.

钟宇翔、吕怀立、李婉丽，2017，《管理层短视、会计稳健性与企业创新抑制》，《南开管理评论》，第 6 期，第 163-177 页.

周正怡、吴冲锋，2013，《现金分红与转股价调整对可转债定价的影响》，《投资研究》，第 9 期，第 55-67 页.

朱松，2013，《债券市场参与者关注会计信息质量吗》，《南开管理评论》，第 3 期，第 16-25 页.

祝继高，2011，《会计稳健性与债权人利益保护——基于银行与上市公司关于贷款的法律诉讼的研究》，《会计研究》，第 5 期，第 9-15 页.

Aghion, P., Bolton, P., 1992, "An incomplete contracts approach to financial contracting", The Review of Economic Studies, 59（3），473-494.

Ahmed, A., Billings, B., Morton, R., et al., 2002, "The role of accounting conservatism in mitigating bondholder-shareholder conflicts over dividend policy and in reducing debt costs", The Accounting Review, 77（4），867-890.

Allen, D. S., Lamy, R. E., Thompson, G. R., 1987, "Agency costs and alternative call provisions: an empirical investigation", Financial Management, 16（4）, 37-44.

Altman, E., 1968, "Financial ratios, discriminant analysis and the prediction of corporate bankruptcy", Journal of Finance, 23, 598-608.

Amihud, Y., 2002, "Illiquidity and stock returns: cross-section and time serieseffects", Journal of Financial Markets, 5（1）, 31-56.

An, Z., Li, D., Yu, J., 2015, "Crash risk, corporate reporting environment, and speed of leverage adjustment", Journal of Corporate Finance, 31, 132-151.

Anderson, C., 1999, "Financial contracting under extreme uncertainty: an analysis of Brazilian corporate debentures", Journal of Financial Economics, 51, 45-84.

Asquith, P., Andrea, A., Thomas, C., et al., 2013, "The market for borrowing corporate bonds", Journal of Financial Economics, 107（1）, 155-182.

Bae, S. C., Klein, D. P., Padmaraj, R., 1994, "Source event risk bond covenants, agency costs of debt and equity, and stockholder wealth", Financial Management, 23（4）, 28-41.

Bae, S. C., Klein, D. P., Padmaraj, R., 1997, "Firm characteristics and the presence of event risk covenants in bond indentures", Journal of Financial Research, 20（3）, 373-388.

Ball, R., Shivakumar, L., 2005, "Earnings quality in UK private firms: comparative loss recognition timeliness", Journal of Accounting & Economics, 39, 61-107.

Ball, R., Shivakumar, L., 2006, "The role of accruals in asymmetrically timely gain and loss recognition", Journal of Accounting Research, 44, 23-56.

Banko, J. C., 2003, "Three essays in corporate bond contract design and valuation", Doctoral Dissertation of the University of Florida.

Banko, J. C., Zhou, L., 2010, "Callable bonds revisited", Financial Management, 39（2）, 613-641.

Bao, J., Pan, J., Wang, J., 2011, "The illiquidity of corporate bond", Journal of Finance, 66（3）, 911-946.

Barclay, M. J., Leslie, M. M., Clifford, W. S., 2003, "The joint determination of leverage and maturity", Journal of Corporate Finance, 9, 149-167.

Barclay, M. J., Smith, C. W., Jr, 1995, "The maturity structure of corporate debt", Journal of Finance, 50, 609-631.

Basu, S., 1997, "The conservatism principle and asymmetric timeliness of earnings", Journal of Accounting and Economics, 24（1）, 3-37.

Beatty, A., Weber, J., Yu, J., 2008, "Conservatism and debt", Journal of Accounting and Economics, 45（2/3）, 154-174.

Begley, J., 1994, "Restrictive covenants included in public debt agreements: an empirical investigation", Working Paper, University of British Columbia.

Begley, J., Chamberlain, S., 2006, "The use of debt covenants in public debt: the role of accounting quality and reputation", SSRN Electronic Journal, 1-40.

Begley, J., Freedman, R., 2004, "The changing role of accounting numbers in public lending agreements", Accounting Horizons, 18（2）, 81-96.

Berle, A. A., Means, G. G. C., 1969, "The modern corporation and private property", Journal of Physics Applied Physics, 20（6）, 25-49.

Bhojraj, S., Sengupta, P., 2003, "The effect of corporate governance mechanisms on bond ratings and yields: the role of institutional investors and outside directors", Journal of Business, 76（3）, 455-476.

Bicksler, J. L., Chen, A. H., 1991, "The valuation of risky debt with event risk provisions", Pacific-Basin Markets Research, 3, 21-32.

Billett, M. T., King, T. H., Mauer, D. C., 2007, "Growth opportunities and the choice of leverage, debt maturity, and covenants", Journal of Finance, 63, 697-730.

Black, F., 1996, "The dividend puzzle", The Journal of Portfolio Management, 23（5）, 8-12.

Black, F., Cox, J. C., 1975, "Valuing corporate securities: some effects of bond indenture provisions", Journal of Financial, 31（2）, 351-367.

Black, F., Scholes, M., 1973, "The pricing of options and corporate liabilities", Journal of Political Economics, 81（3）, 637-654

Blau, B. M., Whitby, R. J., 2016, "Maximum bid-ask spreads and expected stock returns", Working Paper, 1-32.

Bradley, M., Roberts, M. R., 2003, "Are bond covenants priced?", Working Paper, The Fuqua School of Business, Duke University, 2-36.

Bradley, M., Roberts, M. R., 2004, "The structure and pricing of corporate debt covenants", Quarterly Journal of Finance, 5（2）, 1-37.

Brockman, P., Unlu, E., 2009, "Dividend policy, creditor rights, and the agency costs of debt", Journal of Financial Economics, 92（2）, 276-299.

Callen, J. L., Chen, F., Dou, Y., et al., 2016, "Accounting conservatism and performance covenants: a signaling approach", Contemporary Accounting Research, 33（3）, 961-988.

Campbell, J., Taksler, G., 2003, "Equity volatility and corporate bond yields", Journal of Finance, 58（6）, 2321-2350.

Caton, L., Chiyachantana, C., Goh, J., 2011, "Earnings management surrounding seasoned bond offerings: do managers fool rating agencies and the bond market?", Journal of Financial & Quantitative Analysis, 46（3）, 687-708.

Chang, W. C., Lee, H. H., 2013, "Modeling complex safety covenant of corporate risky bonds under the double exponential jump-diffusion process", Investment Management and Financial Innovations, 10（2）, 193-207.

Chang, Y. K., Chou, R. K., Huang, T. H., 2014, "Corporate governance and the dynamics of capital structure: new evidence", Journal of Banking and Finance, 48, 374-385.

Chava, S., Kumar, P., Warga, A., 2010, "Managerial agency and bond covenants", Review of Financial Studies, 23（3）, 1120-1148.

Chava, S., Nanda, V. K., Xiao, S. C., 2015, "Impact of covenant violations on corporate R&D and innovation", Working Paper, Georgia Institute of Technology, 1-35.

Chen, C., Shi, H., Xu, H., 2013, "Underwriter reputation, issuer ownership, and pre-IPO earnings management: evidence from China", Financial Management, 42（3）: 647-677.

Chen, L. G., Liu, H. W., Li, S., 2009, "Valuing primary issue convertible bonds: evidence from China", Journal of Derivatives & Hedge Funds, 15（3）, 172-185.

Childs, P. D., David, C. M., Steven H. O., 2005, "Interactions of corporate financing and investment decisions: the effects of agency conflicts", Journal of Financial Economics, 76, 667-690.

Choi, A., Triantis, G., 2012, "The effect of bargaining power on contract design", Virginia Law Review, 98（8）, 1665-1743.

Christensen, H. B., Nikolaev, V. V., 2012, "Capital versus performance covenants in debt contracts", Journal of Accounting Research, 50（1）, 75-117.

Christensen, H. B., Nikolaev, V. V., Wittenberg-Moerman, R., 2016, "Accounting information in financial contracting: the incomplete contract theory perspective", Journal of Accounting Research, 54（2）: 397-435.

Cook, D. O., Fu, X. D., Tang, T., 2014, "The effect of liquidity and solvency risk on the inclusion of bond covenants", Journal of Banking & Finance, 48（11）, 120-136.

Cook, D. O., Tang, T., 2010, "Macroeconomic conditions and capital structure adjustment speed", Journal of Corporate Finance, 16, 73-87.

Cox, J. R., Ingersoll, J. E., Ross, S. A., 1985, "A theory of the term structure of interest rates", Econometrica, 53（2）, 385-407.

Crabbe, L. E., 1991, "Event risk: an analysis of losses to bondholders and super poison put bond covenants", Journal of Finance, 46（2）: 689-706.

Demerjian, P. R., 2017, "Uncertainty and debt covenants", Review of Accounting Studies, 22（3）, 1156-1197.

Demiroglu, C., James, C., 2010, "The role of private equity group reputation in LBO financing", Journal of Financial Economics, 96（2）, 306-330.

Denis, D. J., Wang, J., 2014, "Debt covenant renegotiations and creditor control rights",

Journal of Financial Economics, 113, 348-367.

Devos, E., Rahman, S., Tsang, D., 2017, "Debt covenants and the speed of capital structure adjustment", Journal of Corporate Finance, 45（4）, 1-18.

Djankov, S., McLeish, C., Shleifer, A., 2007, "Private credit in 129 countries", Journal of Financial Economics, 84（2）, 299-329.

Easterwood, J. C., Nutt, S. R., 1999, "Inefficiency in analysts' earnings forecasts: systematic misreaction or systematic optimism?" Journal of Finance, 54, 1777-1797.

Elsas, R., Florysiak, D., 2011, "Heterogeneity in the speed of adjustment toward target leverage", International Review of Finance, 11, 181-211.

Emery, G., Lyons, R., 1991, "The lambda index: beyond the current ratio", Business Credit, 3, 22-23.

Fama, E. F., French, K. R., 1993, "Common risk factors in the returns on stocks and bonds", Journal of Financial Economics, 33（1）, 3-56.

Fama, E. F., French, K. R., 2002, "Testing trade-off and pecking order predictions about dividends and debt", Review of Financial Studies, 15, 1-33.

Fama, E. F., Macbeth, J. D., 1973, "Risk, return, and equilibrium: empirical tests", Journal of Political Economy, 81（3）, 607-636.

Faulkender, M., Flannery, M. J., Hankins, K. W., et al., 2012, "Cash flows and leverage adjustments", Journal of Financial Economics, 103, 632-646.

Fischer, E., Heinkel, R., Zechner, J., 1989, "Dynamic capital structure choice: theory and tests", Journal of Finance, 44, 19-40.

Flannery, M., Rangan, K., 2006, "Partial adjustment toward target capital structures", Journal of Financial Economics, 79, 469-506.

Frankel, R., Litov, L., 2007, "Financial accounting characteristics and debt covenants", Social Science Electronic Publishing, 1-44.

Garleanu, N., Zwiebel, J., 2009, "Design and renegotiation of debt covenants", Review of Financial Studies, 22（2）, 749-781.

Gilson, S., Warner, J., 1998, "Private versus public debt: evidence from firms that replace bank loans with junk bonds", Social Science Electronic Publishing, 1-31.

Goldreich, D., Hanke, B., Nath, P., 2005, "The price of future liquidity: time-varying liquidity in the U.S. treasury market", Review of Finance, 9（1）, 1-32.

Goyenko, R. Y., Holder, C. W., Trzcinka, C. A., 2009, "Do liquidity measures measure liquidity?", Journal of Financial Economics, 92（2）, 153-181.

Graham, J., Li, S., Qiu, J., 2008, "Corporate misreporting and bank loan contracting", Journal of Financial Economics, 89, 44-61.

Gryglewicz, S., 2011, "A theory of corporate financial decisions with liquidity and solvency concerns", Journal of Financial Economics, 99(2), 365-384.

Harris, L. E., 1990, "Statistical properties of the roll serial covariance bid/ask spread estimator", Journal of Finance, 45(2), 579-590.

Haw, I. M., Lee, J. J., Lee, W. J., 2014, "Debt financing and accounting conservatism in private firms", Contemporary Accounting Research, 31(4), 1220-1259.

Heckman, J., 1979, "Sample selection bias as a specification error", Econometrica, 47(1), 153-161.

Herskovic, B., Kelly, B., Lustig, H., et al., 2016, "The common factor in idiosyncratic volatility: quantitative asset pricing implications", Journal of Financial Economics, 119(2), 249-283.

Hjortshoj, T., Wei, C., 2009, "Debt governance and risk taking", Working Paper, Federal Reserve Bank of New York.

Huang, J. C., Wang, J., 2009, "Liquidity and market crashes", Review of Financial Studies, 22(7), 2607-2643.

Huang, R., Ritter, J., 2009, "Testing theories of capital structure and estimating the speed of adjustment", Journal of Financial and Quantitative Analysis, 44, 237-271.

Jensen, M. C., Meckling, W. H., 1976, "Theory of the firm: managerial behavior, agency costs and ownership structure", Journal of Financial Economics, 3(4), 305-360.

Jewell, J., Livingston, M., 1998, "Split ratings, bond yields, and underwriter spreads", Journal of Financial Research, 21(21), 185-204.

Jiang, F., Jiang, Z., Huang, J., et al., 2017, "Bank competition and leverage adjustments", Financial Management, 46(4), 995-1022.

Johnson, S. A., 2003, "Debt maturity and the effects of growth opportunities and liquidity risk on leverage", Review of Financial Studies, 16(1), 209-236.

Kahan, M., Yermack, D., 1998, "Investment opportunities and the design of debt securities", Journal of Economic Behavior and Organization, 14(1), 136-153.

Kaplan, S. N., Zingales, L., 1997, "Do investment-cash flow sensitivities provide useful measures of financial constraints?", Quarterly Journal of Economics, 112(1), 159-216.

Khan, M., Watts, R., 2009, "Estimation and empirical properties of a firm-year measure of accounting conservatism", Journal of Accounting and Economics, 48(2), 132-150.

Khurana, I. K., Wang, C., 2015, "Debt maturity structure and accounting conservatism", Journal of Business Finance and Accounting, 42(1/2), 167-203.

Kim, S., Kim, Y., Song, K., 2013, "Credit rating changes and earnings management", Asia-Pacific Journal of Financial Studies, 42(1), 109-140.

Kisgen, D., 2006, "Credit ratings and capital structure", Journal of Finance, 61（3）, 1035-1072.

Kisgen, J., 2009, "Do firms target credit ratings or leverage levels?", Journal of Financial & Quantitative Analysis, 44（6）, 1323-1344.

Kyle, A., 1985, "Continuous auctions and insider trading", Econometrica, 53（6）, 1315-1335.

La, P. R., Lopez-Silanes, F., Shleifer, A., et al., 1997, "Legal determinants of external finance", NBER Working Paper, 1-21.

Labuschagne, C. C. A., Offwood, T. M., 2011, "Pricing convertible bonds", International Journal of Intelligent Technologies and Applied Statistics, 4（4）, 467-488.

Lafond, R., Watts, R., 2008, "The information role of conservatism", Accounting Review, 83（2）, 447-478.

Leland, H., 1994, "Corporate debt value, bond covenants, and optimal capital structure", Journal of Finance, 49（4）, 1213-1252.

Levine, C., Hughes, J., 2005, "Management compensation and earnings-based covenants as signaling devices in credit markets", Journal of Corporate Finance, 11（5）, 832-850.

Li, K., Ortiz-Molina H., Zhao, X., 2008, "Do voting rights affect institutional investment decisions? Evidence from dual-class firms", Financial Management, 37, 713-745.

Lim, D. J., Li, L. F., Linetsky, V., 2012, "Evaluating callable and putable bonds: an eigenfunction expansion approach", Journal of Economic Dynamics, 36（12）, 1888-1908.

Lippman, S. A., McCall, J. J., 1986, "An operational measure of liquidity", American Economic Review, 76（1）, 43-55.

Malitz, I., 1986, "On financial contracting: the determinants of bond covenants", Financial Management, 15（2）, 18-25.

McKinnon, R. I., 1973, Money and Capital in Economic Development, London: The Brookings Institution.

Merton, R. C., 1974, "On the pricing of corporate debt: the risk structure of interest rates", Journal of Financial, 29（2）, 449-470.

Miller, D., Reisel, N., 2012, "Do country-level investor protections affect security-level contract design? Evidence from foreign bond covenants", Review of Financial Studies, 25（2）, 408-438.

Morris, J. R., 1976, "On corporate debt maturity strategies", The Journal of Finance, 31（1）, 29-37.

Myers, S., 1977, "Determinants of corporate borrowing", Journal of Financial Economics, 5（2）, 147-175.

Nash, R. C., Netter, J. M., Poulsen, A. B., 2003, "Determinants of contractual relations between shareholders and bondholders: investment opportunities and restrictive covenants", Journal of Corporate Finance, 9（2）, 201-232.

Nikolaev, V., 2010, "Debt covenants and accounting conservatism", Journal of Accounting Research, 48（1）, 51-89.

Nini, G., Smith, D. C., Sufi, A., 2009, "Creditor control rights and firm investment policy", Journal of Financial Economics, 92（3）, 400-420.

Nini, G., Smith, D. C., Sufi, A., 2012, "Creditor control rights, corporate governance, and firm value", Review of Financial Studies, 25（6）, 1713-1761.

Oldfield, G. S., 2004, "Bond games", Financial Analysts Journal, 60（3）, 52-66.

Öztekin, Ö., 2015, "Capital structure decisions around the world: which factors are reliably important?", Journal of Financial and Quantitative Analysis, 50, 301-323.

Öztekin, Ö., Flannery, M., 2012. "Institutional determinants of capital structure adjustment speeds", Journal of Financial Economics, 31, 88-112.

Parrino, R., Weisbach, M., 1999, "Measuring investment distortions arising from stockholder-bondholder conflicts", Journal of Financial Economics, 53（1）, 3-42.

Pasquariello, P., Vega, C., 2009, "The on-the-run liquidity phenomenon", Journal of Financial Economics, 92（1）, 1-24.

Pastor, L., Stambaugh, R. F., 2003, "Liquidity risk and expected stock returns", Journal of Political Economy, 111（3）, 642-685.

Qi, Y., Roth, L., Wald, J., 2011, "How legal environments affect the use of covenants", Journal of International Business Studies, 42（2）, 235-262.

Qi, Y., Wald, J., 2008, "State laws and debt covenants", Journal of Law and Economics, 51（1）, 179-207.

Rajan, R. G., Zingales, L., 1995, "What do we know about capital structure? Some evidence from international data", The Journal of Finance, 50（5）, 1421-1460.

Reisel, N., 2014, "On the value of restrictive covenants: empirical investigation of public bond issues", Journal of Corporate Finance, 27（341）, 251-268.

Roberts, G. S., Viscione, J. A., 1984, "The impact of seniority and security covenants on bond yields: a note", Journal of Finance, 39（5）, 1597-1603.

Roberts, M., Sufi, A., 2009, "Control rights and capital structure: an empirical investigation", The Journal of Finance, 64（4）, 1657-1695.

Roll, R., 1984, "A simple implicit measure of the effective bid-ask spread in an efficient market", Journal of Finance, 39（4）, 1127-1139.

Rosenbaum, P., Rubin, D., 1985, "Constructing a control group using multivariate matched sampling methods that incorporate the propensity score", American Statistician, 39（1）, 33-38.

Shleifer, A., Vishny, R. W., 1989, "Management entrenchment: the case of manager-specific investments", Journal of Financial Economics, 25（1）, 123-139.

Smith, C., Warner, J. B., 1979, "On financial contracting: an analysis of bond covenants", Journal of Financial Economics, 7（2）, 117-161.

Sridhar, S. S., Magee, R. P., 1996, "Financial contracts, opportunism, and disclosure management", Review of Accounting Studies, 1（3）, 225-258.

Stohs, M. H., Mauer, D. C., 1996, "The determinants of corporate debt maturity structure", Journal of Business, 69, 279-312.

Stulz, R., 1988, "Managerial control of voting rights: financing policies and the market for corporate control", Journal of Financial Economics, 20（1）, 25-54.

Tanigawa, Y., Katsura, S., 2013, "Covenants and collateral in japanese corporate straight bonds: choice and yield spread", Working Paper, 1-38.

Tirole, J., 2006, The Theory of Corporate Finance, Princeton: Princeton University Press.

Vasicek, O. A., 1977, "An equilibrium characterisation of the term structure", Journal of Financial Economics, 5, 177-188.

Wang, C., Xie, F., Xin, X., 2017, "Ceo inside debt and accounting conservatism", Contemporary Accounting Research, 35（4）, 2131-2159.

Watts, R., 2003a, "Conservatism in accounting part I: explanations and implications", Accounting Horizons, 17, 207-221.

Watts, R., 2003b, "Conservatism in accounting part II: evidence and research opportunities", Accounting Horizons, 17, 287-301.

Watts, R., Zimmerman, J., 1986, "Positive Accounting Theory", New York: Prentice-Hall.

Watts, R., Zimmerman, J., 1990, "Positive accounting theory: a ten year perspective", Accounting Review, 65（1）, 131-156.

Zhang, J., 2008, "The contracting benefits of accounting conservatism to lenders and borrowers", Journal of Accounting and Economics, 45, 106-154.

Zhang, X., Zhou, S., 2015, "Bond covenants and institutional block holding", Social Science Electronic Publishing, 1-35.

Zhu, S., 2013, "Credit rating in China's bond market: evidence from short-term financing bonds", Modern Economy, 4（2）, 119-129.